新编21世纪高等职业教育精品教材 · 通识课系列

U0874071

大学生就业与创业法律实务

Daxuesheng Jiuye yu Chuangye Falü Shiwu

主　编◎吴　玮
副主编◎杨晓晶

中国人民大学出版社
· 北京 ·

图书在版编目（CIP）数据

大学生就业与创业法律实务/吴玮主编. -- 北京：中国人民大学出版社，2025.1. --（新编21世纪高等职业教育精品教材）. -- ISBN 978-7-300-33440-0

Ⅰ. G647.38；D92

中国国家版本馆CIP数据核字第2024FQ7622号

新编21世纪高等职业教育精品教材·通识课系列

大学生就业与创业法律实务

主　编　吴　玮

副主编　杨晓晶

Daxuesheng Jiuye yu Chuangye Falü Shiwu

出版发行	中国人民大学出版社		
社　　址	北京中关村大街31号	**邮政编码**	100080
电　　话	010－62511242（总编室）		010－62511770（质管部）
	010－82501766（邮购部）		010－62514148（门市部）
	010－62515195（发行公司）		010－62515275（盗版举报）
网　　址	http://www.crup.com.cn		
经　　销	新华书店		
印　　刷	天津中印联印务有限公司		
开　　本	787 mm×1092 mm　1/16	**版　　次**	2025年1月第1版
印　　张	15.25	**印　　次**	2025年1月第1次印刷
字　　数	366 000	**定　　价**	39.00元

版权所有　侵权必究　　印装差错　负责调换

前言

Preface

2015年国务院印发的《关于大力推进大众创业万众创新若干政策措施的意见》（国发〔2015〕32号）指出，“推进大众创业、万众创新，是发展的动力之源，也是富民之道、公平之计、强国之策，对于推动经济结构调整、打造发展新引擎、增强发展新动力、走创新驱动发展道路具有重要意义”。2021年《国务院办公厅关于进一步支持大学生创新创业的指导意见》（国办发〔2021〕35号）要求：“坚持创新引领创业、创业带动就业，支持在校大学生提升创新创业能力，支持高校毕业生创业就业，提升人力资源素质，促进大学生全面发展，实现大学生更加充分更高质量就业。”

在“大众创业、万众创新”的政策背景下，推进大学生创业、就业，是稳增长、扩就业、激发亿万群众智慧和创造力，促进社会纵向流动、公平正义的重大举措。近年来，越来越多的大学生投身创新创业实践，但由于缺乏法律认知、法律意识和维权意识，不懂得如何进行法律风险防控，不知道如何用法律武器保护自身的合法权益，在就业、创业中遇到的法律纠纷、法律风险频次较高，常常导致权益受损。同时，随着“互联网＋”新经济业态的发展，灵活就业出现了新的特征，为大学生的创业选择提供了更多的方向和可能性，但同时也出现了新的劳动关系、劳动纠纷，企业在管理中产生了新的法律风险。这就要求大学生学习与就业、创业相关的法律知识。

本书面对的是非法学专业的大学生，围绕大学生就业和创业的全过程选取编写内容，旨在帮助非法学专业大学生掌握就业与创业中所涉及的主要法律知识，具备规避法律风险和处理相应法律问题的能力，助力大学生顺利就业、创业。本书分为就业篇和创业篇两部分。就业篇部分主要选取劳动合同的订立、劳动合同的履行与变更、劳动合同的解除与终止、认识社会保险、劳动争议的解决等相关内容。在就业篇部分的编写中既关注劳动者的权益，又兼顾企业在员工管理中的需求，做到就业、创业的全面覆盖。创业篇部分主要选取设立创业实体、创业实体合同管理法律实务、创业实体融资与担保法律实务、创业实体知识产权法律实务、创业实体法律纠纷解决等内容。

本书具有以下特点：

1. 立德树人，培根铸魂

本书将知识传授与品德修养高度统一，以习近平新时代中国特色社会主义思想为指导，贯彻落实党的二十大精神，在进行相关知识阐释的过程中，始终把提高学生的思想道德素质与专业素养融为一体，培养大学生在就业、创业实践中的法治思维，让大学生树立依法就业、创业的思想观念，培育大学生诚实守信、公平正义、爱岗敬业、遵纪守法等优秀品质，以适应国家和社会对新时代人才素质的要求。

2. 坚持实践导向，理论与案例相融合

书中每节开篇都设计了导入案例，在正文中也融入了大量的典型案例，并设置了拓展知识阅读，供学生更深入地了解实践中的做法，增强本书的实用性和实操性，使本书学而能用，用之有据。

3. 体现最新法律规定

本书融入了最新的法律规定，如2023年9月1日修正的《中华人民共和国民事诉讼法》、2023年12月4日公布的《最高人民法院关于适用〈中华人民共和国民法典〉合同编通则若干问题的解释》（法释〔2023〕13号）、2023年12月29日修订的《中华人民共和国公司法》等法律法规。本书还对大学生就业与创业中涉及的常见的法律风险进行了识别、提示并提出了风险防控的建议。

本书的编写团队由律师事务所的合伙人律师、人民法院法官、高校教师、企业法务工作者组成，从多角度、多维度来体现就业、创业中涉及的法律知识。吴玮拟定写作提纲与写作要求，最后由吴玮、张睿统一修改定稿。具体分工如下：第一章第一节、第五章由邱冬梅编写，第一章第二节、第三节、第四节由裴晓璐编写，第二章、第三章由吴玮编写，第四章由杨晓晶、付晶晶编写，第六章、第八章由杨晓晶编写，第七章由杨晓晶、吴玮编写，第九章、第十章由沈男编写。其中，吴玮、邱冬梅是法学教师，杨晓晶、付晶晶是合伙人律师，沈男、张睿是人民法院法官，裴晓璐是企业法务工作者。同时，要特别感谢中国人民大学出版社的编辑为本书的出版付出了大量的心血。

虽然在编写过程中投入了大量的精力，但由于时间与条件的限制，书中难免出现不成熟、不完善之处，敬请读者批评指正。

编者

目 录

Contents

就业篇

创业篇

就业篇

大学生在就业过程中会面临一系列的法律问题，所以能否识别劳动就业风险，正确维护自身的合法权益显得尤为重要。

就业篇将带领大学生认识劳动合同，特别介绍了新就业形态下劳动关系的认定与劳动者权益的保障，指导大学生签订合法、有效的劳动合同，让大学生了解劳动者的权利和义务，能够正确、全面地履行劳动合同，正确解除劳动合同，处理劳动合同解除和终止后的法律后果，妥善解决劳动纠纷，维护自身的合法权益，并熟悉社会保险的相关规定。

当然，大学生除了就业之外，还会选择创业，而作为创业者，也需要熟悉劳动用工的相关规定。因此，就业篇既关注劳动者的权益，又兼顾企业在员工管理中的需求。

劳动合同的订立　第一章

学习目标

知识目标

1. 了解劳动合同的概念、特征及分类。
2. 理解劳动合同、劳务合同和实习合同之间的区别。
3. 了解订立劳动合同的主体类型。
4. 了解劳动合同的形式与内容。
5. 理解劳动合同的效力以及导致劳动合同无效的法定情形。

能力目标

1. 能够分析具体个案中是否存在劳动关系。
2. 能够辨析不同的用工形式。
3. 能够根据具体个案正确认定劳动合同、劳务合同和实习合同。
4. 能够列举劳动合同的必备条款和约定条款。
5. 能够避免导致劳动合同无效的法定情形，保障劳动合同的有效性。

素养目标

1. 培养法律思维，建立稳定、和谐的劳动关系。
2. 树立与时俱进的法律意识，正确认识新就业形态下的劳动关系。
3. 能依法签订劳动合同。

第一节 劳动合同概述

导入案例

高某自2022年7月起与某食品有限公司订立劳动合同，合同文本由公司保管。2023年10月12日，高某向劳动争议仲裁委员会申请确认劳动关系，劳动争议仲裁委员会以高某未能按照要求补充证据材料为由，认为高某的申请不符合受理条件，决定不予受理。高某不服，向人民法院起诉，但未能提交书面劳动合同。高某提交的上岗证、饭卡（门禁卡）、工作服、保温杯、雨伞等证据中，上岗证上明确了部门、姓名、职务、编号等信息，并加盖有某食品有限公司的专用章，饭卡（门禁卡）、保温杯、雨伞、工作服等印制有某食品有限公司的名称、照片及使用的商标。

请分析：高某与某食品有限公司之间是否存在劳动关系？

一、劳动合同的概念和特征

（一）劳动合同的概念

劳动合同，又叫劳动协议、劳动契约，是指劳动者与用人单位确立劳动关系、明确双方权利和义务的协议。

依据劳动合同，劳动者加入用人单位，成为用人单位的一员，从事某一岗位或者一定种类的工作，并遵守用人单位内部的劳动纪律和规章制度；用人单位向劳动者分配工作，并有义务向劳动者支付劳动报酬，提供劳动条件、劳动保护及保险、福利等待遇。

（二）劳动合同的特征

劳动合同具有如下特征：

1. 劳动合同的主体具有特定性

从主体来看，劳动合同的主体具有特定性，一方是用人单位，另一方是劳动者。劳动合同的订立必须是用人单位与劳动者双方协商一致的结果。

2. 劳动合同的内容是劳动权利和劳动义务

从内容来看，劳动合同的内容是双方当事人的权利和义务，如工作内容、工作地点、工作时间、休息休假、劳动报酬、社会保险、劳动保护、劳动条件、职业危害防护等。

3. 劳动合同主体地位的双重性

从劳动合同主体双方的地位来看，一方面，在签订劳动合同时，劳动者和用人单位遵循平等自愿、协商一致的原则，双方地位平等；另一方面，在履行劳动合同时，劳动者必须加入用人单位，遵守用人单位内部的劳动纪律和规章制度，接受用人单位的管理和监督，处于从属地位，换言之，劳动者和用人单位之间具有隶属关系。

二、劳动合同的分类

（一）按照劳动合同的期限划分

根据劳动合同期限的不同，劳动合同可分为固定期限劳动合同、无固定期限劳动合同和以完成一定工作任务为期限的劳动合同。

1. 固定期限劳动合同

固定期限劳动合同是指用人单位与劳动者约定合同终止时间的劳动合同。也就是说，用人单位和劳动者在劳动合同中约定了合同期限，这个期限可长可短，短的期限可以是几个月，长的期限可以是几年、十几年甚至几十年，但合同期限再长也应当在劳动者达到法定退休年龄时终止。

2. 无固定期限劳动合同

无固定期限劳动合同是指用人单位与劳动者约定无确定终止时间的劳动合同。理解无固定期限劳动合同时需要注意以下几点：

（1）无固定期限劳动合同只是无确定的终止时间，不应将无固定期限劳动合同理解为劳动者的“铁饭碗”或者用人单位需要为劳动者负责到底。和固定期限劳动合同一样，用人单位在法定情况下可以解除无固定期限劳动合同。

（2）无固定期限劳动合同也不是劳动者的“卖身契”，劳动者想要换工作时可以向用人单位提出辞职。此外，用人单位和劳动者也可以协商一致解除劳动合同。

（3）无固定期限劳动合同即使期限较长，也会因劳动者达到法定退休年龄而终止。

根据《中华人民共和国劳动合同法》（以下简称《劳动合同法》）的规定，无固定期限劳动合同的订立可以分为“协商订立”“应当订立”“视为订立”三种情况。

（1）用人单位与劳动者协商一致，可以订立无固定期限劳动合同。

（2）有下列情形之一，劳动者提出或者同意续订、订立劳动合同的，除劳动者提出订立固定期限劳动合同外，应当订立无固定期限劳动合同：

1）劳动者在该用人单位连续工作满 10 年的。

在计算年限时，需注意：第一，连续工作满 10 年的起始时间，自用人单位用工之日起计算，包括《劳动合同法》施行前的工作年限。第二，在用人单位工作满 10 年，一般指的是同一用人单位，但如果劳动者非因本人原因从原用人单位被安排到新用人单位工作的，以及劳动合同承继的，劳动者在原用人单位的工作年限合并计算为新用人单位的工作年限。第三，工作必须是连续的，不得间断。例如，劳动者在某公司工作了 5 年，终止劳动关系并休假 1 年后，又在该公司继续工作 5 年，虽累计工作满 10 年，但不符合连续的要求。由于立法没有规定“连续”和“间断”的标准，“间断”往往成为用人单位规避签订无固定期限劳动合同的工具。

2）用人单位初次实行劳动合同制度或者国有企业改制重新订立劳动合同时，劳动者在该用人单位连续工作满 10 年且距法定退休年龄不足 10 年。

这是针对初次实行劳动合同制或者国有企业改制的情形作出的规定，只要符合《劳动合同法》“双 10 年”的规定，劳动者就可以要求订立无固定期限劳动合同。

3）连续订立二次固定期限劳动合同，且劳动者没有《劳动合同法》第 39 条和第 40 条第 1 项、第 2 项规定的情形，续订劳动合同。

（3）用人单位自用工之日起满一年不与劳动者订立书面劳动合同的，视为用人单位与劳动者已订立无固定期限劳动合同。这样规定的目的主要是解决一些用人单位不愿与劳动者签订劳动合同，造成劳动者合法权益无法得到保障的问题。

3. 以完成一定工作任务为期限的劳动合同

以完成一定工作任务为期限的劳动合同是指用人单位与劳动者约定以某项工作的完成为合同期限的劳动合同。在签订该类合同时，用人单位通常无法预计该项工作结束的具体时间，因此在实践中，项目的结束之日就是劳动合同终止之时。按照《中华人民共和国劳动合同法实施条例》（以下简称《劳动合同法实施条例》）第 22 条的规定，以完成一定工作任务为期限的劳动合同因任务完成而终止的，用人单位应当依照《劳动合同法》第 47 条的规定向劳动者支付经济补偿。

拓展知识

关于无固定期限劳动合同的签订，《劳动合同法》第 14 条第 2 款第 3 项规定，连续订立二次固定期限劳动合同，且劳动者没有《劳动合同法》第 39 条和第 40 条第 1 项、第 2 项规定的情形，续订劳动合同的，除劳动者提出订立固定期限劳动合同外，应当订立无固定期限劳动合同。这一规定是实务中应当订立无固定期限劳动合同最常见的情形，但同时也是分歧较大的一条规定，由于法律条文表述问题，实务中对该项规定产生了两种不同的理解：

第一种观点认为，在第二次固定期限劳动合同期满后，用人单位有劳动关系终止权，对是否续订劳动合同有选择权，可以选择续订劳动合同，也可以终止劳动关系。只有在用人单位同意续订劳动合同的前提下，双方才应当订立无固定期限劳动合同；如果用人单位不愿意续订劳动合同的，则因为双方缺乏“续订劳动合同的”共同意思表示，即使劳动者提出要求，也不符合该条规定，劳动合同到期终止。上海的人民法院持这种观点。

第二种观点认为，在第二次固定期限劳动合同期满后，用人单位无劳动关系终止权，对是否续订劳动合同无选择权，除劳动者提出订立固定期限劳动合同外，用人单位必须与劳动者签订无固定期限劳动合同。广东、北京等地的人民法院持这种观点。

由上可知，在第二次固定期限劳动合同期满后，如果用人单位同意续订劳动合同，上述两种观点均认为应当签订无固定期限劳动合同。但如果用人单位不同意续订劳动合同或者不作出续订劳动合同的意思表示，两种理解所引起的法律后果则有明显的差别。

首先，如果用人单位在第二次固定期限劳动合同期满后不同意续订劳动合同，依据第一种观点，因用人单位享有劳动合同终止权，用人单位只需向劳动者支付经济补偿即可。而依据第二种观点，除劳动者提出订立固定期限劳动合同外，应当与劳动者订立无固定期限劳动合同，否则属于违法解除劳动关系，应向劳动者支付违法解除的经济赔偿金。

其次，如果用人单位在第二次固定期限劳动合同期满后不作出续订劳动合同的意思表示，劳动者仍在原用人单位工作，原用人单位未表示异议的情况下，依据第一种观点，因用人单位享有劳动合同终止权，可以不续订劳动合同，此时尚不属于应当订立无固定期限劳动合同的情形，只能认定双方存在事实劳动关系。依据第二种观点，因用人单位不享有劳动合同终止权，必须续订劳动合同，此时已属于应当订立无固定期限劳动合同的情形，应认定双方已存在无固定期限劳动合同关系。

由于对《劳动合同法》第 14 条第 2 款第 3 项规定存在不同的理解，不同地区的人民法院对同样的案件判决不同，当事人享有的权利和义务有很大的差别，在有权机关对该问题出台统一的规定之前，这种差别值得引起当事人的注意。

（二）按照用工方式划分

根据用工方式的不同，劳动合同可分为全日制用工劳动合同和非全日制用工劳动合同。

1. 全日制用工劳动合同

全日制用工劳动合同是指劳动者按照国家法定工作时间，从事全职工作的劳动合同。全日制用工是最常见的劳动用工方式，相比非全日制用工，这种方式具有稳定性和持久性，对企业而言有利于企业培养人才、调动员工积极性、增强企业的凝聚力，对劳动者而言具有稳定性和保障性，有利于个人能力的提升和长远发展。

2. 非全日制用工劳动合同

非全日制用工劳动合同是指劳动者按照国家法律规定，从事部分时间工作的劳动合同。根据《劳动合同法》第 68 条的规定，非全日制用工，是指以小时计酬为主，劳动者在同一用人单位一般平均每日工作时间不超过四小时，每周工作时间累计不超过二十四小时的用工形式。

作为一种灵活用工方式，非全日制用工在合同形式、工作时间、工资支付、经济补偿金等方面和全日制用工存在明显的区别，见表 1-1。

表 1-1　非全日制用工和全日制用工的区别

		非全日制用工	全日制用工
1	合同形式	可以订立口头协议，但劳动者提出订立书面合同的，应当以书面形式订立	应当订立书面劳动合同
2	工作时间	一般平均每日工作时间不超过 4 小时，每周工作时间累计不超过 24 小时，工作时间可以和用人单位协商确定，较为灵活	一般每日工作时间不超过 8 小时，每周工作时间不超过 40 小时
3	试用期	不得约定试用期	除以完成一定工作任务为期限的劳动合同和期限不满三个月的劳动合同不得约定试用期外，可以约定试用期

续表

		非全日制用工	全日制用工
4	工资支付	支付周期最长不得超过 15 日，小时计酬标准不得低于当地最低小时工资标准	按月支付，不得低于当地最低（月）工资标准
5	合同解除	任何一方都可以随时通知对方终止用工	须符合法定情形
6	经济补偿金	无	根据法定情形确定
7	劳务派遣	不适用	适用
8	社会保险	应当缴纳工伤保险①	应当缴纳“五险”
9	多重劳动关系	劳动者可以与一个或者一个以上用人单位订立劳动合同；但是，后订立的劳动合同不得影响先订立的劳动合同的履行	法律没有禁止，但是对劳动者和后建立劳动关系的用人单位而言具有一定的风险②

注：①关于非全日制用工的社保，除工伤保险有明确规定外，其他无明确规定，有观点认为还应当缴纳失业保险。

②根据《劳动合同法》第 39 条的规定，劳动者同时与其他用人单位建立劳动关系，对完成本单位的工作任务造成严重影响，或者经用人单位提出拒不改正的，用人单位可以解除劳动合同。此外，根据《劳动合同法》第 91 条的规定，用人单位招用与其他用人单位尚未解除或者终止劳动合同的劳动者，给其他用人单位造成损失的，应当承担连带赔偿责任。

拓展知识

虽然非全日制用工具有诸多优点，然而，对用人单位来说，采用非全日制用工方式的法律风险也不容忽视：

第一，用人单位应强化劳动者工作时间管理，做到平均每天不超过 4 小时，每周不超过 24 小时。如果工作时间经常平均每天超过 4 小时，经常每周超过 24 小时，很可能被认定为全日制用工，用人单位存在支付二倍工资、未缴纳社保的劳动行政责任、经济补偿金甚至违法解除劳动合同的赔偿金等诸多法律风险。

第二，向劳动者支付劳动报酬的周期最长不超过 15 日，经常超出 15 日或者按月发工资，很可能被认定为全日制用工，同样存在上述风险。

第三，如果当地无法单独缴纳工伤保险，应慎重适用非全日制用工形式，或者在一定要采用非全日制用工的情形下购买商业保险来分散风险，因为一旦发生工伤，用人单位可能面临巨额赔偿。

第四，根据《关于非全日制用工若干问题的意见》（劳社部发〔2003〕12 号）的规定，用人单位招用劳动者从事非全日制工作，应当在录用后到当地劳动保障行政部门办理录用备案手续。

【案例】

某信息网络公司于 2023 年 7 月 1 日与周某签订了《非全日制用工劳动合同》，合同期限为 2023 年 7 月 1 日—2024 年 6 月 30 日。该合同约定周某担任运维岗位工作，月薪为

4 000 元，按月发放，每天工作 8 小时，具体工作内容为：公司协议用户软件系统的日常运营、维护、咨询、技术指导、技术培训等。该合同还约定周某要严格遵守该公司制定的规章制度，佩戴工作证件和工作牌上岗，并按相关技术规范的要求工作。2024 年 1 月，该公司解除与周某的劳动合同。随后，周某向劳动仲裁委员会申请仲裁。

请分析：周某与某信息网络公司之间属于非全日制用工还是全日制用工？

分析提示：

在该案中，涉案合同虽名为非全日制用工，但根据约定的岗位职责、工作时间、劳动报酬的支付等内容可知系实质上的全日制用工。某信息网络公司以名义上的非全日制用工代替实质上的全日制用工，违法解除劳动合同，应向周某支付经济赔偿金。可见，认定非全日制用工还是全日制用工，不能仅仅看劳动合同的名称，应按照法律规定，从工作时间、劳动报酬的支付、试用期等方面进行判断。

三、劳动合同与其他合同的区别

（一）劳动合同与劳务合同的区别

劳动合同与劳务合同是两种性质完全不同的合同。劳动合同是用人单位与劳动者确立劳动关系、明确双方权利和义务的协议；劳务合同一般指的是雇佣合同，广义的劳务合同还包括承揽合同等以提供劳务为内容而签订的协议。

具体而言，劳动合同和劳务合同存在以下不同之处：

1. 性质不同

劳动合同是用人单位与劳动者之间确定劳动关系的用工合同，是以劳动者成为用人单位内部员工为目的的。劳务合同是提供劳务的一方为接受劳务的一方提供服务的合同，以提供劳务的行为为合同的标的，属于民事合同。

2. 主体不同

劳动合同的主体一方是用人单位，另一方是劳动者。劳务合同的主体可能是两个，也可能是多个；合同方可能都是单位，也可能都是自然人，或者一方是单位，另一方是自然人。

3. 主体地位不同

劳动合同的主体之间不仅存在财产关系，还存在人身关系，劳动者必须遵守用人单位的规章制度，双方具有领导与被领导、支配与被支配的隶属关系，用人单位负有为劳动者缴纳社会保险等法律责任。劳务合同的主体之间只存在财产关系，法律地位平等，没有隶属关系，提供劳务一方无须成为用工单位的成员。

4. 合同形式不同

根据《中华人民共和国民法典》（以下简称《民法典》）的规定，作为民事合同，劳务合同既可以采用书面形式，也可以采用口头形式或者其他形式，而劳动合同一般为书面形式。

5. 报酬性质和支付方式不同

劳动合同中的劳动报酬由双方当事人约定，但须遵守国家最低工资、支付周期等强制性规定。劳务报酬根据劳务市场价格确定，由双方当事人约定，国家无强制性规定，支付方式可以是一次性或分批支付。

6. 国家干预程度不同

在劳动关系中，《劳动合同法》以强制性法律规范规定了社会保险的缴纳、最低工资、最高工时、保障劳动者的劳动安全与卫生。而劳务关系作为一种平等主体之间的民事关系，以私法自治为原则，受国家干预程度低。

7. 劳动支配权和风险责任承担不同

劳动合同中的劳动支配权在用人单位，劳动风险由社会、用人单位、劳动者三方承担。劳务合同中的劳务支配权在提供劳务者，风险责任由提供劳务者和接受劳务者依法承担。

8. 救济途径不同

劳动合同纠纷发生后，劳动争议实行仲裁前置程序，争议一方应先到劳动仲裁委员会申请劳动仲裁，不服劳动仲裁裁决的，在法定期间内可以到人民法院起诉。劳务合同纠纷出现后，争议双方可以直接向人民法院提起诉讼，无须“仲裁前置”。

9. 法律适用不同

处理劳动争议主要适用《劳动合同法》等劳动法律法规的规定。而劳务合同的当事人发生纠纷，适用《民法典》等民事法律的规定。

【案例】

2023年3月6日，宋某与某公司签订《劳务协议》，约定：合同期限为一年，试用期为一个月，宋某在公司担任业务员，须遵守公司各项规章制度，公司每月10日向其支付上月的劳务报酬3 000元。3个月后，该公司改成按业务提成给宋某发放报酬。当年11月和12月，宋某未达到规定的工作业绩，因此没有任何收入。于是宋某向该公司提出辞职，并向劳动争议仲裁委员会申请仲裁，主张双方为劳动关系，要求该公司支付11月和12月的工资及经济补偿金。

请分析：宋某与某公司之间是否为劳动关系？

分析提示：

劳务关系的本质特征是提供劳务者和接受劳务者系平等主体，双方就劳务进行协商达成合意。提供劳务者对劳务的提供具有自主性和选择权，与接受劳务者之间不存在管理和被管理的关系，且提供的劳务具有临时性、阶段性的特点。用人单位与劳动者签订的合同虽名为“劳务合同”，但是如果双方之间的关系符合劳动关系的特征，即用人单位和劳动者符合法律法规规定的主体资格、双方之间存在隶属关系、劳动者提供的劳动是用人单位业务的组成部分，应认定双方之间系劳动关系而非劳务关系。因此，在本案中，宋某与某公司之间应被认定为劳动关系。

（二）劳动合同与实习合同的区别

在校生实习，是指在校生进入政府机关、企事业单位和社会团体等实习单位参与一定的实际工作，进行职业道德和技术技能培养的实践性教育教学活动。实习既是专业学习和技术技能训练的必备途径，也是锤炼意志品质、提前熟悉岗位、引导学生融入社会的重要方式。鉴于实习在学校教育培养中的重要性，2019 年教育部发布了《教育部关于加强和规范普通本科高校实习管理工作的意见》（教高函〔2019〕12 号），2021 年教育部等八部门发布了《教育部等八部门关于印发〈职业学校学生实习管理规定〉的通知》（教职成〔2021〕4 号），加强对学校学生实习以及签订实习合同的规范管理。

实习阶段，最主要的目的是实践学习，并不代表未来会与实习单位建立劳动关系。在实习期内，学生与实习单位之间或者学生与学校、实习单位之间签订的实习合同形成的“实习关系”从本质上说是一种民事关系，这决定了实习合同与劳动合同有诸多不同，主要的区别如下。

1. 合同主体不同

劳动合同的主体是劳动者和用人单位；而实习合同的主体是学生、实习单位，在三方实习合同中还包括学生所属的学校，尤其在职业学校学生实习管理中，实习合同是职业学校、实习单位、学生共同签订的三方实习协议。此外，在劳动合同中劳动者隶属于用人单位；而在实习合同中作为类似于劳动者的学生不仅对实习单位存在一定的隶属性，同时也隶属于学校。

2. 合同形式不同

劳动合同一般为书面形式。而实习合同属于民事合同，原则上可以采用书面形式、口头形式或者其他形式订立，但根据教育部等发布的相关实习管理规定，对学生实习管理更加规范，严格规定学校、实习单位、学生三方实习协议的签订，特别是在职业学校学生实习管理规定中，学生参加岗位实习前，必须签订实习协议，并依法严格履行协议中有关条款。未按规定签订实习协议的，不得安排学生实习。

3. 报酬和保险等待遇不同

在劳动关系中，用人单位须遵守国家最低工资、支付周期、购买社会保险等强制性规定。而在校生实习最主要的目的是获得实习单位的能力培养和工作指导，因此，实习单位会参考实习生的工作量、工作强度、工作时间等因素给予适当的实习报酬。此外，《教育部关于加强和规范普通本科高校实习管理工作的意见》规定，实习前，高校应当为学生购买实习责任险或人身伤害意外险；《教育部等八部门关于印发〈职业学校学生实习管理规定〉的通知》规定，职业学校和实习单位应当根据法律、行政法规为实习学生投保实习责任保险。

4. 救济途径不同

对于劳动争议应当先进行劳动仲裁，也就是实行“仲裁前置”；而对于实习合同的争议，争议双方可以直接向人民法院提起诉讼，无须“仲裁前置”。

5. 法律适用不同

处理劳动争议主要适用劳动法律法规的规定，而实习合同的当事人发生纠纷，适用民事法律法规的规定。

四、新就业形态下劳动关系的认定与劳动者权益的保障

近年来，随着我国平台经济的快速发展，新就业形态已成为劳动者就业增收的重要渠

道。网约配送员、网约车驾驶员、网约货车司机、互联网营销师等新就业形态劳动者数量大幅增加。由于平台的用工形式和新就业形态劳动者的就业方式相对灵活，大量新就业形态劳动者难以与企业直接确认劳动关系，难以简单纳入我国现行劳动法律调整，其权益保障面临新情况、新问题。为了支持和规范发展新就业形态，切实维护新就业形态劳动者的劳动保障权益，促进平台经济规范、健康、持续发展，2021 年 7 月 16 日，人力资源社会保障部、国家发展改革委、交通运输部、应急部、市场监管总局、国家医保局、最高人民法院、全国总工会共同印发《关于维护新就业形态劳动者劳动保障权益的指导意见》（以下简称《指导意见》），进一步规范平台用工关系，对维护新就业形态劳动者的劳动报酬、合理休息、社会保险、劳动安全等权益都作出明确要求。

《指导意见》的最大亮点是提出了“不完全符合确立劳动关系情形”这一突破传统劳动关系的新的用工关系情形。按照我国现行劳动法律规定，建立劳动关系的劳动者，企业应当依法保障其合法权益。没有建立劳动关系的，劳动者与企业之间的权利义务关系一般都是按照民事法律调整。而就新就业形态劳动者而言，其中有部分劳动者工作有较大的自主性，比如说可自主决定是否上线和接单等，但其提供劳动的过程要遵守平台企业确定的算法和劳动规则，并受其管理，这些劳动者与平台企业之间不完全符合确认劳动关系的情形，双方之间也不是完全平等的民事关系。因此，《指导意见》指出，企业应当规范用工，符合确立劳动关系情形的，企业应当依法与劳动者订立劳动合同；不完全符合确立劳动关系情形但企业对劳动者进行劳动管理（简称不完全符合确立劳动关系情形）的，企业应当与劳动者订立书面协议，合理确定与劳动者的权利义务，承担维护劳动者权益的相应责任；个人依托平台自主开展经营活动、从事自由职业等，按照民事法律调整双方的权利义务。简言之，新就业形态劳动者与企业之间可能是劳动关系，也可能不完全符合确立劳动关系情形，又或者是民事关系。

《指导意见》对不完全符合确立劳动关系情形下劳动者权益的保障作出了规定，主要体现在：

第一，在最低工资和支付保障方面，推动将不完全符合确立劳动关系情形的新就业形态劳动者纳入制度保障范围。督促企业向提供正常劳动的劳动者支付不低于当地最低工资标准的劳动报酬，按时足额支付，不得克扣或者无故拖欠。引导企业建立劳动报酬合理增长机制，逐步提高劳动报酬水平。

第二，在休息制度方面，推动行业明确劳动定员定额标准，科学确定劳动者工作量和劳动强度。督促企业按规定合理确定休息办法，在法定节假日支付高于正常工作时间劳动报酬的合理报酬。

第三，在劳动安全卫生制度和标准方面，明确企业不得制定损害劳动者安全健康的考核指标，对企业制定修订直接涉及劳动者权益的制度规则和平台算法，要充分听取工会和劳动者代表的意见建议，并公示告知劳动者。

第四，在社会保险政策方面，要求各地放开灵活就业人员在就业地参加基本养老、基本医疗保险的户籍限制，督促企业依法参加社会保险。企业要引导和支持不完全符合确立劳动关系情形的新就业形态劳动者根据自身情况参加相应的社会保险。

第五，强化职业伤害保障，以出行、外卖、即时配送、同城货运等行业的平台企业为重点，组织开展平台灵活就业人员职业伤害保障试点，平台企业应当按规定参加。采取政府主导、信息化引领和社会力量承办相结合的方式，建立健全职业伤害保障管理服务规范和运行机制。鼓励平台企业通过购买人身意外、雇主责任等商业保险，提升平台灵活就业人员保障水平。

以上规定从总体上界定了新就业形态下企业的相应责任，加强了劳动者权益的保障。除《指导意见》外，目前，中华全国总工会制定了《关于切实维护新就业形态劳动者劳动保障权益的意见》，市场监管总局牵头制定了《关于落实网络餐饮平台责任切实维护外卖送餐员权益的指导意见》。在《指导意见》出台后，各地结合地方实际制定了更为具体的规定，如湖南省人力资源和社会保障厅等八部门《关于维护新就业形态劳动者劳动保障权益的实施意见》、贵州省人力资源和社会保障厅等八部门《关于维护新就业形态劳动者劳动保障权益的实施意见》、四川省人力资源和社会保障厅等十一个部门《关于维护新就业形态劳动者劳动保障权益的实施意见》等。

【案例】

2024 年 6 月，某传媒公司与李某签订了《艺人签约独家经纪合同》，约定李某为该公司的签约艺人，李某每天工作 8 小时，在钉钉打卡考勤，根据该公司安排完成短视频的拍摄，该公司每月向李某支付工资，并按该公司规定比例分配收益。后李某提起劳动仲裁，主张确认双方存在劳动关系及要求该公司支付经济补偿。

请分析：李某与某传媒公司之间是否存在劳动关系？

分析提示：

网络主播为新业态从业者，应根据劳动关系的基本特征来认定是否构成劳动关系，应当从双方之间是否具有人格从属性、经济从属性，分析双方是劳动关系还是其他关系。

本案中，某传媒公司对李某实行考勤管理，决定李某的工作内容、工作步骤、工作成果的展示方式，拥有李某的工作成果，同时对收益分配进行了规定，向李某发放工资。李某遵守该公司的各项规章制度，对工作内容、步骤、成果等都没有决定权、控制权和主动权，其工作构成了该公司的业务组成部分。双方实际履行的内容符合劳动关系的法律特征，因此，双方构成劳动合同关系。

导入案例分析提示

在没有书面劳动合同的情形下，实践中，一般根据 2005 年 5 月 25 日劳动和社会保障部发布的《关于确立劳动关系有关事项的通知》第 1 条和第 2 条的规定来确定劳动者和用人单位之间是否存在劳动关系。本案中，某食品有限公司为依法设立的有限责任公司，高某作为自然人，双方符合法律规定的成立劳动关系的主体资格。高某虽然没有提交书面劳动合同，但高某提交的上岗证、饭卡（门禁卡）、保温杯、雨伞、工作服等证据可以证实高某与某食品有限公司之间存在事实劳动关系。

第二节 订立劳动合同的主体与原则

导入案例

宁某因自己身份证过期需要补办，在不得已的情况下使用表妹尹某的身份证入职广州某公司，负责清洁工作，一年后离职。因离职时发生劳动纠纷，宁某申请劳动仲裁，提出确认与广州某公司之间存在劳动关系等仲裁请求。

请分析：宁某与该公司之间存在劳动关系吗？

一、劳动合同的主体

根据《中华人民共和国劳动法》（以下简称《劳动法》）第 16 条的规定，劳动合同是劳动者与用人单位确立劳动关系、明确双方权利和义务的协议。建立劳动关系应当订立劳动合同。由此可见，订立劳动合同的主体是用人单位和劳动者双方。

（一）用人单位

用人单位是指具有用工权利能力和用工行为能力，雇用劳动者的主体。《劳动合同法》和《劳动合同法实施条例》等法律法规中规定的用人单位包括以下几类：

1. 企业

企业是以营利为目的的经济性组织，主要包括个人独资企业、合伙企业和公司。企业是最常见的用人单位。

2. 个体经济组织

劳动法意义上的个体经济组织仅指个体工商户，不包括农村承包经营户。个体工商户是指有经营能力的自然人在法律允许的范围内，经过依法核准登记，从事工商业经营业务的主体。

3. 民办非企业单位

根据《民办非企业单位登记管理暂行条例》第 2 条的规定，民办非企业单位是指企业事业单位、社会团体和其他社会力量以及公民个人利用非国有资产举办的，从事非营利性社会服务活动的社会组织。如民办学校、民办医院、民办文艺团体、民办博物馆、民办科技馆等。

4. 会计师事务所、律师事务所等合伙组织和基金会

根据《劳动合同法实施条例》第 3 条的规定，依法成立的会计师事务所、律师事务所等合伙组织和基金会也包括在用人单位的范围内。

5. 与劳动者建立劳动关系的国家机关、事业单位、社会团体

国家机关、事业单位、社会团体与该用人单位中的部分员工之间并不构成劳动关系。例如：行政机关中的公务员、参公编人员，适用的是《中华人民共和国公务员法》（以下简称《公务员法》）；事业单位、社会团体中的事业编人员，优先适用法律、行政法规或者国务院的特别规定。这部分人员与用人单位之间不成立劳动关系，因此不是劳动法中的主体。

但在实践中，国家机关、事业单位、社会团体也会招用不少工勤人员，实行企业化管理的事业单位的职员，以及其他通过劳动合同与国家机关、事业单位和社会团体确定劳动关系的劳动者。上述人员与用人单位之间如果符合劳动关系特点，成立劳动关系的，就属于订立劳动合同的主体。

拓展知识

关于用人单位设立的分支机构能否与劳动者订立劳动合同的情况：

根据我国《劳动合同法实施条例》第 4 条的规定，《劳动合同法》规定的用人单位设立的分支机构，依法取得营业执照或者登记证书的，可以作为用人单位与劳动者订立劳动合同；未依法取得营业执照或者登记证书的，受用人单位委托可以与劳动者订立劳动合同。

（二）劳动者

劳动者是指达到法定年龄、具有劳动能力，以从事某种社会劳动获得收入为主要生活来源的自然人。他们依照法律或合同的规定，在用人单位管理下从事劳动，并取得劳动报酬。

自然人成为劳动法律关系的主体必须达到法定年龄并且具有完全或者部分劳动能力。如果没有达到法定年龄，即使具备劳动能力，也不能参加劳动关系成为劳动法律关系的主体；反之，达到法定年龄，但由于先天或后天的原因没有劳动能力，也不具备劳动法律关系的主体资格。

一般来说，我国劳动者的劳动权利能力始于十六周岁，终于退休。达到法定退休年龄且开始享受基本养老保险待遇的，不再是劳动法意义上的劳动者，无法与用人单位建立劳动关系，其与用人单位之间建立的是劳务关系。

根据《劳动法》的规定，用人单位不得招用未满十六周岁的未成年人。文艺、体育和特种工艺单位可以招用未满十六周岁的未成年人，但必须遵守国家有关规定，并保障其接受义务教育的权利。

二、订立劳动合同的原则

建立劳动关系，应当订立劳动合同。订立劳动合同，应当遵循合法、公平、平等自愿、协商一致、诚实信用的原则。

（一）合法原则

合法原则是指订立劳动合同的行为应符合法律、法规及相关政策的要求。合法原则的基本内涵包括：订立劳动合同的主体合法、目的合法、内容合法、程序与形式合法。

（二）公平原则

公平原则是指双方当事人所订立的劳动合同的内容应当公正合理。《劳动合同法》将“公平”作为订立劳动合同的原则，是要求在劳动合同订立过程及劳动合同的内容确定上应体现公平，以防止劳动合同的当事人尤其是用人单位滥用其优势地位而损害劳动者的利益，以达到用人单位与劳动者之间的利益平衡，建立稳定、和谐的劳动关系。如：用人单位免除自己的法定责任、排除劳动者权利，将导致劳动合同无效。

（三）平等自愿原则

平等是指订立劳动合同的双方法律地位平等。在订立劳动合同时，双方当事人是以劳动关系平等主体资格出现的，有着平等的要求利益的权利，不存在命令与服从的关系。

自愿是指订立劳动合同必须出自双方当事人的真实意愿，任何一方不得将自己的意志强加给另一方。劳动合同内容的确定，必须完全与双方当事人的真实意思相符合。

（四）协商一致原则

协商一致是指当事人双方依法就劳动合同订立的有关事项，应当采用协商的办法达成一致意见。这一原则是维护劳动关系当事人合法权益的基础，只有当劳动合同充分协商，体现了双方当事人的意志，才能得到认真的履行，从而更有利于维护双方的合法权益。

（五）诚实信用原则

诚实信用是合同订立和履行过程中都应遵循的原则。当事人订立劳动合同的行为必须诚实，用人单位和劳动者都依法承担如实告知必要信息以保障对方知情权的义务。《劳动合同法》第8条规定了用人单位的告知义务和劳动者的说明义务：用人单位招用劳动者时，应当如实告知劳动者工作内容、工作条件、工作地点、职业危害、安全生产状况、劳动报酬，以及劳动者要求了解的其他情况；用人单位有权了解劳动者与劳动合同直接相关的基本情况，劳动者应当如实说明。

此外，《劳动合同法》明确了以欺诈签订的劳动合同无效或部分无效，无论是用人单位还是劳动者，只要存在欺诈签订劳动合同的情况，允许另一方当事人解除劳动合同。

导入案例分析提示

劳动者借用他人身份证入职用人单位，实际上是以不诚信手段使得该公司在宁某提交虚假信息的情况下与其建立劳动关系，有违其真实意思表示。在身份证过期的情况下，宁某可通过其他方式补救，身份证过期的事实并不能成为其借用他人身份证签订劳动合同的充分、合理解释。因此，宁某与该公司签订的劳动合同无效，双方之间不存在劳动关系。

第三节　劳动合同的形式与内容

导入案例

张某于2022年3月1日到某公司报到并开始工作，约定月薪为5 000元，报到当天，某公司人力资源部门因疏忽未与张某签订劳动合同，直至2022年8月1日发现未签劳动合同并通知张某于2022年8月1日当天完成劳动合同的签署。后张某主张该公司向其支付未签书面劳动合同期间的两倍工资。

请分析：张某的主张能否得到支持？

一、劳动合同的形式

劳动合同的形式是指劳动合同内容确定和存在的方式。也就是采用何种方式来签订劳动合同。《劳动合同法》规定了两种劳动合同的形式，即书面形式和口头形式。

（一）书面形式

1. 书面签订劳动合同是法定义务

根据《劳动合同法》第10条的规定，建立劳动关系，应当订立书面劳动合同。由此可见，签订书面的劳动合同是法律规定的义务。书面劳动合同能够通过文字的形式将劳动合同的内容条文化，是明确劳动者与用人单位权利与义务的重要依据，便于双方遵照执行。一旦发生劳动争议，便于查清事实、分清是非，有利于当事人取证和举证，也有利于主管部门和劳动行政部门进行监督检查。

2. 不依法订立书面劳动合同的法律责任

建立劳动关系，应当订立书面劳动合同，无论是用人单位还是劳动者，均不可以任何理由拒绝签署，否则需要承担相应的法律责任。

（1）用人单位不订立书面劳动合同的法律责任。

根据《劳动合同法》第10条、第82条及《劳动合同法实施条例》第6条、第7条的规定：

1）已建立劳动关系，未同时订立书面劳动合同的，应当自用工之日起一个月内订立书面劳动合同。即自用工之日起一个月内补订书面劳动合同。

2）用人单位自用工之日起超过一个月不满一年未与劳动者订立书面劳动合同的，应当向劳动者每月支付两倍的工资，并与劳动者补订书面劳动合同。用人单位向劳动者每月支付两倍工资的起算时间为用工之日起满一个月的次日，截止时间为补订书面劳动合同的前一日。

3）用人单位自用工之日起满一年未与劳动者订立书面劳动合同的，自用工之日起满一个月的次日至满一年的前一日应当依照《劳动合同法》第 82 条的规定向劳动者每月支付两倍的工资，并视为自用工之日起满一年的当日已经与劳动者订立无固定期限劳动合同，应当立即与劳动者补订书面劳动合同。

（2）劳动者不订立书面劳动合同的法律责任。

根据《劳动合同法实施条例》第 5 条、第 6 条的规定：

1）劳动者不与用人单位订立书面劳动合同的，自用工之日起一个月内，经用人单位书面通知后，劳动者仍不与用人单位订立书面劳动合同的，用人单位应当书面通知劳动者终止劳动关系，无须向劳动者支付经济补偿，但是应当依法向劳动者支付其实际工作时间的劳动报酬。

2）劳动者自用工之日起超过一个月不满一年不与用人单位订立书面劳动合同的，用人单位应当书面通知劳动者终止劳动关系，并依照《劳动合同法》第 47 条的规定支付经济补偿。

不依法订立书面劳动合同的法律责任如表 2-1 所示。

表 2-1　不依法订立书面劳动合同的法律责任

<table>
<tr><th>期限</th><th>情形</th><th>法律责任</th></tr>
<tr><td rowspan="2">自用工之日起一个月内</td><td>劳动者不订立书面劳动合同的</td><td>终止劳动关系；
支付劳动报酬；
不支付经济补偿</td></tr>
<tr><td>用人单位不订立书面劳动合同的</td><td>补订书面劳动合同</td></tr>
<tr><td rowspan="2">自用工之日起超过一个月不满一年</td><td>劳动者不订立书面劳动合同的</td><td>终止劳动关系；
支付劳动报酬；
支付经济补偿</td></tr>
<tr><td>用人单位不订立书面劳动合同的</td><td>补订书面劳动合同；
用人单位自用工之日起满一个月的次日至补订书面劳动合同的前一日向劳动者每月支付两倍工资</td></tr>
<tr><td>自用工之日起满一年</td><td>用人单位仍未与劳动者订立书面劳动合同的</td><td>视为自用工之日起满一年的当日已经与劳动者订立无固定期限劳动合同；
立即补订书面劳动合同；
用人单位自用工之日起满一个月的次日至满一年的前一日向劳动者每月支付两倍工资</td></tr>
</table>

3. 事实劳动关系的认定

《劳动合同法》第 10 条第 1 款规定："建立劳动关系，应当订立书面劳动合同。"书面劳动合同是双方建立了劳动关系以及双方具体权利义务的最好的证明，一旦发生纠纷，可以作为纠纷解决的依据。

然而，在现实生活中，用人单位和劳动者没有签订书面劳动合同的情况比比皆是。在这种情况下，用人单位和劳动者之间是否建立了劳动关系呢？这涉及劳动关系的确立标准的问题。劳动关系并不仅仅依据双方是否签订书面的劳动合同来认定，而是结合双方关系的相关要素进行综合认定，双方如果未签订书面劳动合同但各种要素证明双方之间存在劳动关系的，可以认定双方成立劳动关系，也称事实劳动关系。

根据劳动和社会保障部于 2005 年颁布的《关于确立劳动关系有关事项的通知》的规定，用人单位和劳动者虽然未订立书面劳动合同，但如果同时具备下列情形，劳动关系成立：(1) 用人单位和劳动者符合法律、法规规定的主体资格；(2) 用人单位依法制定的各项劳动规章制度适用于劳动者，劳动者受用人单位的劳动管理，从事用人单位安排的有报酬的劳动；(3) 劳动者提供的劳动是用人单位业务的组成部分。

由此可见，没有签订书面劳动合同，不等于没有劳动关系，如果同时符合上述三个条件，则劳动关系成立。但由于双方没有签订书面劳动合同，在用人单位否认劳动关系的情况下，劳动者需要通过工作证、工资条等其他证据材料来证明其与用人单位之间存在劳动关系，否则将面临败诉的风险。

在实践中，认定双方存在事实劳动关系时通常参照下列凭证：(1) 工资支付凭证或记录（职工工资发放花名册）、缴纳各项社会保险费的记录；(2) 用人单位向劳动者发放的"工作证""服务证"等能够证明身份的证件；(3) 劳动者填写的用人单位招工招聘"登记表""报名表"等招用记录；(4) 考勤记录；(5) 其他劳动者的证言等。

其中，(1)、(3)、(4) 项的有关凭证由用人单位负举证责任。

拓展知识

电子劳动合同

信息互联时代，书面劳动合同也有了新的演变形式，即电子劳动合同。人力资源和社会保障部办公厅于 2021 年 7 月 1 日发布了《电子劳动合同订立指引》，部分地区的人力资源和社会保障部门已经开始试行建设电子劳动合同订立平台，并着手推行电子劳动合同的签署。

电子劳动合同是指用人单位按照法律法规规定，经协商一致，以可视为书面形式的数据电文为载体，使用可靠的电子签名订立的劳动合同。电子劳动合同应视为书面劳动合同，电子劳动合同的内容应按照书面劳动合同的相关要求进行设置。与传统纸质劳动合同不同的是，电子劳动合同在双方主体的身份认证、意愿确认、订立过程、签署方式、调取、储存、应用等方面，均系在订立平台，通过数字证书、联网信息核验、生物特征识别验证、手机短信息验证码等技术手段得以完成。

1. 关于电子劳动合同的效力

电子劳动合同经用人单位和劳动者签署可靠的电子签名后生效，并应附带可信时间戳。依法订立的电子劳动合同，具有法律效力。

2. 签订电子劳动合同的注意事项

首先，应选择可靠的电子签署平台。该平台依法运营电子签业务，需要具备留存订立和管理电子劳动合同过程相关证据的技术能力，包括身份认证、签署意愿、电子签名等，保证电子证据链的完整性。需要确保劳动者可以使用常用设备随时查看、下载、打印电子劳动合同的完整内容，且平台不得向劳动者收取费用。

其次，考虑到电子劳动合同线上签署的特性，用人单位在订立电子劳动合同前，应当向劳动者明确告知订立电子劳动合同的流程、操作方法、注意事项和查看、下载完整的劳动合同文本的途径，并不得向劳动者收取费用。

在电子劳动合同订立后，用人单位要以手机短信、微信、电子邮件或者App信息提示等方式通知劳动者电子劳动合同已订立完成。此外，用人单位还要提示劳动者及时下载和保存电子劳动合同文本，告知劳动者查看、下载电子劳动合同的方法，并提供必要的指导和帮助。

关于电子劳动合同的存储期限，需要符合《劳动合同法》第50条关于劳动合同保存期限的规定，“用人单位对已经解除或者终止的劳动合同的文本，至少保存二年备查”。

（二）口头形式

书面形式是订立劳动合同的法定形式，但也有例外，根据我国劳动法相关规定，仅在非全日制用工这种特殊用工形式下，双方当事人可以订立口头协议，也可以订立书面劳动合同，这一特点也大大体现了非全日制用工的灵活性。

对非全日制用工形式而言，尽管口头协议不违反法律规定，但口头协议存在高度不确定性，难以取证，从管理和防范风险的角度考虑，建议用人单位尽量采取书面形式订立非全日制用工合同，对用工类型、用工期限、用工岗位、工作地点、工作时间、报酬支付等事项进行约定。

二、劳动合同的内容

劳动合同的内容包括劳动合同的必备条款和约定条款。劳动合同的必备条款是法律明文规定劳动合同必须具备的内容。劳动合同的约定条款是当事人双方可以协商选择的条款，可以约定在劳动合同中，也可以不约定。

（一）劳动合同的必备条款

劳动合同应当具备以下条款：

1. 用人单位的名称、住所和法定代表人或者主要负责人

劳动合同的双方，彼此都需以书面方式明确对方身份，进而确认“谁”才是履约对象。对于劳动者而言，确认用人单位的正确身份信息，才能确认薪资发放、社保缴纳等切身利益的责任主体，以及发生纠纷时的争议对象。劳动者在签订劳动合同时，应注意核对用人单位的名称是否与单位公章或劳动合同专用章所显示的单位名称一致；住所是指主要营业机构所在地，一般应为精确到门牌号的详细地址；对于劳动者特别是初入职的劳动者而言，难以知悉法人企业的法定代表人姓名或其他类型单位的主要负责人姓名，实践中这个信息一般由用人单位提供，但劳动者可以通过一些公开的查询渠道（如信用信息公示系统）核实信息是否准确。

2. 劳动者的姓名、住址和居民身份证或者其他有效身份证件号码

劳动者的姓名、住址、身份证号码等基本身份信息，是确认劳动合同中提供劳动一方的身份信息的重要证明。用人单位在办理入职手续、签订劳动合同的同时，一般都会要求劳动者提供身份证复印件、学历证明复印件等信息，用于确认劳动者身份。

3. 劳动合同期限

劳动合同期限是指当事人双方所订立的相互享有权利、履行义务的时间界限，是为了使即将确立的劳动关系在一定时间内保持相对的稳定状态。劳动合同的期限由双方协商确定，可以选择签订固定期限劳动合同、无固定期限劳动合同或者以完成一定工作任务为期限的劳动合同。

4. 工作内容和工作地点

工作内容主要包含工作岗位、工作部门、工作任务或职责，是劳动者具体从事什么种类或者内容的劳动。工作内容是建立劳动关系极为重要的因素，是用人单位使用劳动者的目的，也是劳动者通过自己的劳动取得劳动报酬的原因。工作内容一旦确定，在劳动合同履行中用人单位不能单方随意变更工作内容，如需变更，应当协商一致，且应当采用书面形式。

工作地点是劳动合同的履行地，是劳动合同中非常重要的内容。劳动者有权知悉自己的工作地点，这将关系到劳动者的工作环境、生活环境以及就业选择。

5. 工作时间和休息休假

工作时间是劳动者每天工作的时数和每周工作的天数。劳动者的工作时长不能超过法律限制，对于标准工时制而言，一般为每日工作 8 小时，每周工作 40 小时。对于不定时工作制和综合计时工作制而言，需要用人单位所在地的人力资源和社会保障部门审批方可实施，而且需注意不能任意扩大适用范围。

休息权是劳动者的法定权利，不可随意剥夺。限制加班时间，即是对劳动者休息权的一种保障方式。用人单位在制定休息休假政策时，要同时遵守国家、地方颁布的休假规定，否则可能要承担相应的法律后果。

6. 劳动报酬

劳动报酬是指劳动者提供劳动后所应得的对价，体现的是劳动者创造的社会价值，是劳动者的一项重要权利，也是用人单位的基本义务，需要在劳动合同中进行明确约定。劳动合同中的劳动报酬数额应该明确、具体，与双方实际达成一致的报酬金额一致，且不能低于劳动合同履行地的最低工资标准。如果在签订劳动合同前，用人单位已经向劳动者发送录用意向书，其中包含劳动报酬数额的，劳动合同中的劳动报酬一般需与录用意向书中已明确的金额一致。

7. 社会保险

社会保险，是用人单位的法定义务，也是劳动者的法定权利和义务。只要存在劳动关系，双方必须缴纳社会保险。社会保险的主要项目包括：养老保险、医疗保险、失业保险、工伤保险、生育保险。社会保险的具体缴纳方式、细节及相关待遇的申领，有较强的地域性，各地不尽相同，以劳动合同履行地的最新有效政策为准。

8. 劳动保护、劳动条件和职业危害防护

劳动保护或劳动条件是指在劳动合同中约定的用人单位对劳动者所从事的劳动必须提供的生产、工作条件和劳动安全卫生保护措施，即用人单位保障劳动者完成劳动和劳动过程中安全健康保护的基本要求，包括劳动场所和设备、劳动安全卫生设施、劳动防护用品等。

职业危害防护，一般是指消除或降低工作场所的职业危害因素，减少其对劳动者健康的损害或影响，如采取措施防治粉尘危害、噪声危害、高温作业危害等。

9. 法律、法规规定应当纳入劳动合同的其他事项

这是关于劳动合同必备条款的兜底条款。除前述8项内容外，用人单位还应根据本单位行业特点，按照相关法律法规的要求进一步完善劳动合同的内容。

（二）劳动合同的约定条款

劳动合同除必备条款外，用人单位与劳动者可以约定试用期、培训、保守秘密、补充保险和福利待遇等其他事项。

1. 试用期

（1）试用期概述。

试用期是指在劳动合同期限之内，用人单位和劳动者为了互相了解和考察，以确定是否继续履行劳动合同的期限。

根据劳动合同期限的不同，试用期也有所不同。劳动合同期限三个月以上不满一年的，试用期不得超过一个月；劳动合同期限一年以上不满三年的，试用期不得超过两个月；三年以上固定期限和无固定期限的劳动合同，试用期不得超过六个月。以完成一定工作任务为期限的劳动合同或者劳动合同期限不满三个月的，不得约定试用期。

非全日制用工双方当事人不得约定试用期。非全日制劳动合同的任何一方都有权利随时通知对方终止劳动合同，在这个前提下，设定试用期也失去了其必要性。试用期的规定如表2-2所示。

表2-2　试用期的规定

劳动合同类型	劳动合同期限	试用期
固定期限劳动合同	劳动合同期限＜3个月	不得约定试用期
	3个月≤劳动合同期限＜1年	0≤试用期≤1个月
	1年≤劳动合同期限＜3年	0≤试用期≤2个月
	劳动合同期限≥3年	0≤试用期≤6个月
无固定期限劳动合同	—	0≤试用期≤6个月
以完成一定工作任务为期限的劳动合同	—	不得约定试用期
非全日制劳动合同	—	不得约定试用期

(2) 试用期的注意事项。

同一个用人单位和同一劳动者只能约定一次试用期。试用期应包含在劳动合同期限内，如劳动合同期限为 1 年，试用期为 2 个月，劳动合同期限总计应仍为 1 年，而非 1 年 2 个月。劳动合同仅约定试用期的，试用期不成立，该期限视为劳动合同期限。在试用期内，用人单位同样要给劳动者缴纳社会保险。

劳动者在试用期的工资不得低于本单位相同岗位最低档工资或者劳动合同约定工资的 80%，并不得低于用人单位所在地的最低工资标准。

【案例】

赵某于 2024 年 3 月 1 日到某公司工作，担任销售岗位，双方签订了期限为 3 个月的试用期合同，试用期满后再签订正式的劳动合同。2024 年 4 月 1 日，某公司以赵某不符合录用条件为由，解除了劳动合同。赵某遂申请劳动仲裁，要求某公司支付违法解除劳动合同的赔偿金。

请分析：赵某的仲裁请求能否得到支持？

分析提示：

《劳动合同法》第 19 条明确规定，劳动合同仅约定试用期的，试用期不成立，该期限为劳动合同期限。因此，本案中所约定的“试用期”，应视为双方劳动合同的期限，某公司不能以试用期不符合录用条件为由解除劳动合同。该解除行为违法，某公司应向赵某支付违法解除劳动合同的赔偿金。

2. 培训与服务期

用人单位往往通过向劳动者提供培训的机会，来提高劳动者的工作能力和业务水平，通过对人力资本的投入来促进用人单位的发展，同时也作为帮助劳动者进行职业提升的福利。用人单位往往根据自身实际，有计划地对劳动者进行职业培训，包括岗前培训、在岗培训、转岗培训等，劳动者也应当根据用人单位的工作安排，自觉参与培训。

企业在进行持续的员工培训时，为了保证培训员工的稳定性，避免员工获得专业技能提升之后离开企业，导致人力资本的损失，可以与劳动者约定服务期。根据《劳动合同法》的规定，用人单位为劳动者提供专项培训费用，对其进行专业技术培训的，可以与该劳动者订立协议，约定服务期。劳动者违反服务期约定的，应当按照约定向用人单位支付违约金。

服务期是指当事人双方约定的，对劳动者有特殊约束力的，劳动者因获得特殊的培训待遇而应当为用人单位工作的最短期限。需要注意的是，并不是企业提供给员工任何性质的培训都能约定服务期和违约金，适用该项规定，需要注意以下事项：

(1) 用人单位为劳动者支付了专项培训费用，并且有支付凭证证明，对劳动者进行专业技术培训的，才能约定服务期，对劳动者进行非专业技术培训的，则不能约定服务期。例如，用人单位内部安排的常规培训一般不能约定服务期。

(2) 对于服务期的期限没有作出具体规定，服务期的长短可以由劳动合同的双方协商确定，但要体现公平合理的原则，不得滥用权利。若双方约定的服务期的期限长于劳动合同期限的，劳动合同期限自动顺延至服务期满，服务期的约定视为对劳动合同期限的协商变更。

(3) 劳动者违反服务期约定的，应当按照约定向用人单位支付违约金。《劳动合同法》明确了违约金支付的上限，即违约金的数额不得超过用人单位提供的培训费用。用人单位要求劳动者支付的违约金不得超过服务期尚未履行部分所应分摊的培训费用。由此可知，违约金最高也不会超过用人单位支付的培训费总额，违约金＝(培训费总额÷约定的服务期)×未履行的服务期。

例如：某甲系某科技公司核心技术人员，该公司因业务需要，安排某甲参加某专项技术培训，培训费用为10 000元，并书面约定某甲在培训结束后至少2年内不得离职。1年后某甲因个人原因离职，距离约定的服务期尚有1年整，那么该公司如要求某甲支付违约金，其金额最高不超过5 000元［(10 000÷2)×1］。

(4) 用人单位与劳动者约定服务期的，不影响按照正常的工资调整机制提高劳动者在服务期期间的劳动报酬。

3. 保守秘密与竞业限制

保守秘密是指保守商业秘密和与知识产权相关的保密事项。商业秘密是指不为公众所知悉、具有商业价值并经权利人采取保密措施的技术信息、经营信息等商业信息。实践中，由于行业的差别、经营产品或服务品类的不同，商业秘密的类型和范围并没有统一的标准，常见的商业秘密包括但不限于核心制造技术、制造工艺、客户名单、配方、图纸、投标方案等。很多用人单位除了在劳动合同中约定保密义务，还制作了保密协议，其中明确地界定商业秘密的具体范围、列明保密义务、明确违约的责任等，并将其作为劳动合同的附件，与劳动合同同时签署。

需要注意的是，保守商业秘密并不是约定义务，而是基于诚实信用原则而产生的法定义务。即使用人单位与劳动者未签署保密协议，劳动者仍应保守用人单位的商业秘密，如因泄露商业秘密给用人单位造成损失的，可能导致劳动者需承担相应的法律责任。

竞业限制是指用人单位和劳动者约定在终止或解除劳动合同后，一定期限内不得在生产或者经营同类产品、从事同类业务或有其他竞争关系的用人单位任职，也不得自己开业生产或经营与原单位有竞争关系的同类产品或从事同类业务。竞业限制与保守商业秘密不同，竞业限制在劳动法领域属于约定义务，不是法定义务，其本质也是用人单位保护商业秘密的一种方式，只是这种方式限制了劳动者的就业范围，导致劳动者离职后的择业范围大大缩小，用人单位依法需支付竞业限制补偿金。

因此，保守秘密和竞业限制的主要区别有以下几点：

(1) 保守秘密和竞业限制的人员范围不同：劳动者无论在什么岗位，均负有保守用人单位秘密的义务；竞业限制则并不适用于单位的所有员工，适用竞业限制的人员仅限于用人单位的高级管理人员、高级技术人员和其他负有保密义务的人员。

(2) 保守秘密和竞业限制的期限不同：保守秘密的期限是不固定的，甚至可以是永久的，只要用人单位的商业秘密未被公众知晓，劳动者应一直严格恪守保密义务；而竞业限制的期限自解除或者终止劳动合同起算，不得超过两年。

(3) 保守秘密和竞业限制的对价补偿不同：劳动者保守商业秘密的，用人单位无须支付补偿金；但对于遵守竞业限制协议的劳动者，用人单位必须支付竞业限制经济补偿金。竞业限制经济补偿金不能包含在工资中，只能在劳动关系结束后，在竞业限制期限内按月给予劳动者经济补偿。补偿金的数额由双方约定，如协议中未约定补偿金数额，则根据《最高人民法院关于审理劳动争议案件适用法律问题的解释（一）》第36条的规定，当事人在劳动合同或者保密协议中约定了竞业限制，但未约定解除或者终止劳动合同后给予劳动者经济补偿，劳动者履行了竞业限制义务，要求用人单位按照劳动者在劳动合同解除或者终止前十二个月平均工资的30%按月支付经济补偿的，人民法院应予支持。上述规定的月平均工资的30%低于劳动合同履行地最低工资标准的，按照劳动合同履行地最低工资标准支付。

（4）违反保密义务和竞业限制的处理不同：对于违反保密义务的劳动者，用人单位一般是不能向其主张违约金的，但有权要求其赔偿损失；对于违反竞业限制的劳动者，用人单位可以要求其支付违约金，违约金可以由双方事先书面约定。

4. 补充保险和福利待遇

补充保险是指除了国家基本保险以外，用人单位根据自身的经济情况，为劳动者购买的附加保险。它用来满足劳动者高于基本保险需求的愿望，包括补充医疗保险、补充养老保险等。

福利待遇也是劳动者收入的重要组成部分，一般来说，福利待遇包括住房补贴、通信补贴、交通补贴、子女教育补贴等。

补充保险和福利待遇是给予劳动者的一种职业福利，能增强用人单位的市场竞争力，由用人单位根据企业情况决定是否提供，以及如何提供。

（三）劳动合同的禁止性规定

1. 禁止就业担保

用人单位在招录过程中，不得扣押劳动者的居民身份证和其他证件，不得要求劳动者提供担保或者以其他名义向劳动者收取财物。其中，居民身份证以外的“其他证件”，在实践中具体表现为学历证、学位证、从业资格证、暂住证等各种证明个人特定身份、资格或权利的个人证件。

2. 禁止使用童工

用人单位不得招用未满十六周岁的未成年人。招用已满十六周岁未满十八周岁的，除遵守劳动相关法律法规外，还需遵守未成年人保护相关的法律法规。

文艺、体育和特种工艺单位招用未满十六周岁的未成年人，必须遵守国家有关规定，并保障其接受义务教育的权利。

3. 禁止就业歧视

劳动者就业，不因民族、种族、性别、宗教信仰不同而受歧视。

妇女享有与男子平等的就业权利。在录用职工时，除国家规定的不适合妇女的工种或者岗位外，不得以性别为由拒绝录用妇女或者提高对妇女的录用标准。

在发布招聘公告、面试、面试合格后办理入职手续等环节，用人单位均需要注意，不得使用任何可能会被认为就业歧视的口头或书面用语。

4. 禁止泄露员工个人信息

随着网络化、信息化的迅猛发展，个人经由各类电子载体输入个人信息的场景越来越多，个体的姓名、面部特征、手机号码、住址、银行账户等信息，在各类网站、应用程序上被使用和被记录，因个人信息泄露造成损失的案件屡屡发生，这些乱象亟待立法予以规制和调整。《中华人民共和国个人信息保护法》（以下简称《个人信息保护法》）在此背景下诞生，并于2021年8月20日通过，自2021年11月1日起施行。

根据《个人信息保护法》，个人信息是以电子或者其他方式记录的与已识别或者可识别的自然人有关的各种信息，不包括匿名化处理后的信息。用人单位在收集处理候选人个人信息时，应遵循合法、正当、必要和诚信原则，对招录过程中获知的各类个人信息，应严格依法谨慎处理。用人单位内部应该制定内部管理制度和操作规程，对个人信息实行分类管理，并采取相应的安全技术措施，合理确定个人信息处理的操作权限，并定期对从业人员进行安全教育和培训，制定并组织实施个人信息安全事件应急预案。

导入案例分析提示

根据《劳动合同法》第82条及《劳动合同法实施条例》第6条的规定，用人单位自用工之日起超过一个月不满一年未与劳动者订立书面劳动合同的，应当依照《劳动合同法》第82条的规定向劳动者每月支付两倍的工资，并与劳动者补订书面劳动合同。用人单位向劳动者每月支付两倍工资的起算时间为用工之日起满一个月的次日，截止时间为补订书面劳动合同的前一日。

在本案中，张某有权利主张某公司向其支付2022年4月1日至2022年7月31日期间的双倍工资。由于2022年4月至7月这4个月，张某每月已经实际领取了当月工资，某公司需向张某支付5 000元×4＝20 000元的工资差额。

第四节　劳动合同的效力

导入案例

2022年3月1日，唐某进入某化工公司，从事销售工作。入职时，唐某向公司提交了其于2021年6月毕业于某学院材料工程系的学历证明复印件，双方签订了劳动合同。后某化工公司发现唐某的学历造假，于2023年6月26日以唐某欺诈为由，要求唐某离职。唐某不服并提起劳动仲裁，要求某化工公司支付违法解除劳动合同的赔偿金。

请分析：某化工公司与唐某之间的劳动合同效力如何？某化工公司是否应向唐某支付解除劳动合同赔偿金？

一、劳动合同的成立、生效与劳动关系的建立

（一）劳动合同的成立

劳动合同的成立贯彻意思自治原则，即劳动合同的成立应基于用人单位与劳动者就劳动合同的内容达成了合意。用人单位与劳动者应就提供劳动、支付报酬、劳动合同履行地点等基本内容达成一致意见。劳动合同的成立与否属于事实判断，着眼点在于判断劳动合同是否存在。

（二）劳动合同的生效

劳动合同的生效是指劳动合同发生了当事人所预期的法律效果，双方必须遵守劳动合同的约定。劳动合同的有效与否属于法律价值判断，着眼点在于劳动合同是否符合法律的规定，能否发生法律效力。

《劳动合同法》第 16 条规定："劳动合同由用人单位与劳动者协商一致，并经用人单位与劳动者在劳动合同文本上签字或者盖章生效。"因此，依法成立的劳动合同，成立即生效，也就是说，在满足"依法订立"的条件时，劳动合同一经双方当事人签字或盖章，即对双方当事人具有了法律约束力。

依法订立包含以下内容：劳动合同主体合法；劳动合同内容及形式合法；劳动合同双方当事人意思表示真实；劳动合同订立程序合法。如果一份劳动合同未满足前述条件，那么即使双方当事人已经签署或盖章，劳动合同也不发生效力。

由此可知，劳动合同的成立，由双方当事人签字或盖章即可完成，体现的是合同双方当事人的意思自治；而劳动合同的生效，除了需要双方当事人签字或盖章，还需要双方的行为符合国家法律关于劳动合同生效的规定，体现的是国家法律对于双方当事人的意志予以承认。

（三）劳动关系的建立

劳动合同的成立与生效与劳动关系的建立是不同的概念。劳动关系是指劳动者在劳动过程中与用人单位建立的社会关系。《劳动合同法》第 7 条规定："用人单位自用工之日起即与劳动者建立劳动关系。"这说明建立劳动关系的实质性标准是劳动者实际提供劳动，用人单位实际用工。而不论劳动者是否签订了书面劳动合同，都将受到同等的保护。因此，在实践中有可能出现以下三种情况：

一是用人单位与劳动者签订书面劳动合同在前，实际用工时间在后的情况。在这种情况下，劳动合同成立并生效在前，但劳动关系自劳动者实际提供劳动之日起建立。例如：张某于 2024 年 3 月 2 日与某公司签订了劳动合同，于 3 月 4 日开始工作，那么，张某与某公司之间的劳动关系是从 2024 年 3 月 4 日开始建立的。

二是用人单位与劳动者之间实际用工在前，签订书面劳动合同在后的情况。劳动关系早于书面劳动合同的建立，可能会产生用人单位不及时签订书面劳动合同的法律后果，将会面临向劳动者支付双倍工资的法律责任。

三是劳动者在实际提供劳动的同时签订书面劳动合同的，劳动合同签订期、劳动关系的建立期和实际提供劳动期三者是统一的。

二、劳动合同的无效

（一）劳动合同无效的概念

劳动合同无效是指当事人所订立的劳动合同不符合法律、法规规定，或缺少有效要件，导致劳动合同全部或部分不具有法律效力。无效的劳动合同不能发生当事人预期的法律后果，从订立之日起就没有法律约束力，造成劳动合同无效的责任者还应承担相应的法律责任。

劳动合同的无效可分为劳动合同的全部无效和劳动合同的部分无效。如果劳动合同全部无效，则意味着劳动合同不产生法律效力，不对当事人产生任何约束力。但这并不是说在当事人之间不产生任何法律效果，相反当事人要基于无效劳动合同而承担相应的法律责任。如果劳动合同部分无效，无效条款如果不影响其余部分的效力，其余部分仍然有效，对双方当事人有约束力。

（二）劳动合同无效的法定情形

根据《劳动合同法》第 26 条的规定，劳动合同无效或者部分无效包括以下几种情形：

（1）以欺诈、胁迫的手段或者乘人之危，使对方在违背真实意思的情况下订立或者变更劳动合同的。

欺诈是指一方当事人故意告知对方虚假情况，或者故意隐瞒真实情况，诱使对方当事人作出错误意思表示。故欺诈的重要认定标准之一是相对人是否基于行为人的行为陷入认识错误，作出错误的意思表示。实践中常见的欺诈情形有：劳动者使用他人身份证入职、劳动者虚构学历、虚构资格证书、虚构从业经历等；用人单位未履行告知义务或者告知情况不符合实际导致劳动者形成错误认识并与之缔结劳动合同等。

胁迫是指以给公民及其亲人的生命健康、名誉、荣誉、财产等造成损害，或者以给法人的名誉、荣誉、财产等造成损害为要挟，迫使对方作出违背真实意思表示的行为。例如：劳动者以知道用人单位商业秘密为由，要求签订劳动合同等。

乘人之危是指一方当事人乘对方处于危难之机，为牟取不正当利益，迫使对方作出不真实的意思表示，严重损害对方利益的行为。胁迫和乘人之危都需要达到足以影响对方真实意愿的程度，方可成立。

实施欺诈、胁迫的手段或者乘人之危的主体，既可以是劳动者，也可以是用人单位，无论是哪一方主体使用了上述手段均违反了订立和变更劳动合同应遵循的平等自愿、协商一致的原则，使对方在违背真实意思的情况下订立和变更了劳动合同，应当认定为无效。

（2）用人单位免除自己的法定责任、排除劳动者权利的。

用人单位免除法定责任、排除劳动者权利的情形一般包括约定“用人单位有权根据实际经营需要以及劳动者的工作情况调整其工作岗位，劳动者必须服从单位的安排”“今后劳动者不得以任何理由向用人单位或任何第三方提出任何要求”“入职后的岗前培训期间，不计发工资，双方不存在劳动关系”“上下班途中发生事故的一律责任自负”等。

（3）违反法律、行政法规强制性规定的。

法律、行政法规的强制性规定，排除了当事人的意思自治。实践中，违反法律、行政法规的强制性规定主要包括两种情况：

第一，用人单位与劳动者中的一方或双方不具备订立劳动合同的法定资格，如除法律另有规定外，用人单位与未满十六周岁的未成年人订立的劳动合同因违反了国务院颁发的《禁止使用童工规定》而无效。

第二，劳动合同的内容直接违反法律、行政法规的规定，例如：约定不购买社会保险，约定的工资低于当地最低工资标准，劳动合同中限制女职工结婚、生育等。

无效劳动合同的效力虽然是自始无效，但是并不是自动就无效，对劳动合同的无效或者部分无效有争议的，由劳动争议仲裁机构或者人民法院确认。

（三）劳动合同无效的法律后果

无效的劳动合同，从订立的时候起，就没有法律约束力。确认劳动合同部分无效的，如果不影响其余部分的效力，其余部分仍然有效。

劳动合同依法被确认无效而给对方造成损害的，有过错的一方应当承担赔偿责任。

劳动合同被确认无效，劳动者已付出劳动的，由于劳动力的支出不可逆，故依据等价有偿之法律原则，用人单位应当向劳动者支付劳动报酬。劳动报酬的数额，参照本单位相同（本单位同期、同工种、同岗位）或者相近岗位劳动者的劳动报酬确定。如果劳动者存在加班情形的，用人单位也应当支付加班费。如果是因用人单位的过错导致劳动合同无效的，用人单位应支付劳动报酬、社会保险、经济补偿以及其他劳动者应当享受的待遇。

导入案例分析提示

唐某在入职时提供虚假学历并做虚假陈述的行为已经构成了欺诈，以欺诈的手段使对方在违背真实意思的情况下订立的劳动合同无效，某化工公司可以据此解除劳动合同且无须支付赔偿金。

职业技能训练

1. 请分析用人单位与劳动者订立无固定期限劳动合同的情形。
2. 请分析全日制用工劳动合同和非全日制用工劳动合同的区别。
3. 请分析劳动关系与劳务关系、实习关系之间的区别。
4. 请分析用人单位不依法订立书面劳动合同的法律责任。
5. 请列举劳动合同的必备条款。
6. 请阐述有关试用期的相关规定。
7. 请分析劳动者需要向用人单位支付违约金的情形。

8. 请分析导致劳动合同无效的情形。

9. 请运用所学知识分析以下案例。

案例一：

2022年2月，某工程公司承接某园区路网工程项目后聘请孙某任其项目经理，双方签订以完成一定工作任务为期限的劳动合同。2023年12月，项目完成后，该公司以孙某的工作任务完成为由，书面通知终止双方的劳动合同，并不支付经济补偿金。双方由此发生争议，孙某提起劳动仲裁，要求该公司支付经济补偿。

请小组讨论，根据所学知识试分析以下问题并说明理由：

请问孙某的要求合法吗？

【分析提示】根据《劳动合同法实施条例》第22条的规定，以完成一定工作任务为期限的劳动合同因任务完成而终止的，用人单位应当依照《劳动合同法》第47条的规定向劳动者支付经济补偿。因此，本案中用人单位某工程公司应当向孙某支付经济补偿金。

案例二：

张某在某服装零售公司担任店长职务，入职时签署了劳动合同，其中约定："因乙方（劳动者）个人原因自愿放弃缴纳社保，如劳动合同履行过程中出现生育津贴、医疗报销等社保纠纷，乙方自愿承担所有后果并自费负责所有费用，如有任何法律责任与甲方（零售公司）无关。"

请小组讨论，根据所学知识分析以下问题并说明理由：

本案中双方约定的劳动合同条款是否有效？

【分析提示】本案中，尽管张某签署了载有"自愿放弃缴纳社保"内容的劳动合同，但缴纳社保是用人单位的法定义务，该类强制性义务不得以任何形式的双方约定或承诺予以免除。张某与某服装零售公司的约定因违反了法律、行政法规强制性规定，应属无效。

案例三：

陈某入职某文化公司，2022年3月，双方签订了《培训合同》，约定派陈某外出培训3个月，费用由公司承担，培训结束后陈某必须为公司服务满2年，否则要退回培训期间的工资、补助、培训费等一切费用。此次培训共花费9 000元，该公司按相关规定向陈某发放了培训期间的工资。陈某培训结束后回到该公司工作，于2024年4月提出辞职，此时距离服务期满还差50天，该公司遂申请劳动仲裁要求陈某退回培训期间一切费用并支付违约金。

请小组讨论，根据所学知识分析以下问题并说明理由：

（1）陈某需要退回培训期间的工资吗？

（2）陈某需要支付违约金吗？

【分析提示】获取劳动报酬是劳动者的一项重要权利。用人单位不得违法与劳动者作出未满服务期须退回培训期间工资待遇的约定。本案中，《培训合同》中关于服务期未满须退回培训期间的工资等一切费用的约定违反了《劳动合同法》的相关规定，故该公司要求陈某退还培训期间的工资没有法律依据。

根据《劳动合同法》第22条的规定，劳动者违反服务期约定的，应当按照约定向用人单位支付违约金。违约金的数额不得超过用人单位提供的培训费用。用人单位要求劳动者支付的违约金不得超过服务期尚未履行部分所应分摊的培训费用。本案中，陈某提出离职时离服务期满还差50天，故应向公司支付该50天对应的培训费用作为违约金，而不是退回全部的培训费用。

劳动合同的履行与变更　第二章

学习目标

知识目标

1. 了解劳动合同履行中涉及的工资支付及加班等相关规定。
2. 了解劳动合同变更的原因。
3. 熟悉劳动合同变更应遵循的规则。

能力目标

1. 能够正确处理工资支付涉及的法律纠纷。
2. 能够正确主张加班费的权利。
3. 能够遵循劳动合同变更的规则，确保劳动合同变更的有效性。

素养目标

培养契约意识，能够遵循平等自愿、协商一致、诚实信用的原则，合法合规地履行与变更劳动合同。

第一节　劳动合同的履行

导入案例

王某是一名大学毕业生，刚刚入职一家科技公司。双方签订的劳动合同约定试用期为2个月，试用期每月工资为5 000元，该公司工作时间推行“996”，即工作时间为早9时至晚9时，每周工作6天。

张某也是一名大学毕业生，刚刚入职一家电商公司。该公司推崇奋斗者文化，在与张某签订劳动合同的同时，又签订了一份补充协议作为合同附件。协议内容包括：“我自愿申请加入公司奋斗者计划，放弃加班费。”

请分析：（1）该科技公司对于“996”的工作时间的规定是否符合法律规定？

（2）张某订立了放弃加班费的协议后，还能否主张公司支付加班费？

劳动合同的履行，是劳动合同的双方当事人依照劳动合同的约定，全面履行各自义务，实现各自权利的过程。用人单位与劳动者本着平等自愿、协商一致、诚实信用的原则订立劳动合同，就是为了依照约定，全面履行劳动合同，实现合同目的，满足各自需求。

一、劳动报酬

（一）劳动报酬的概念

劳动报酬是指劳动者因从事生产活动所获得的全部报酬。用人单位应当按照劳动合同约定和国家规定，向劳动者及时、足额支付劳动报酬。用人单位依据劳动合同的规定，以货币形式支付给劳动者的劳动报酬就是工资。

工资总额包括计时工资、计件工资、奖金、津贴和补贴、加班加点工资、特殊情况下支付的工资等。

（二）工资支付

有关工资支付应当注意以下三点：

1. 工资支付的形式

工资应当以法定货币支付，不得以实物及有价证券替代货币支付。工资应足额支付，不得克扣。

2. 工资支付的期限

工资必须在用人单位与劳动者约定的日期支付。如遇节假日或休息日，则应提前在最近的工作日支付。工资至少每月支付一次，实行周、日、小时工资制的可按周、日、小时支付工资。

3. 工资支付的程序

用人单位应将工资支付给劳动者本人，劳动者本人因故不能领取工资时，可由其亲属或委托他人代领。用人单位也可委托银行代发工资。用人单位在支付工资时应向劳动者提供一份其个人的工资清单。

国家实行最低工资保障制度。最低工资的具体标准由省、自治区、直辖市人民政府规定，报国务院备案。用人单位支付劳动者的工资不得低于当地最低工资标准。需要注意的是，劳动者受最低工资保障的一个重要前提是其必须履行了正常的劳动义务，若劳动者因个人原因在工作时间内未提供正常劳动的，不适用最低工资的规定。

针对用人单位拖欠或者未足额支付劳动报酬的争议，法律为劳动者提供了迅速而便利的司法救济途径，劳动者可以不经过劳动仲裁前置程序，依法直接向当地人民法院申请支付令，人民法院应当依法发出支付令。

二、工作时间

（一）工作时间的概念

工作时间是指法律规定的劳动者在用人单位中应从事劳动或工作的时间，以及对用人单位延长劳动或工作时间的限制性规定。

根据《劳动法》和《国务院关于修改〈国务院关于职工工作时间的规定〉的决定》，我国的标准工作时间为：劳动者每日工作 8 小时、每周工作 40 小时。

（二）加班

加班即延长劳动时间，是劳动者的工作时数超过法律规定的标准工作时间。

根据《劳动合同法》第 31 条的规定，用人单位应当严格执行劳动定额标准，不得强迫或者变相强迫劳动者加班。用人单位安排加班的，应当按照国家有关规定向劳动者支付加班费。

1. 加班的法定条件

（1）一般条件。为保障劳动者休息权的实现，我国法律对加班的条件和延长工作时间的上限予以明确规定。

用人单位由于生产经营的需要，经与工会和劳动者协商后可以延长工作时间，一般每日不得超过 1 小时；因特殊原因需要延长工作时间的，在保障劳动者身体健康的条件下延长工作时间每日不得超过 3 小时，但是每月不得超过 36 小时。

（2）特殊条件。当出现以下紧急情况或者特殊情况，法律允许用人单位延长劳动者的工作时间适当突破上述的一般条件：一是发生自然灾害、事故或者因其他原因，使人民生命安全健康和财产安全遭到严重威胁，需要紧急处理的；二是生产设备、交通运输线路、公共设施发生故障，影响生产和公众利益，必须及时抢修的；三是必须利用法定节假日或者公休日的停产期间进行设备检修、保养的；四是为完成国防紧急任务，或者完成国家在计划外安排的其他紧急生产任务，以及商业、供销企业在完成收购、运输、加工农副产品紧急任务的；五是法律、行政法规规定的其他情形。

延长工作时间，用人单位必须依法支付工资报酬。

2. 加班费的支付标准

用人单位在劳动者完成劳动定额或规定的工作任务后，根据实际需要安排劳动者在法定标准工作时间以外工作的，应按以下标准支付工资：

（1）用人单位依法安排劳动者在标准工作日时间以外延长工作时间的，按照不低于劳动合同规定的劳动者本人小时工资标准的150％支付劳动者工资。

如劳动者每小时工资为30元，每日加班2小时，工作日连续加班2天，则用人单位应支付给劳动者180元加班工资，计算方式如下：30元×2小时×2天×150％＝180元。

（2）用人单位依法安排劳动者在休息日工作，而又不能安排补休的，按照不低于劳动合同规定的劳动者本人日或小时工资标准的200％支付劳动者工资。

如劳动者每日工资120元，该月在休息日加班2天，用人单位只安排补休1天，则用人单位应支付给劳动者240元加班工资，计算方式如下：120元×1天×200％＝240元。

（3）用人单位依法安排劳动者在法定休假日工作的，按照不低于劳动合同规定的劳动者本人日或小时工资标准的300％支付劳动者工资。

如劳动者每日工资120元，用人单位安排劳动者在10月2日、3日加班两天，则用人单位应支付给劳动者720元加班工资，计算方式如下：120元×2天×300％＝720元。

需要注意的是，用人单位在休息日安排劳动者工作的，可以选择安排补休，不支付加班工资，补休时间应等同于加班时间；不能安排补休的，则应支付不低于工资的200％的加班工资。用人单位在标准工作日时间以外的延长时间和法定休假日安排劳动者工作的，需要支付加班工资，不得通过安排补休来代替发放加班工资。

3. 劳动者应当就加班事实的存在承担举证责任

劳动者主张加班费的，应当就加班事实的存在承担举证责任。但劳动者有证据证明用人单位掌握加班事实存在的证据，用人单位不提供的，由用人单位承担不利后果。因此，劳动者一定要注意收集和保留加班证据，为维权提供依据。劳动者可以通过考勤记录、工作会议纪要、加班通知书、加班公告、加班审批表或者其他工作记录等证据来确认加班，最好获得用人单位的相关部门或者主管领导的书面确认，以形成真实、有效的证据链。

三、劳动者在劳动合同履行中的权利

《劳动合同法》第32条规定：“劳动者拒绝用人单位管理人员违章指挥、强令冒险作业的，不视为违反劳动合同。劳动者对危害生命安全和身体健康的劳动条件，有权对用人单位提出批评、检举和控告。”因此，劳动者对用人单位违法指令有权拒绝，也可以立即解除劳动合同而不需要事先告知用人单位，用人单位还应当向劳动者支付经济补偿。情节严重构成犯罪的，依法追究用人单位的刑事责任，给劳动者造成损害的，承担赔偿责任。

劳动者对危害生命安全和身体健康的劳动条件有批评、检举和控告的权利。对于依法行使批评、检举、控告权的劳动者，根据《中华人民共和国安全生产法》第54条的规定，用人单位不得因劳动者对本单位安全生产工作提出批评、检举、控告或者拒绝违章指挥、强令冒险作业而降低其工资、福利等待遇或者解除与其订立的劳动合同。

导入案例分析提示

根据法律规定：劳动者每日工作 8 小时、每周工作 40 小时。用人单位延长工作时间的，需基于生产经营需要，经与工会和劳动者协商后可以延长工作时间，一般每日不得超过 1 小时；因特殊原因需要延长工作时间的，在保障劳动者身体健康的条件下延长工作时间每日不得超过 3 小时，但是每月不得超过 36 小时。因此，该科技公司制定的有关工作时间的制度因违反法律规定而无效。

《劳动合同法》第 31 条明确规定了用人单位支付劳动者加班费的责任。该电商公司利用其主导地位，要求张某在其单方制定的格式合同上签字放弃加班费，该合同因为免除了用人单位的法定责任、排除了劳动者权利，应认定为无效。张某有权根据法律规定要求该电商公司支付加班费。

第二节 劳动合同的变更

导入案例

王某与甲科技公司签订了为期两年的劳动合同。在履行期间，甲科技公司与乙信息公司合并成立了丙信息科技公司。公司合并后，丙信息科技公司以原劳动合同主体已发生变化，导致原劳动合同无法继续履行为由，要求员工重新签订劳动合同，否则，将以不愿意签订劳动合同为由解除劳动关系，新的劳动合同对薪酬待遇部分进行了调整。王某认为自己仍在原工作岗位上班，原有的劳动合同继续有效，应当由合并成立的丙信息科技公司继续履行为由，拒绝签订新的劳动合同。随后，丙信息科技公司解除了与王某原来的劳动合同。于是王某申请了劳动仲裁，要求丙信息科技公司继续履行原来的劳动合同。

请分析：王某的仲裁请求能否得到支持？

一、劳动合同变更的概念

劳动合同的变更是指劳动合同订立生效之后，劳动期限届满之前，因订立劳动合同的主观、客观条件发生变化，用人单位与劳动者协商一致，就劳动合同的内容进行修改、增减的法律行为。

劳动合同是用人单位与劳动者协商一致签订的协议，对当事人双方都发生约束力，双方应当遵照所签订的劳动合同全面履行。但是在劳动合同履行的过程中，可能会发生签约主体的变化、双方权利和义务的调整，或者一些客观情况发生了变化，导致劳动合同的履行出现困难，因此，当事人双方可以根据实际情况适时对合同内容进行变更，以便顺利地履行劳动合同，更好地保障双方的权益。

二、劳动合同变更的原因

（一）基于用人单位方面的原因导致劳动合同的变更

当用人单位变更了企业名称、法定代表人、主要负责人或者投资人等事项的，并不影响劳动合同的履行。这些因素均属于用人单位的非组织实体相关因素的变化，主体资格并未消失，因此，用人单位仍要继续履行其与劳动者已经订立的劳动合同。

当用人单位发生了合并或者分立等情况，原劳动合同继续有效，劳动合同由承继其权利和义务的用人单位继续履行。由于原用人单位发生了合并或者分立等情况，导致原用人单位主体资格已经发生变化或者已经不存在，履行劳动合同的用人单位一方应当承继原用人单位的权利和义务，即用人单位合并或者分立，不影响劳动者与原用人单位依法订立的劳动合同的有效性，原用人单位在劳动合同中的法律地位一并转移给新的用人单位。

（二）基于劳动者方面的原因导致劳动合同的变更

作为自然人的劳动者，在现实工作中会因自身出现各种状况而需要对正在履行的原劳动合同进行调整。比如劳动者的身体健康状况发生变化、劳动能力部分丧失、所在岗位与其职业技能不相适应、劳动者外出求学进修等因素都可能需要对原劳动合同进行一定的调整。

（三）基于客观原因导致劳动合同的变更

客观原因主要是指在劳动合同订立时所依据的客观情况发生重大变化，致使双方当事人在原劳动合同中的权利、义务的履行成为不必要或者不可能，用人单位和劳动者对这种情形是否出现完全无法控制。它主要包括以下情况：(1) 订立劳动合同所依据的法律、法规已经修改或者废止。(2) 不可抗力的发生，使得原来合同的履行成为不可能或者失去意义。不可抗力是指当事人所不能预见、不能避免并不能克服的客观情况，如自然灾害、意外事故、战争等。(3) 物价大幅度上升等客观经济情况变化致使劳动合同的履行会花费太大代价而失去经济上的价值。这是民法的情势变更原则在劳动合同履行中的运用。

三、劳动合同变更应遵循的规则

根据《劳动合同法》第35条的规定，用人单位与劳动者协商一致，可以变更劳动合同约定的内容。变更劳动合同，应当采用书面形式。变更后的劳动合同文本由用人单位和劳动者各执一份。

因此，劳动合同变更应当遵循以下规则：

（一）用人单位与劳动者协商一致

由于劳动合同期限较长，在签订劳动合同之初，用人单位和劳动者都不可能完全预料到整个劳动合同履行期间所发生的情况。在劳动合同履行的过程中，可能会出现很多变化，导致劳动合同需要变更，但法定的劳动合同变更的情形毕竟是有限的。对于劳动合同履行过程中发生的变化，用人单位是不能直接变更劳动合同的，必须与劳动者协商，达成一致意见，才可以变更劳动合同。

（二）不违反法律、行政法规以及公序良俗

用人单位与劳动者约定的变更内容必须符合国家法律、行政法规的相关规定，不得违反公序良俗。同时，劳动合同的变更程序也需要符合法律、行政法规的相关要求。

（三）应当采用书面形式

用人单位与劳动者都同意变更合同的，应当就合同变更达成书面协议，协议中要载明劳动合同变更的具体内容，书面协议经双方当事人签字或者盖章生效。变更后的劳动合同文本应由用人单位和劳动者各执一份。

在《最高人民法院关于审理劳动争议案件适用法律问题的解释（一）》中，对于用人单位与劳动者口头变更劳动合同的效力规则作出了规定：用人单位与劳动者协商一致变更劳动合同，虽未采用书面形式，但已经实际履行了口头变更的劳动合同超过一个月，变更后的劳动合同内容不违反法律、行政法规且不违背公序良俗，当事人以未采用书面形式为由主张劳动合同变更无效的，人民法院不予支持。

由此可见，对于口头变更劳动合同的效力只要符合以下三个条件，该变更行为就是有效的：一是用人单位与劳动者协商一致变更劳动合同；二是变更的劳动合同已经实际履行超过一个月；三是变更后的劳动合同内容合法，不违反法律、行政法规以及公序良俗。

但是，建议劳动合同当事人双方在变更劳动合同时应采用书面形式，这样当发生纠纷时，便于举证。

四、劳动合同变更的法律后果

劳动合同的变更是在原有合同基础上进行修改、补充或者删减，而不是重新订立合同，因此未做修改、补充或删除的条款仍然有效，应继续履行；变更了的条款取代原条款发生法律效力，原条款不再具有法律效力。因劳动合同变更给双方当事人造成损失的，造成损失的一方应当承担赔偿责任；双方都有责任的，则双方共同分担责任。

导入案例分析提示

根据《劳动合同法》第 34 条的规定，用人单位发生合并或者分立等情况，原劳动合同继续有效，劳动合同由承继其权利和义务的用人单位继续履行。

本案中与王某签订劳动合同的甲科技公司因为合并事由成立了丙信息科技公司，新成立的丙信息科技公司就成为用人单位，应继续履行原劳动合同的权利、义务，原劳动合同继续有效。

无论是公司合并还是分立，原劳动合同约定的条款不能更改，不能以主体发生变化强行要求劳动者变更劳动合同。否则，新公司将面临因违法解除劳动合同而支付劳动赔偿金的法律风险。

职业技能训练

1. 请分析工作时间的具体规定。
2. 请分析加班费的计算标准。
3. 请试着列举劳动合同变更的原因及应遵循的规则。
4. 请运用所学知识分析以下案例。

案例一：

赵某与某文化传播公司签订了为期三年的劳动合同，工作岗位为人力资源经理。赵某工作一年后，该公司更换了法定代表人，将赵某安排到该公司下属一家企业当销售经理。赵某要求该公司按照合同约定安排工作，而该公司以合同是前任领导签订为由，不同意赵某的要求。双方发生争议后，赵某向劳动争议仲裁委员会提出仲裁，要求该公司履行劳动合同。

请小组讨论，根据所学知识试分析以下问题并说明理由：

该公司变更法定代表人是否会影响劳动合同的履行？

【分析提示】根据《劳动合同法》第 33 条的规定，用人单位变更名称、法定代表人、主要负责人或者投资人等事项，不影响劳动合同的履行。公司的法定代表人是代表公司行使职权的主要负责人，其在劳动关系中的职务行为属于企业行为，而非代表其个人。只要企业法人资格不变，无论法定代表人如何变动，原劳动合同仍然有效，并不影响原劳动合同的履行。

案例二：

王某于 2023 年 8 月 29 日到某科技公司工作，双方签订了一份书面劳动合同，合同期限为两年，合同约定王某担任前台文员。2024 年 5 月 13 日，某科技公司撤销了王某的岗位，并通知王某到销售部工作，王某不同意，在办理离岗交接后，未再到某科技公司上班。某科技公司未支付王某 2024 年 4 月 1 日—5 月 15 日期间的工资，也未为王某缴纳社会保险。2024 年 6 月 16 日，王某向某劳动人事争议仲裁委员会提出仲裁申请，要求某科技公司支付拖欠的工资及解除劳动合同的经济补偿金。

请小组讨论，根据所学知识试分析以下问题并说明理由：

某科技公司是否有权单方变更劳动合同，调整王某的工作岗位?

【分析提示】工作岗位作为当事人之间的重要约定，是劳动合同的必备条款之一，对于工作岗位的调整，属于劳动合同的变更。除法律法规另有规定外，用人单位与劳动者变更劳动合同应当协商一致，而且变更劳动合同时，应当采用书面形式。变更后的劳动合同文本由用人单位和劳动者各执一份。某科技公司变更工作岗位应当与王某协商一致。某科技公司无正当理由单方面决定变更劳动合同的行为没有法律根据，王某要求与其解除劳动合同并要求支付经济补偿金的理由正当。

第三章 劳动合同的解除与终止

学习目标

知识目标

1. 掌握劳动合同解除的各种情形。
2. 掌握劳动合同终止的各种情形。
3. 掌握劳动合同解除和终止后的法律后果。

能力目标

1. 能够分析劳动合同解除的各种情形，并能正确处理劳动合同解除后的法律后果。
2. 能够分析用人单位需要支付经济补偿金甚至赔偿金的情形。
3. 能够分析导致劳动合同终止的情形，并能正确处理劳动合同终止后的法律后果。

素养目标

培养法律意识和职业素养，能够依法依规地行使劳动合同的解除权，保护自身合法权益，共同构建健康、和谐的用工环境。

第一节　劳动合同的解除

导入案例

王某是一家餐饮公司的员工。入职时，该公司下发了经过民主讨论程序并公示的《员工手册》，手册中载明："职工有下列情况之一的，属于严重违反公司规章制度的行为，公司可解除劳动合同：(1) 无故旷工连续 3 天，一年内累计旷工超过 8 天的……"王某知悉并签收了《员工手册》。2024 年 5 月 11 日、12 日、13 日王某连续三天没有上班，也没有请假。该公司与王某面谈，王某承认旷工的事实，辩称是因为身体不适，来不及请假。2024 年 5 月 23 日，该公司以王某连续旷工三天，违反《员工手册》的规定，解除了与王某之间的劳动合同。2024 年 6 月 23 日，王某申请仲裁要求该公司支付违法解除劳动合同的赔偿金。

请分析：王某的请求能否得到支持？

劳动合同的解除是指劳动合同在期限届满之前，劳动合同的双方或单方提前消灭劳动关系的法律行为。

劳动合同的签约主体是用人单位和劳动者，因此，劳动合同的解除按照不同主体对劳动合同的解除方式可以划分为三种类型：若用人单位和劳动者双方协商一致解除劳动合同，我们称为双方协商解除劳动合同；若劳动者单方主动提出解除劳动合同，也就是劳动者主动辞职的情况，我们称为劳动者单方解除劳动合同；若用人单位单方主动提出解除劳动合同，也就是用人单位单方面辞退劳动者的情况，我们称为用人单位单方解除劳动合同。

在实践中，因劳动合同的解除而产生的劳动纠纷数量较多，也对用人单位和劳动者的利益产生直接影响。有的用人单位片面强调其用人"自主权"，随意解除劳动合同，严重损害劳动者的合法权益；有的劳动者片面强调"择业自由"，任意跳槽甚至不辞而别，严重影响用人单位人力资本的稳定以及员工的有序流动。因此，正确解除劳动合同，并维护自身合法权益，对任何一方都显得尤为重要。

一、双方协商解除劳动合同

双方协商解除劳动合同是指用人单位和劳动者协商一致解除劳动合同的法律行为。无论劳动合同的签订、修改，还是解除，都是用人单位和劳动者双方平等自愿、协商一致的结果。

需要注意的是，协商解除劳动合同是由哪一方先提出来的将会决定劳动者是否能获得经济补偿。若用人单位首先提出解除动议的，虽与劳动者协商一致解除劳动合同，用人单位仍需向劳动者支付经济补偿金；若劳动者首先提出解除动议，用人单位也同意解除的，用人单位则无须支付经济补偿。

【案例】

王某与某公司签订了为期三年的劳动合同，在工作了两年后，王某感觉工作压力太大，出差太多，准备辞职。该公司看到王某有辞职的想法，就提出来与王某解除劳动合同，王某同意了该公司的要求，双方协商一致解除了劳动合同。事后，王某要求该公司支付经济补偿金，但该公司认为双方是协商一致解除劳动合同的，不需要支付经济补偿金。王某不同意，提起了劳动仲裁。

请分析：该案件将如何处理？

分析提示：

在本案例中，虽然王某有辞职的想法，但最终是由公司首先向王某提出解除动议的，经双方协商一致解除了劳动合同，因此，该公司需要向王某支付经济补偿金。

二、劳动者单方解除劳动合同

劳动者单方解除劳动合同是指劳动者不需要征得用人单位的同意，单方面解除劳动关系的法律行为。劳动者单方解除劳动合同又分为劳动者预告解除劳动合同和劳动者即时解除劳动合同。

（一）劳动者预告解除劳动合同

《劳动合同法》第 37 条规定，劳动者提前三十日以书面形式通知用人单位，可以解除劳动合同。劳动者在试用期内提前三日通知用人单位，可以解除劳动合同。

据此可知，劳动者在预告解除劳动合同时，无须用人单位的同意，也不需要任何辞职理由，但需要符合法定的程序，即试用期内提前三日通知用人单位，试用期外提前三十日以书面形式通知用人单位。

法律之所以如此规定，是为了保障在劳动关系中处于弱势的劳动者，赋予劳动者充分的自由择业权。但因为用人单位本身并无过错，劳动者在劳动合同未到期之前单方面行使预告解除权，可能会影响用人单位的正常管理秩序和生产经营秩序，因此，规定了劳动者需要履行一定的法定程序，让用人单位有比较充足的时间安排工作，避免因劳动者单方面解除劳动合同给企业运营造成影响。

此外，优秀员工的跳槽导致的人才流失，也会对企业健康、稳定的发展造成不利影响，企业需要通过设计良好的薪酬制度、奖励机制和沟通渠道，想方设法地留住优秀的员工。同时，企业在刚性的管理下，也需要增加柔性管理的方式，增加人文关怀，让员工有归属感、情感依托，来避免员工的频繁跳槽给企业带来的不利影响。

劳动者有权行使法律赋予的预告解除劳动合同的权利，但需要做好工作交接，对于签订了保密协议和竞业限制协议的劳动者，应当在离职后继续履行保密义务和竞业限制义务。

（二）劳动者即时解除劳动合同

劳动者即时解除劳动合同是指在用人单位发生法律法规规定的过错时，劳动者无须预告就能随时通知用人单位解除劳动合同。

《劳动合同法》第 38 条规定了劳动者可以即时解除劳动合同的几种情形：（1）未按照劳动合同约定提供劳动保护或者劳动条件的；（2）未及时足额支付劳动报酬的；（3）未依法为劳动者缴纳社会保险费的；（4）用人单位的规章制度违反法律、法规的规定，损害劳动者权益的；（5）用人单位以欺诈、胁迫的手段或者乘人之危，使劳动者在违背真实意思的情况下订立或者变更劳动合同的；（6）用人单位在劳动合同中免除自己的法定责任、排除劳动者权利的；（7）用人单位违反法律、行政法规强制性规定的；（8）用人单位以暴力、威胁或者非法限制人身自由的手段强迫劳动者劳动的；（9）用人单位违章指挥、强令冒险作业危及劳动者人身安全的；（10）法律、行政法规规定劳动者可以解除劳动合同的其他情形。

有以上情形之一的，劳动者可以立即解除劳动合同。其中，属于第（1）～（7）种情形的，劳动者可以随时告知用人单位立即解除劳动合同；属于第（8）、第（9）种情形的，劳动者无须事先告知用人单位就可以立即解除劳动合同；第（10）种情形属于兜底条款。

因为上述情形均是用人单位存在过错的情况，为了保护劳动者的合法权益，根据法律规定，用人单位需要按照法定标准向劳动者支付经济补偿金。

【案例】

王某于 2023 年 6 月 8 日进入某公司从事设计工作。2024 年 7 月 7 日，王某以单位经常拖欠工资为由与该公司解除劳动合同，该公司将王某工资支付至当日。2024 年 8 月 7 日，经单位领导签字确认，王某正式离职。王某认为，单位经常拖欠工资，应按照法律规定向其支付经济补偿金。该公司认为，王某是在个人提出离职的情况下与单位解除劳动合同的，根据《劳动合同法》的规定，劳动者提出动议协商解除劳动合同的，单位不应当支付经济补偿金。于是，王某提起了劳动仲裁。

请分析：某公司需要向王某支付经济补偿金吗？

分析提示：

按照劳动合同约定和法律规定，及时足额支付劳动报酬是用人单位的一项法定义务，不得克扣或者无故拖欠劳动者的工资。根据《劳动合同法》第 38 条规定，用人单位未及时足额支付劳动报酬的，劳动者可以随时解除劳动合同，并有权要求用人单位向劳动者支付经济补偿金。

三、用人单位单方解除劳动合同

用人单位单方解除劳动合同是指用人单位在法律法规规定的情形发生时，单方解除劳动合同的情形。它又可分为用人单位即时解除劳动合同、用人单位预告解除劳动合同、用人单位经济性裁员解除劳动合同的情形。

（一）用人单位即时解除劳动合同

用人单位即时解除劳动合同，又称为过失性解除劳动合同，是指由于劳动者自身存在过错而使用人单位有权随时解除劳动合同的行为。因为劳动者自身存在过错，用人单位在行使单方解除权时，不需要提前预告通知劳动者，也不需要向劳动者支付经济补偿金。

依据《劳动合同法》第 39 条的规定，以下 6 种情形，用人单位可即时解除劳动合同。

1. 劳动者在试用期间被证明不符合录用条件

试用期是用人单位和劳动者互相了解和考察的特定时间，如果劳动者在此期间被证明不符合录用条件，用人单位可以即时解除劳动合同。适用此条款应当注意以下几点：一是用人单位规定的试用期要符合法律规定；二是用人单位必须提前设置录用条件并进行公示；三是用人单位必须要在试用期期满前作出是否符合录用条件的决定，若超过了试用期，用人单位则不能依据此条解除劳动合同；四是用人单位要有证据证明劳动者不符合录用条件。

2. 劳动者严重违反用人单位的规章制度

规章制度是用人单位依法制定并在本单位实施的组织劳动过程和进行劳动管理的规则和制度的总和。

用人单位在适用此条款时应当注意以下几点：

（1）用人单位的规章制度的制定必须符合法律、法规的规定。

首先，用人单位需要制定完善的规章制度，规章制度的内容必须符合法律法规的规定。对于用人单位的规章制度违反法律、法规的规定，损害劳动者权益的情况，用人单位的规章制度不仅无效，劳动者还可以据此单方即时解除劳动合同，并有权要求用人单位支付经济补偿金。因此，用人单位的规章制度的制定一定要非常审慎，要做到合法、合规、合理，既能保障自身的有效管理，又能兼顾劳动者的合法权益。

其次，用人单位规章制度的制定程序也必须合法。对于直接涉及劳动者切身利益的规章制度和重大事项，用人单位必须经过民主讨论程序，并且进行公示或者告知劳动者。

（2）劳动者存在严重违反规章制度的行为。

应用此条需注意劳动者应当是“严重违反”规章制度的行为，而不是“一般违反”规章制度的行为。对于“严重违反”的认定，应当根据法律法规所规定的限度，用人单位不能无限制扩大。一般来讲，应当符合正常情况的一般性评判标准，而不能任意规定或裁量。例如：违反操作流程、故意损害生产设备、不服从用人单位正常的管理、诋毁企业商誉等行为可以视为严重违反规章制度。建议用人单位以列举的方式尽量将严重违反规章制度的行为规定出来，再增加一条“其他严重违反用人单位规章制度的行为”作为兜底条款，扩大涵盖性。

3. 劳动者严重失职，营私舞弊，给用人单位造成重大损害

此情形下，劳动者严重失职、营私舞弊，必须同时具备给用人单位造成重大损害的，才符合立即解除劳动合同的规定。如何认定“重大损害”呢？法律并无具体规定，一般需要用人单位在规章制度中予以规定，例如：用人单位可以事先将严重失职、营私舞弊的具体行为表现规定在规章制度里，并对重大损害作出量化的规定。

4. 劳动者同时与其他用人单位建立劳动关系，对完成本单位的工作任务造成严重影响或者经用人单位提出，拒不改正

需要注意的是，员工建立双重（或者多重）劳动关系的，企业并不能直接解除劳动合同，只有满足“对完成本单位的工作任务造成严重影响”或者“经用人单位提出，拒不改正”这两个选择性要件之一时，企业才能据此解除劳动合同。

【案例】

宋某是某公司的财务总监，双方签订了为期3年的劳动合同。合同期限内，宋某又在其他公司找到了一份兼职工作，每月需要请3天假去兼职单位工作。该公司发现宋某兼职的事情后认为，该公司支付宋某高额劳动报酬，他应当尽职尽责为公司工作，而宋某兼职必定会分散其完成工作的时间和精力。该公司遂向宋某发出一份通知，要求宋某自收到通知之日起10日内终止兼职工作，并向该公司提交兼职单位出具的书面证明。10天后，宋某仍继续兼职，该公司据此解除了与宋某之间的劳动合同。宋某认为自己兼职并没有对完成本职工作造成影响，因此该公司无权与其解除劳动合同。

请分析：该公司是否有权解除与宋某的劳动合同？

分析提示：

该公司已经向宋某发出通知要求终止兼职工作，但宋某拒不改正，继续兼职。根据《劳动合同法》第39条的规定，该公司适用“劳动者同时与其他用人单位建立劳动关系，对完成本单位的工作任务造成严重影响，或者经用人单位提出，拒不改正的”规定，有权即时与劳动者解除劳动合同。

5. 劳动者以欺诈、胁迫的手段或者乘人之危，使用人单位在违背真实意思的情况下订立或者变更劳动合同

根据劳动合同订立的平等自愿、诚实信用的原则，劳动者不得采用欺诈、胁迫的手段或者乘人之危使用人单位在违背真实意思的情况下订立或者变更劳动合同。劳动者若采用上述手段使用人单位违背真实意思订立或者变更劳动合同的，该劳动合同无效，用人单位有权即时解除劳动合同，如果劳动者在此情形下给用人单位造成直接经济损失的，劳动者还需向用人单位赔偿。

反之，若用人单位以欺诈、胁迫的手段或者乘人之危，使劳动者在违背真实意思的情况下订立或者变更劳动合同的，劳动者有权即时解除劳动合同，并有权要求用人单位支付经济补偿金。由此可见，无论是用人单位还是劳动者都需严格遵守平等自愿、诚实守信的基本原则。

实践中，劳动者的欺诈主要体现在劳动者提供了虚假的个人资料，包括但不限于：身份证明、学历证明、荣誉证书、工作经历、离职证明、体检证明等。用人单位可以通过背景调查来尽量避免用工风险。

6. 劳动者被依法追究刑事责任

劳动者被依法追究刑事责任，是指在劳动合同存续期间，劳动者因触犯刑法被依法追究刑事责任的。如果劳动者在签订劳动合同时，刑事惩罚期已经结束，用人单位就不能以劳动者曾经被追究过刑事责任为由即时解除劳动合同。

（二）用人单位预告解除劳动合同

用人单位预告解除劳动合同，又称为非过失性解除劳动合同，是指劳动者并没有过错，但双方的劳动合同目的无法实现，用人单位依照法律规定可以提前通知劳动者或者给予代通知金后解除劳动合同的行为。

劳动者并无过错，因此，用人单位在行使预告解除权时需要严格按照法律法规的规定执行：首先，用人单位只有在法律法规规定的情形下才能行使预告解除；其次，用人单位在行使预告解除时，需要提前三十日以书面形式通知劳动者才能解除劳动合同，或者用人单位可以选择额外支付劳动者一个月的工资作为代通知金后，方可解除劳动合同；再次，用人单位在此种情形下解除劳动合同的，需要向劳动者支付经济补偿金，以帮助劳动者缓解失业压力，支持其重新就业。

根据《劳动合同法》第40条的规定，有下列情形之一的，用人单位提前三十日以书面形式通知劳动者本人或者额外支付劳动者一个月工资后，可以解除劳动合同：

（1）劳动者患病或者非因工负伤，在规定的医疗期满后不能从事原工作，也不能从事由用人单位另行安排的工作的。

这里的“患病”是指劳动者患职业病以外的疾病；“负伤”专指非因工负伤。

“医疗期”是指劳动者根据其在用人单位工作的年限，依法可以享受停工医疗并发给病假工资的期间。劳动者因患病或非因工负伤，需要停止工作进行医疗时，根据本人实际参加工作年限和在本单位工作年限，给予三个月到二十四个月的医疗期，其间享受停工医疗并发给病假工资。

在规定的医疗期满后，如果劳动者不能从事原工作，用人单位必须给劳动者另行安排工作，只有劳动者仍然不能从事的，用人单位才能与劳动者解除劳动合同。

（2）劳动者不能胜任工作，经过培训或者调整工作岗位，仍不能胜任工作的。

“不能胜任工作”是指不能按要求完成劳动合同中约定的任务或者同工种、同岗位人员的工作量。用人单位不得故意提高定额标准，使劳动者无法完成。

如果劳动者不能胜任工作，用人单位不能直接与劳动者解除劳动合同，需要采取两种方式之一：一是对劳动者进行岗位培训。通过培训提高劳动者的职业技能，帮助劳动者适应工作要求，提升工作效率。二是调整劳动者的工作岗位。用人单位可以根据劳动者的工作能力及实际情况，将劳动者调整到能够胜任的工作岗位上。

当用人单位经过培训或者调整工作岗位后，劳动者仍不能胜任工作的，用人单位才能与劳动者解除劳动合同。需要注意的是，用人单位必须收集和保存劳动者不能胜任工作的证据。

对于“不能胜任工作”的认定，应尽量避免采用定性化的评价，如“工作责任心不强，工作能力不足”等，主观性较大，缺乏证据加以证明。应尽量采用定量化的考核来加以证明，如“产量、合格率、销量”等。

【案例】

李某在担任某公司销售员期间，无法完成公司最基本的销售任务，绩效考核也未达到合格标准。该公司认为李某不能胜任工作，直接与李某解除了劳动合同。李某不服，提起劳动仲裁，要求恢复劳动关系。

请分析：该公司直接与李某解除劳动合同是否于法有据？

分析提示：

李某虽然不能胜任工作，但根据法律规定，该公司必须要对李某进行培训或者调整其工作岗位，而不是直接解除劳动合同，这属于违法解除劳动合同，李某可以要求恢复劳动关系。

（3）劳动合同订立时所依据的客观情况发生重大变化，致使劳动合同无法履行，经用人单位与劳动者协商，未能就变更劳动合同内容达成协议的。

“客观情况”是指发生不可抗力或出现致使劳动合同全部或者部分条款无法履行的其他情况，如自然条件、企业迁移、企业被兼并、企业资产转移等使原劳动合同不能履行或不必要履行的情况。

发生上述情况时，为了使劳动合同能够得到继续履行，必须根据变化后的客观情况，由双方当事人对合同进行变更协商，只有在劳动者不同意变更劳动合同，致使原劳动合同没有办法继续履行的情况下，用人单位才能单方解除劳动合同。

为了使用人单位与劳动者对于“客观情况”达成共识，建议用人单位在劳动合同或者其他生效的规章制度中，明确规定“客观情况发生重大变化”的含义，罗列“客观情况发生重大变化”的情况，以避免争议的发生。

(三) 用人单位经济性裁员解除劳动合同

用人单位经济性裁员解除劳动合同是指用人单位由于生产经营状况发生变化或其他客观经济情况发生重大变化等经济性原因，与部分劳动者解除劳动合同的情形，是用人单位用以改善生产经营状况的一种手段。

根据《劳动合同法》第41条的规定，有下列情形之一，需要裁减人员二十人以上或者裁减不足二十人但占企业职工总数10%以上的，用人单位提前三十日向工会或者全体职工说明情况，听取工会或者职工的意见后，裁减人员方案经向劳动行政部门报告，可以裁减人员：(1) 依照《企业破产法》规定进行重整的；(2) 生产经营发生严重困难的；(3) 企业转产、重大技术革新或者经营方式调整，经变更劳动合同后，仍需裁减人员的；(4) 其他因劳动合同订立时所依据的客观经济情况发生重大变化，致使劳动合同无法履行的。

裁减人员时，应当优先留用下列人员：(1) 与本单位订立较长期限的固定期限劳动合同的；(2) 与本单位订立无固定期限劳动合同的；(3) 家庭无其他就业人员，有需要扶养的老人或者未成年人的。

用人单位依法裁减人员，如果在六个月内重新招用人员的，应当通知被裁减的人员，并在同等条件下优先招用被裁减的人员。

因此，用人单位在裁减人员时，优先留用老员工或者有生活困难的员工。用人单位在重新招用员工时，被裁减人员具有优先就业权。

经济性裁员是由于用人单位的经营困难或者客观情况导致裁员，劳动者本身没有过错，按照法律规定，在经济性裁员的情形下，用人单位需要向劳动者支付经济补偿金。

(四) 用人单位不得解除劳动合同的情形

根据《劳动合同法》第42条的规定，劳动者有下列情形之一的，用人单位不得依照该法第40条、第41条的规定解除劳动合同：(1) 从事接触职业病危害作业的劳动者未进行离岗前职业健康检查，或者疑似职业病病人在诊断或者医学观察期间的；(2) 在本单位患职业病或者因工负伤并被确认丧失或者部分丧失劳动能力的；(3) 患病或者非因工负伤，在规定的医疗期内的；(4) 女职工在孕期、产期、哺乳期的；(5) 在本单位连续工作满十五年，且距法定退休年龄不足五年的；(6) 法律、行政法规规定的其他情形。

从上述规定中可以看出，受到职业病威胁的劳动者、职业病病人、因工负伤的劳动者都与用人单位提供的工作保护、工作条件、安全制度不够完善有关，企业在面对这些员工处于弱势情形时，应当承担相应的法律责任和社会责任。

女职工在“三期”期间（即孕期，指的是女职工整个怀孕期间；产期，指的是女职工生育休假期间；哺乳期，指的是从婴儿出生到婴儿满一周岁之间的期间），用人单位不得依据《劳动合同法》第 40 条、第 41 条的规定与女职工解除劳动合同。

“在本单位连续工作满十五年，且距法定退休年龄不足五年的”老员工，本身对企业的贡献较大，且因年龄较大，临近退休，再就业能力较弱，需要社会和用人单位更多的关怀。

需要注意的是，上述用人单位不得解除劳动合同的情形，仅仅是不得依照《劳动合同法》第 40 条与第 41 条的规定来解除，但对于劳动者本身有过错的情形，用人单位是可以依据第 39 条的规定，随时单方解除劳动合同，且不需要支付经济补偿。

导入案例分析提示

王某知悉并签收了《员工手册》，知晓该公司的规章制度，且该公司的规章制度是经过民主讨论并公示的，王某在面谈记录中也承认旷工以及未履行请假手续的事实，事后也未弥补。根据《劳动合同法》第 39 条规定，劳动者“严重违反用人单位的规章制度的”，用人单位可以解除劳动合同，不需要支付经济补偿，更不需要支付赔偿金。

第二节 劳动合同的终止

导入案例

李某入职某服务公司工作，双方签署了为期 2 年的劳动合同，并在劳动合同中约定，除法定事由外，只要发生以下事由，双方劳动合同即终止：

（1）该公司的经营业绩下滑，年营业收入低于 200 万元；

（2）该公司发生法定代表人、法人名称、主要负责人或者投资变更等事由。

请分析：上述约定事由的发生是否能导致劳动合同的终止？

一、劳动合同终止的法定事由

（一）劳动合同终止的概念

劳动合同终止是指劳动合同的法律效力依法被消灭，即劳动关系由于一定法律事实的出现而终结，劳动者与用人单位之间原有的权利义务不再存在。

(二) 劳动合同终止的法定事由

劳动合同的终止必须满足法定的理由，用人单位与劳动者针对劳动合同终止不能约定除法律规定的其他事由，否则均被视为违法约定，将被视为无效。

根据《劳动合同法》第 44 条的规定，劳动合同的终止有以下几种情形：

1. 劳动合同期满

劳动合同期满是指固定期限劳动合同所约定的期限届满或以完成一定工作任务为期限的劳动合同所约定的工作任务完成。劳动合同期满的，劳动合同终止。

在“劳动合同期满的”情形下，需要注意用人单位与劳动者是否同意续签的法律后果。根据《劳动合同法》第 46 条的规定，除用人单位维持或者提高劳动合同约定条件续订劳动合同，劳动者不同意续订的情形外，劳动合同期满导致固定期限劳动合同终止的，用人单位需要支付经济补偿金。

即劳动合同期满的，如果用人单位不同意续订的，无论劳动者是否同意续订，劳动合同终止，用人单位应当支付经济补偿金；如果用人单位同意续订，但降低劳动合同约定条件的，劳动者不同意续订的，劳动合同终止，用人单位应当支付经济补偿金；如果用人单位维持或者提高劳动合同约定条件续订劳动合同，劳动者不同意续订的，劳动合同终止，用人单位不需要支付经济补偿金。

2. 劳动者开始依法享受基本养老保险待遇

劳动者开始依法享受基本养老保险待遇，是指劳动者因达到退休年龄或丧失劳动能力而办理退休手续，开始依法享受基本养老保险待遇。

对于已经享受基本养老保险待遇的退休人员，劳动合同终止。若退休人员被原单位返聘或者被其他单位另行聘用，其与用人单位之间不能作为劳动关系看待，只能作为劳务关系处理。

3. 劳动者死亡，或者被人民法院宣告死亡或者宣告失踪

劳动者死亡，或者被宣告死亡或者宣告失踪的，使得签订劳动合同的一方主体资格丧失，不能继续履行劳动合同，劳动合同终止。

4. 用人单位被依法宣告破产

用人单位被依法宣告破产，使得签订劳动合同的一方主体资格丧失，不能继续履行劳动合同，劳动合同终止。在此种情形下，用人单位需要向劳动者支付经济补偿金。

5. 用人单位被吊销营业执照、责令关闭、撤销或者用人单位决定提前解散

用人单位被吊销营业执照、责令关闭、撤销或者用人单位决定提前解散的，都会使得签订劳动合同的一方主体资格丧失，不能继续履行劳动合同，劳动合同终止。在此种情形下，用人单位需要向劳动者支付经济补偿金。

6. 法律、行政法规规定的其他情形

劳动合同的终止可依据法律、行政法规规定的其他情形。

二、劳动合同逾期终止的情形

根据《劳动合同法》第 45 条的规定，劳动合同期满的，如果有以下情形之一的，劳动合同应当续延至相应的情形消失时终止：(1) 从事接触职业病危害作业的劳动者未进行离岗前职业健康检查，或者疑似职业病病人在诊断或者医学观察期间的；（2）在本单位患职业病或者因工负伤并被确认丧失或者部分丧失劳动能力的；（3）患病或者非因工负伤，在规定的医疗期内的；（4）女职工在孕期、产期、哺乳期的；（5）在本单位连续工作满十五年，且距法定退休年龄不足五年的；（6）法律、行政法规规定的其他情形。

其中，在第（2）种情形下，即在本单位患职业病或者因工负伤并被确认丧失或者部分丧失劳动能力的，该劳动者的劳动合同的终止，按照国家有关工伤保险的规定执行。

【案例】

张某在一家房地产公司担任销售员，劳动合同于2024年4月20日到期。2024年2月20日，张某经医院检查得知怀孕。4月20日，张某到该公司上班，该公司通知她劳动合同已到期，办理移交手续后就不用再上班了。张某告知自己已怀孕，要求续延劳动合同期限、恢复劳动关系。该公司坚决不同意。

请分析：张某能否要求续延劳动合同期限？

分析提示：

根据法律规定，劳动合同期满，劳动者在孕期、产期、哺乳期内的，劳动合同期限续延至上述情形消失时终止。因此，张某是有权要求续延劳动合同期限，并恢复劳动关系的。

导入案例分析提示

第（1）项事由，因为违反了《劳动合同法》第26条的相关规定，免除了用人单位的法定责任，排除了劳动者的权利，属于无效条款。第（2）项事由，违反了《劳动合同法》第33条的规定，用人单位变更名称、法定代表人、主要负责人或者投资人等事项，不影响劳动合同的履行，因此违反法律、行政法规强制性规定的条款属于无效条款。同时，劳动合同的终止事由是由法律直接规定的，用人单位和劳动者不能约定除法律规定的其他事由。因此，用人单位在劳动合同中约定的终止条件均无效。

第三节　劳动合同解除和终止的法律后果

导入案例

王某在某文化传播公司工作了9个月，公司在这9个月为王某发放的工资总额为36 000元。因为该公司的经营战略发生了变化，该公司与王某协商一致解除了劳动合同，后王某要求该公司支付解除劳动合同的经济补偿金。

张某在某体育用品公司工作了5个月，公司在这5个月为张某发放的工资总额为22 500元，该公司违法解除了与张某的劳动合同，张某遂要求该公司支付违法解除劳动合同的经济赔偿金。

请分析：某文化传播公司应当支付给王某多少经济补偿金？某体育用品公司应当支付给张某多少经济赔偿金？

一、用人单位支付经济补偿金

经济补偿金是指在劳动合同解除或者终止后，用人单位依照法律的规定向劳动者支付的作为相应补偿的一定数额的货币。用人单位向劳动者支付经济补偿金，是为了保障处于弱势地位的劳动者的权益，是用人单位需要承担的一种社会责任。但用人单位也只在法律规定的情形出现时，才承担支付经济补偿金的义务，用人单位与劳动者之间是不能自由约定经济补偿金的支付情形的。

《劳动合同法》第46条规定了用人单位应当向劳动者支付经济补偿的情形。在劳动合同解除与终止的相关内容中，已经将用人单位应当支付经济补偿的情况予以说明，这里将上述分散的内容做一总结。

（一）在劳动合同解除的情况下，用人单位应当向劳动者支付经济补偿的情形

（1）在用人单位有过错的情况下，劳动者提出解除劳动合同的，也就是在劳动者即时解除劳动合同的情形下，用人单位应当向劳动者支付经济补偿金。1）未按照劳动合同约定提供劳动保护或者劳动条件的；2）未及时足额支付劳动报酬的；3）未依法为劳动者缴纳社会保险费的；4）用人单位的规章制度违反法律法规的规定，损害劳动者权益的；5）用人单位以欺诈、胁迫的手段或者乘人之危，使劳动者在违背真实意思的情况下订立或者变更劳动合同的；6）用人单位在劳动合同中免除自己的法定责任、排除劳动者权利的；7）用人单位违反法律、行政法规强制性规定的；8）用人单位以暴力、威胁或者非法限制人身自由的手段强迫劳动者劳动的；9）用人单位违章指挥、强令冒险作业危及劳动者人身安全的；10）法律、行政法规规定劳动者可以解除劳动合同的其他情形。

（2）在双方协商解除劳动合同的情形下，若用人单位先提出解除动议，并与劳动者协商一致解除劳动合同的，用人单位应当向劳动者支付经济补偿金。

（3）在劳动者没有过错的情况下，用人单位进行非过失性解除劳动合同时，即用人单位行使预告解除权，用人单位应当向劳动者支付经济补偿金。1）劳动者患病或者非因工负伤，在规定的医疗期满后不能从事原工作，也不能从事由用人单位另行安排的工作的；2）劳动者不能胜任工作，经过培训或者调整工作岗位，仍不能胜任工作的；3）劳动合同订立时所依据的客观情况发生重大变化，致使劳动合同无法履行，经用人单位与劳动者协商，未能就变更劳动合同内容达成协议的。

（4）在用人单位经济性裁员解除劳动合同的情况下，用人单位应当向劳动者支付经济补偿金。1）依照《企业破产法》规定进行重整的；2）生产经营发生严重困难的；3）企业转产、重大技术革新或者经营方式调整，经变更劳动合同后，仍需裁减人员的；4）其

他因劳动合同订立时所依据的客观经济情况发生重大变化，致使劳动合同无法履行的。

（5）法律、行政法规规定的其他情形。

（二）在劳动合同终止的情况下，用人单位需要向劳动者支付经济补偿的情形

（1）劳动合同期满导致固定期限劳动合同终止的，除用人单位维持或者提高劳动合同约定条件续订劳动合同，劳动者不同意续订的情形外，用人单位需要支付经济补偿金。

（2）用人单位被依法宣告破产而终止劳动合同的。

（3）用人单位被吊销营业执照、责令关闭、撤销或者用人单位决定提前解散而终止劳动合同的。

（4）法律、行政法规规定的其他情形。

（三）经济补偿的计算

根据《劳动合同法》第 47 条的规定，经济补偿按劳动者在本单位工作的年限，每满一年支付一个月工资的标准向劳动者支付。六个月以上不满一年的，按一年计算；不满六个月的，向劳动者支付半个月工资的经济补偿。

劳动者月工资高于用人单位所在直辖市、设区的市级人民政府公布的本地区上年度职工月平均工资三倍的，向其支付经济补偿的标准按职工月平均工资三倍的数额支付，向其支付经济补偿的年限最高不超过十二年。

这里的“月工资”是指劳动者在劳动合同解除或者终止前十二个月的平均工资。

根据《劳动合同法实施条例》第 27 条的规定，经济补偿的月工资按照劳动者应得工资计算，包括计时工资或者计件工资以及奖金、津贴和补贴等货币性收入。劳动者在劳动合同解除或者终止前 12 个月的平均工资低于当地最低工资标准的，按照当地最低工资标准计算。劳动者工作不满 12 个月的，按照实际工作的月数计算平均工资。

例如：劳动者在某公司工作了 7 个月，不足 12 个月的，月平均工资为实际工作 7 个月的工资总额除以 7，即得出月平均工资作为计算经济补偿的基数。

以上规定既保障了低收入者在计算月平均工资时的利益保障，又避免高收入者因为工资过高，而给用人单位带来的人力成本的负担，体现了立法者基于公平原则的考量。

二、用人单位支付经济赔偿金

根据《劳动合同法》第 48 条的规定，用人单位违反《劳动合同法》规定解除或者终止劳动合同，劳动者要求继续履行劳动合同的，用人单位应当继续履行；劳动者不要求继续履行劳动合同或者劳动合同已经不能继续履行的，用人单位应当依照《劳动合同法》第 87 条规定支付赔偿金。

根据《劳动合同法》第 87 条的规定，用人单位违反《劳动合同法》规定解除或者终止劳动合同的，应当依照《劳动合同法》第 47 条规定的经济补偿标准的二倍向劳动者支付赔偿金。即赔偿金的支付标准是经济补偿标准的二倍。

劳动者面对用人单位违法解除或者终止劳动合同的情况，有两种选择：一是劳动者要求继续履行劳动合同的，用人单位应当继续履行；二是劳动者不要求继续履行劳动合同或

者劳动合同已经不能继续履行的，用人单位应当依照规定向劳动者支付赔偿金。

三、劳动者支付违约金

《劳动合同法》规定，用人单位与劳动者约定违约金的情形如下：

（1）若用人单位为劳动者提供专项培训费用，对其进行专业技术培训，并与该劳动者订立协议、约定服务期的情况下，劳动者违反服务期约定的，应当按照约定向用人单位支付违约金。违约金的数额不得超过用人单位提供的培训费用。用人单位要求劳动者支付的违约金不得超过服务期尚未履行部分所应分摊的培训费用。

《劳动合同法实施条例》第26条规定，用人单位与劳动者约定了服务期，劳动者依照《劳动合同法》第38条的规定解除劳动合同的，不属于违反服务期的约定，用人单位不得要求劳动者支付违约金。

有下列情形之一，用人单位与劳动者解除约定服务期的劳动合同的，劳动者应当按照劳动合同的约定向用人单位支付违约金：1）劳动者严重违反用人单位的规章制度的；2）劳动者严重失职，营私舞弊，给用人单位造成重大损害的；3）劳动者同时与其他用人单位建立劳动关系，对完成本单位的工作任务造成严重影响，或经用人单位提出，拒不改正的；4）劳动者以欺诈、胁迫的手段或者乘人之危，使用人单位在违背真实意思的情况下订立或者变更劳动合同的；5）劳动者被依法追究刑事责任的。

（2）若用人单位与劳动者在劳动合同中约定保守用人单位的商业秘密和与知识产权相关的保密事项。对负有保密义务的劳动者，用人单位可以在劳动合同或者保密协议中与劳动者约定竞业限制条款，并约定在解除或者终止劳动合同后，在竞业限制期限内按月给予劳动者经济补偿。劳动者违反竞业限制约定的，应当按照约定向用人单位支付违约金。

四、其他后合同义务

（一）用人单位的后合同义务

（1）用人单位应当在解除或者终止劳动合同时出具解除或者终止劳动合同的证明。用人单位出具的解除、终止劳动合同的证明，应当写明劳动合同期限、解除或者终止劳动合同的日期、工作岗位、在本单位的工作年限。

（2）用人单位应当在解除或者终止劳动合同的15日内为劳动者办理档案和社会保险关系转移手续。

（3）用人单位对已经解除或者终止的劳动合同的文本，至少保存2年备查。

（二）劳动者的后合同义务

1. 依照双方约定，办理工作交接

劳动者应当本着诚实信用的原则，在劳动合同解除或者终止时办理好工作交接，避免给用人单位造成损失，兼顾双方利益。

2. 履行保密义务和竞业限制义务

若劳动者与用人单位的劳动合同中有约定履行保密义务和竞业限制义务的，劳动者在劳动合同解除或者终止后应当继续履行该项义务，若劳动者因违反该项义务给用人单位造成损失的，应当承担赔偿责任。

导入案例分析提示

在王某的案例中，因为王某在该公司的工作时间超过6个月但不足1年，根据法律规定工作年限按照1年计算，王某的月平均工资为工资总额36 000元除以9个月，得出月平均工资为4 000元。经济补偿金按照工作年限每满1年支付1个月工资的标准向劳动者支付，最终该公司需要向王某支付4 000元的经济补偿金。

在张某的案例中，张某的月平均工资为工资总额22 500元除以5个月，得出月平均工资为4 500元，因为张某工作时间不足6个月，根据法律规定，工作年限不满6个月的，向劳动者支付半个月工资的经济补偿。本案属于该公司违法解除劳动合同，需要支付经济赔偿金，按照法律规定，经济赔偿金应按照经济补偿标准的二倍向劳动者支付，即该公司需要向张某支付4 500元赔偿金。

职业技能训练

1. 请分析用人单位违反法律的规定解雇劳动者的情况下，劳动者应当如何维权。
2. 请分析用人单位需要支付经济补偿金甚至赔偿金的情形。
3. 请分析导致劳动合同终止的情形，并能正确处理劳动合同终止后的法律后果。
4. 请运用所学知识分析以下案例。

案例一：

2023年9月，付某入职某文化公司担任文员，双方签订了为期两年的劳动合同。2024年8月1日开始，付某在未向该公司办理任何请假手续的情况下，无故连续缺勤数日，该公司从其他员工处得知，付某可能怀孕回老家休养。该公司在与付某电话联系且没有应答的情况下，于2024年8月16日发出书面函件，通知付某来该公司办理请假手续，否则按旷工处理。该公司同时将规章制度中相关规定作为附件一并寄给付某，但付某未做回复。2024年9月22日，该公司书面通知付某，因其连续旷工，严重违反该公司规章制度的相关规定，该公司决定与其解除劳动关系。

2024年9月29日，付某申请仲裁，表示自己因怀孕需要保胎，而该公司违法解除了与她的劳动关系，故要求该公司恢复劳动关系，并支付违法解除劳动合同至恢复劳动关系期间的工资。付某认为：根据规定，怀孕女职工在“三期”内，该公司都不能与其解除劳动合同，故要求恢复劳动关系。付某向仲裁庭提交了医院出具的诊断结果，证明其已经怀孕。

请小组讨论，根据所学知识试分析以下问题并说明理由：

该案例中，该公司能否解除与付某的劳动关系?

【分析提示】女职工在“三期”期间受保护，仅仅是不得依照《劳动合同法》第40条、第41条的规定来解除，如果女职工在“三期”期间，违反了《劳动合同法》第39条的规定，用人单位有权与其解除劳动合同，并且不需要支付经济补偿金。在该案中，付某虽然是孕妇，但因为连续旷工严重违反了该公司的规章制度，依据《劳动合同法》第39条的规定，用人单位可以单方解除劳动合同，并不需要支付经济补偿金。

案例二:

2023年3月，李某到某商贸公司担任销售员。2023年8月李某与甲公司签订合同时，收取对方提供的一套音响设备。2024年3月，在与乙公司业务往来中，李某主动要求对方给予回扣5 000元，对方拒绝后，生意未做成，造成某商贸公司可得利润损失近50万元。某商贸公司依据公司奖惩办法规定，决定提前解除与李某的劳动合同。

请小组讨论，根据所学知识试分析以下问题并说明理由:

该公司能否提前解除与李某的劳动合同?

【分析提示】本案中李某与客户业务往来中收取高额礼品，又索要回扣，造成用人单位经济损失近50万元。根据《劳动合同法》第39条的规定，“严重失职，营私舞弊，给用人单位造成重大损害的”，用人单位可以立即解除劳动合同。

认识社会保险　第四章

学习目标

知识目标

1. 了解各类社会保险的缴纳主体。
2. 了解各类社会保险的待遇内容。
3. 了解认定工伤的法定情形。

能力目标

1. 能够正确分析各类社会保险的享受条件及停止条件。
2. 能够结合法律规定及自身情况选择享受合适的社会保险待遇。
3. 能够具备创业者应具有的社会保险意识，降低用工风险。

素养目标

培养风险意识，增强互助合作、同舟共济的精神，共同分担社会风险。

社会保险是国家建立的包含基本养老保险、基本医疗保险、工伤保险、失业保险、生育保险等社会保险制度，旨在保障我国公民在年老、疾病、工伤、失业、生育等情况下依法从国家和社会获得物质帮助的权利。社会保险缴费通常由用人单位和员工个人共同承担。从社会保险缴纳主体来看，城镇职工基本养老保险、职工基本医疗保险、失业保险这三个险种由用人单位和员工共同缴纳；而工伤保险、生育保险这两项保险则全部由单位负责缴纳，员工本人无须缴纳。

第一节　基本养老保险

导入案例

陈某毕业后进入一家培训公司工作。该培训公司为了节约成本，要求员工在签署《劳动合同》时，再签署一份《放弃社保声明》作为附件，其主要内容是：因员工个人原因主动放弃办理社会保险，该公司把应当由公司承担的保险金部分直接以现金形式发放到每月工资总额中，由该员工自行办理社保缴纳事宜，同时承诺不再要求单位为其补办社会保险。

请分析：用人单位能否通过约定变更或放弃用人单位的缴纳社保义务？用人单位可以因此而免责吗？

一、基本养老保险概述

基本养老保险是指缴费达到法定期限且个人达到法定退休年龄后，由国家、社会提供物质帮助，保障其晚年基本生活的一种社会保障制度。《劳动法》和《中华人民共和国社会保险法》（以下简称《社会保险法》）等法律法规都明确规定劳动者享有参加基本养老保险的权利和义务，并有依法享受基本养老保险待遇的权利。

我国基本养老保险实行社会统筹与个人账户相结合的制度，基本养老保险基金由用人单位和个人缴费以及政府补贴等组成。目前的基本养老保险有三种形式：城镇职工基本养老保险（简称“职保”）、城镇居民社会养老保险（简称“城居保”）和新型农村社会养老保险（简称“新农保”）。其中城镇职工基本养老保险又分为企业职工基本养老保险和机关事业单位基本养老保险，根据《社会保险法》及《国务院关于建立统一的城乡居民基本养老保险制度的意见》的规定，城镇居民社会养老保险和新型农村社会养老保险可合并实施。详见表4-1。

表 4-1　基本养老保险的参保对象

城镇职工基本养老保险		城乡居民基本养老保险	
企业职工基本养老保险	机关事业单位基本养老保险	城镇居民社会养老保险	新型农村社会养老保险
1. 国有企业、城镇集体企业、外商投资企业、城镇私有企业和其他城镇企业及其职工； 2. 实行企业化管理的事业单位及其职工； 3. 机关事业单位和社会团体中非在编且不属于财政统发工资的人员； 4. 民办非企业单位的从业人员； 5. 城镇个体工商户业主及其从业人员、自由职业者	1. 按照《公务员法》管理的单位； 2. 参照公务员法管理的机关（单位）； 3. 事业单位及编制内工作人员	年满 16 周岁（不含在校学生），非国家机关和事业单位工作人员及不属于城镇职工基本养老保险制度覆盖范围的城乡居民	

与创业者密切相关的一项政策是，城镇个体工商户业主及其从业人员、未在用人单位参加基本养老保险的非全日制从业人员及自由职业者等其他灵活就业人员既可以选择参加企业职工养老基本保险，也可以选择参加城乡居民基本养老保险，以上保险费均由个人缴纳。

下文将针对大学生择业、创业主要涉及的企业职工基本养老保险进行介绍。

二、企业职工基本养老保险概述

（一）缴纳主体

企业职工基本养老保险的缴纳主体是用人单位和职工。其中用人单位按照国家规定的本单位职工工资总额的比例缴纳基本养老保险费，记入基本养老保险统筹基金。职工按照国家规定的本人工资的比例缴纳基本养老保险费，记入个人账户。

无雇工的个体工商户、未在用人单位参加基本养老保险的非全日制从业人员以及其他灵活就业人员参加基本养老保险的，其本人作为缴纳主体，应当按照国家规定缴纳基本养老保险费，分别记入基本养老保险统筹基金和个人账户。

（二）参保人员缴纳年限及待遇

参加企业职工基本养老保险的个人享受待遇应当同时具备两个条件：一是达到法定退休年龄；二是缴费年限（含视同缴费年限）累计满 15 年，此时可以按月领取基本养老金。根据 2024 年 9 月 13 日第十四届全国人民代表大会常务委员会第十一次会议通过的《全国人民代表大会常务委员会关于实施渐进式延迟法定退休年龄的决定》的规定：从 2030 年 1 月 1 日起，将职工按月领取基本养老金最低缴费年限由 15 年逐步提高至 20 年，每年提高 6 个月。职工达到法定退休年龄但不满最低缴费年限的，可以按照规定通过延长缴费或者一次性缴费的办法达到最低缴费年限，按月领取基本养老金。

基本养老金由统筹养老金和个人账户养老金组成。基本养老金根据个人累计缴费年限、缴费工资、当地职工平均工资、个人账户金额、城镇人口平均预期寿命等因素确定。因此养老金标准的高低具体因人而异，其影响的原因主要是与退休前的缴费多少以及缴费年限的长短有关系。一般来说，缴费越多、缴费时间越长，养老金计发的标准就越高，因此，如果经济能力允许，建议选择较高的缴费基数缴费。

（三）跨省工作流动的养老保险相关规定

各地社会保险缴费年限是累计计算的。如果参保人员的工作城市发生跨省变更，可以将养老保险转移到新的城市。个人跨统筹地区就业的，其基本养老保险关系随本人转移，缴费年限累计计算。个人达到法定退休年龄时，基本养老金分段计算、统一支付。

目前办理养老保险转移的途径多样、简便，既可以向转入地经办机构提出转入申请，也可以通过国家社会保险公共服务平台等线上渠道申请转移。具体操作应以相关主管部门规定为准。

（四）社会保险中断缴费的处理

社会保险中断缴费不会影响已获得的养老保险权益，社保经办机构会准确记录个人账户储存额，并且连续计算利息，已缴的养老保险不会白缴。但是如果中断的时间较长，相应的累计缴费时间就会缩短，个人账户的累计储存额也会相应变少，最后拿到的养老金也会相应变少。如果长时间中断社会保险缴费，到法定退休年龄时缴费年限不够，领取养老金的时间也要相应延后。

（五）用人单位不按规定为职工缴纳社会保险情况的后果

1. 劳动者可以要求强制征缴

为职工缴纳养老保险费是用人单位依法履行的义务，劳动者可到当地劳动监察部门投诉，也可以向社保征收机构投诉。根据《社会保险法》第 63 条的规定，用人单位未按时足额缴纳社会保险费的，由社会保险费征收机构责令其限期缴纳或者补足。用人单位逾期仍未缴纳或者补足社会保险费的，社会保险费征收机构可以向银行和其他金融机构查询其存款账户，并可以申请县级以上有关行政部门作出划拨社会保险费的决定，书面通知其开户银行或者其他金融机构划拨社会保险费。

2. 劳动者可以单方解除劳动合同并主张经济补偿

根据《劳动合同法》第 38 条、第 46 条的规定，用人单位如未及时足额支付劳动报酬或未依法为劳动者缴纳社会保险费的，劳动者可以此为由解除劳动合同并要求用人单位支付经济补偿。

3. 劳动者可以要求赔偿损失

根据《最高人民法院关于审理劳动争议案件适用法律问题的解释（一）》第 1 条的规定，劳动者与用人单位之间发生的劳动者以用人单位未为其办理社会保险手续，且社会保险经办机构不能补办导致其无法享受社会保险待遇为由，要求用人单位赔偿损失发生的纠纷，属于劳动争议，当事人不服劳动争议仲裁机构作出的裁决，依法提起诉讼的，人民法院应予受理。

导入案例分析提示

《社会保险法》第 4 条规定，中华人民共和国境内的用人单位和个人依法缴纳社会保险费；第 60 条规定，职工应当缴纳的社会保险费由用人单位代扣代缴。

为职工参加社会保险并依法缴纳社会保险费是用人单位的法定义务，不能由用人单位和职工通过约定变更或者放弃。因此，员工签署放弃缴纳社保费承诺书，企业用支付现金方式取代缴纳社保，是违反法律规定的，不能作为企业和职工不缴纳社会保险费的依据和理由。用人单位不能因员工签署了《放弃社保声明》而免责。

第二节 基本医疗保险

导入案例

熊某是某塑胶制品公司员工，该公司未为熊某缴纳职工基本医疗保险。后熊某患胃癌住院治疗，发现巨额医药费需要个人承担，便找该公司协商，要求该公司支付，但该公司以熊某不属于工伤而拒绝支付。

请分析：用人单位在未履行其医疗保险缴纳义务的情况下，是否应当赔偿职工损失？

一、基本医疗保险概述

基本医疗保险是为补偿劳动者因疾病风险造成的经济损失而建立的一项社会保险制度，在参保人员患病就诊发生医疗费用后获得一定经济补偿，以避免或减轻劳动者因患病、治疗等所带来的经济风险。

《社会保险法》规定，职工应当参加职工基本医疗保险，由用人单位和职工按照国家规定共同缴纳基本医疗保险费。无雇工的个体工商户、未在用人单位参加职工基本医疗保险的非全日制从业人员以及其他灵活就业人员可以参加职工基本医疗保险，由个人按照国家规定缴纳基本医疗保险费。

二、基本医疗保险形式

我国的医疗保险形式主要分为职工基本医疗保险、新型农村合作医疗（简称“新农合”）、城镇居民基本医疗保险（简称“城镇居民医保”）。2016 年国务院发布《关于整合城乡居民基本医疗保险制度的意见》，将新农合和城镇居民医保整合为城乡居民基本医疗保险。职工基本医疗保险与城乡居民基本医疗保险之间的简要对比见表4－2。

表4－2 基本医疗保险形式比较

	职工基本医疗保险	城乡居民基本医疗保险
参保对象	1. 本行政区域内城镇所有用人单位职工（含退休职工）； 2. 个体工商户； 3. 自由职业人员	1. 农村居民； 2. 城镇非就业居民； 3. 在校学生、在统筹区取得居住证的常住人口
缴纳主体	由用人单位和职工按照国家规定共同缴纳	费用由个人全额承担，部分符合条件的，可以依法申请医保缴费补贴
缴费时间	按月缴纳，具体缴费的额度是由缴费基数×缴费比例计算得出，缴费基数根据各省、市规定执行	按年缴费，缴一次保一年，一般在参保地规定的当年集中缴费期内缴费，缴费标准根据各省、市规定执行
待遇享受开始时间	职工医保在参保缴费的次月就可以享受报销待遇	城乡居民基本医疗保险当年按时缴费后，次年的1月1日—12月31日即可享受保险待遇
待遇享受年限	参加职工基本医疗保险的个人，达到法定退休年龄时累计缴费达到国家规定年限的，退休后不再缴纳基本医疗保险费，按照国家规定享受基本医疗保险待遇；未达到国家规定年限的，可以缴费至国家规定年限	城乡居民基本医疗保险参保一年保一年，不参保则不享受
医疗账户	包括统筹基金和个人账户。用人单位缴纳的基本医疗保险费分为两部分：一部分用于建立统筹基金；另一部分划入个人账户。划入个人账户的比例一般为用人单位缴费的30%左右，具体比例由统筹地区根据个人账户的支付范围和职工年龄等因素确定。职工个人缴纳的基本医疗保险费，全部计入个人账户。个人账户资金可用于支付参保人员在定点医疗机构门诊的医疗费用、定点药店购药的费用和住院等医疗费用中需个人支付的部分。个人账户资金归个人所有，可以跨年度结转使用和依法继承	城乡居民医保已经取消了医保个人账户，参保人缴纳的钱全部纳入统筹账户里，居民医保卡用于通过门诊统筹享受门诊费用结算报销
报销比例	按当年当地具体政策执行，但城镇职工基本医疗保险普遍高于城乡居民基本医疗保险	按当年当地具体政策执行

三、不纳入基本医疗保险基金支付范围的情形

需要注意的是，根据《社会保险法》的规定，下列医疗费用不纳入基本医疗保险基金

支付范围：(1) 应当从工伤保险基金中支付的；(2) 应当由第三人负担的；(3) 应当由公共卫生负担的；(4) 在境外就医的。

医疗费用依法应当由第三人负担，第三人不支付或者无法确定第三人的，由基本医疗保险基金先行支付。基本医疗保险基金先行支付后，有权向第三人追偿。

目前各地医疗保险的报销比例、办理流程及提报资料并不完全一致，因此需要咨询参保地社会保险经办机构以了解当地的医保政策和报销流程。

拓展知识

以个体工商户或自由职业者身份创业，应当选择职工基本医疗保险还是城乡居民基本医疗保险？

灵活就业人员可根据自身实际情况选择职工基本医疗保险或城乡居民基本医疗保险。鉴于目前职工基本医疗保险待遇普遍高于城乡居民基本医疗保险，建议如条件允许，并想获得更高的医疗保障待遇的，可以参加职工基本医疗保险。

导入案例分析提示

建立劳动关系后，为劳动者参加社会保险，是用人单位的法定义务。鉴于某塑胶制品公司在熊某入职后未依法缴纳社会保险，导致熊某无法享受职工基本医疗保险待遇，依据《最高人民法院关于审理劳动争议案件适用法律问题的解释（一）》第1条的规定，劳动者以用人单位未为其办理社会保险手续，且社会保险经办机构不能补办导致其无法享受社会保险待遇为由，要求用人单位赔偿损失发生的纠纷，属于劳动争议。由于职工医疗保险费属于预缴保险费性质，不能通过事后补缴保险费而享受保险待遇。因此某塑胶制品公司对于违反法定义务造成的熊某的损失，应当承担赔偿责任。

第三节　工伤保险

导入案例

陈某进入了一家家政公司工作。该公司为节约资金，并未为员工购买社会保险，而是购买了商业性意外伤害保险，并且在《劳动合同》中与其员工约定，如劳动合同期内发生因工伤亡，双方一致同意按意外保险条款执行。陈某在工作期间不慎从梯子上掉落摔伤并获得了意外伤害保险的赔付，后陈某又将该公司起诉至法院，以依法缴纳工伤保险是用人单位的法定义务为由主张工伤保险赔偿。

请分析：陈某在获得意外伤害保险赔付的情况下是否还能主张工伤保险待遇赔偿？

一、工伤保险概述

工伤保险又称职业伤害保险，是我国社会保障制度之一，当劳动者在生产经营活动中或在规定的某些特殊情况下遭受意外伤害，或患职业病以及因此造成劳动者死亡、暂时或永久丧失劳动能力时，劳动者及其供养亲属（遗属），可以按照《工伤保险条例》的规定及时、足额享受由工伤保险基金支付的工伤医疗、工伤康复、辅助器具配置和各项生活保障待遇，从而解决职工工伤后的医疗救治和基本生活保障等问题。

（一）工伤保险的参保对象

中华人民共和国境内的企业、事业单位、社会团体、民办非企业单位、基金会、律师事务所、会计师事务所等组织的职工和个体工商户的雇工，均有依照《工伤保险条例》的规定享受工伤保险待遇的权利。

（二）工伤保险的缴纳主体

工伤保险实行用人单位单方缴费的制度，用人单位应当按时缴纳工伤保险费，职工个人不缴纳工伤保险费。职工在受到工伤事故伤害时由工伤保险基金为其支付相应的工伤保险待遇。

二、认定工伤的法定情形

（一）应当认定为工伤的情形

根据《工伤保险条例》第 14 条的规定，职工有下列情形之一的，应当认定为工伤：

（1）在工作时间和工作场所内，因工作原因受到事故伤害的；

（2）工作时间前后在工作场所内，从事与工作有关的预备性或者收尾性工作受到事故伤害的；

（3）在工作时间和工作场所内，因履行工作职责受到暴力等意外伤害的；

（4）患职业病的；

（5）因工外出期间，由于工作原因受到伤害或者发生事故下落不明的；

（6）在上下班途中，受到非本人主要责任的交通事故或者城市轨道交通、客运轮渡、火车事故伤害的；

（7）法律、行政法规规定应当认定为工伤的其他情形。

（二）视同工伤的情形

根据《工伤保险条例》第 15 条的规定，职工有下列情形之一的，视同工伤：

（1）在工作时间和工作岗位，突发疾病死亡或者在 48 小时之内经抢救无效死亡的；

（2）在抢险救灾等维护国家利益、公共利益活动中受到伤害的；

（3）职工原在军队服役，因战、因公负伤致残，已取得革命伤残军人证，到用人单位后旧伤复发的。

（三）社会保险行政部门认定为工伤的情形

根据《最高人民法院关于审理工伤保险行政案件若干问题的规定》（法释〔2014〕9 号）第 4 条的规定，社会保险行政部门认定下列情形为工伤的，人民法院应予支持：

（1）职工在工作时间和工作场所内受到伤害，用人单位或者社会保险行政部门没有证据证明是非工作原因导致的；

（2）职工参加用人单位组织或者受用人单位指派参加其他单位组织的活动受到伤害的；

（3）在工作时间内，职工来往于多个与其工作职责相关的工作场所之间的合理区域因工受到伤害的；

（4）其他与履行工作职责相关，在工作时间及合理区域内受到伤害的。

（四）不得被认定为工伤的法定情形

根据《工伤保险条例》第 16 条的规定，职工有下列情形之一的，不得认定为工伤或者视同工伤：

（1）故意犯罪的；

（2）醉酒或者吸毒的；

（3）自残或者自杀的。

三、工伤理赔程序

（一）申请时限

1. 用人单位的申请时限

职工发生事故伤害或者按照职业病防治法规定被诊断、鉴定为职业病，所在单位应当自事故伤害发生之日或者被诊断、鉴定为职业病之日起 30 日内，向统筹地区社会保险行政部门提出工伤认定申请。遇有特殊情况，经报社会保险行政部门同意，申请时限可以适当延长。

2. 劳动者的申请时限

用人单位未按上述时间提出工伤认定申请的，工伤职工或者其近亲属、工会组织在事故伤害发生之日或者被诊断、鉴定为职业病之日起 1 年内，可以直接向用人单位所在地统筹地区社会保险行政部门提出工伤认定申请。

3. 特别规定

根据《最高人民法院关于审理工伤保险行政案件若干问题的规定》第7条的规定，由于不属于职工或者其近亲属自身原因超过工伤认定申请期限的，被耽误的时间不计算在工伤认定申请期限内。有下列情形之一耽误申请时间的，应当认定为不属于职工或者其近亲属自身原因：不可抗力；人身自由受到限制；属于用人单位原因；社会保险行政部门登记制度不完善；当事人对是否存在劳动关系申请仲裁、提起民事诉讼。

（二）应提交的材料

提出工伤认定申请应当填写《工伤认定申请表》，并提交下列材料：劳动、聘用合同文本复印件或者与用人单位存在劳动关系（包括事实劳动关系）、人事关系的其他证明材料；医疗机构出具的受伤后诊断证明书或者职业病诊断证明书（或者职业病诊断鉴定书）。

（三）社保部门的受理时间

社会保险行政部门收到工伤认定申请后，应当在15日内对申请人提交的材料进行审核，材料完整的，作出受理或者不予受理的决定。材料不完整的，应当以书面形式一次性告知申请人需要补正的全部材料。社会保险行政部门收到申请人提交的全部补正材料后，应当在15日内作出受理或者不予受理的决定。

社会保险行政部门决定受理的，应当出具《工伤认定申请受理决定书》；决定不予受理的，应当出具《工伤认定申请不予受理决定书》。

（四）工伤认定时间

社会保险行政部门应当自受理工伤认定申请之日起60日内作出工伤认定决定，出具《认定工伤决定书》或者《不予认定工伤决定书》。

社会保险行政部门对于事实清楚、权利义务明确的工伤认定申请，应当自受理工伤认定申请之日起15日内作出工伤认定决定。

社会保险行政部门应当自工伤认定决定作出之日起20日内，将《认定工伤决定书》或者《不予认定工伤决定书》送达受伤害职工（或者其近亲属）和用人单位，并抄送社会保险经办机构。

（五）对工伤认定结论不服的处理办法

职工或者其近亲属、用人单位对不予受理决定不服或者对工伤认定决定不服的，可以依法申请行政复议或者提起行政诉讼。需要留意的是，行政复议或行政诉讼是可以选择的，这里的行政复议不是行政诉讼的前置程序。

四、工伤保险待遇

参保职工发生工伤后，依法可以享受就医待遇、伤残待遇、工亡待遇、工伤医疗期间工资福利待遇等。

（一）就医待遇

1. 工伤医疗费

职工治疗工伤应当在签订服务协议的医疗机构就医，情况紧急时可以先到就近的医疗机构急救。工伤医疗费符合工伤保险诊疗项目目录、工伤保险药品目录、工伤保险住院服务标准的，从工伤保险基金支付。

2. 住院治疗补助费

职工住院治疗工伤的伙食补助费，以及经医疗机构出具证明，报经办机构同意，工伤职工到统筹地区以外就医所需的交通、食宿费用从工伤保险基金支付，基金支付的具体标准由统筹地区人民政府规定。

3. 工伤康复费

工伤职工到签订服务协议的医疗机构进行工伤康复的费用，符合规定的，从工伤保险基金支付。

（二）伤残待遇

1. 一次性伤残补助金

职工因工致残的，根据伤残等级，按 7～27 个月的本人工资发给一次性伤残补助金，标准为：一级伤残为 27 个月的本人工资，二级伤残为 25 个月的本人工资，三级伤残为 23 个月的本人工资，四级伤残为 21 个月的本人工资，五级伤残为 18 个月的本人工资，六级伤残为 16 个月的本人工资，七级伤残为 13 个月的本人工资，八级伤残为 11 个月的本人工资，九级伤残为 9 个月的本人工资，十级伤残为 7 个月的本人工资，从工伤保险基金支付。

2. 伤残津贴

根据伤残等级不同，从工伤保险基金按月支付伤残津贴或者用人单位按月发给伤残津贴。

职工因工致残被鉴定为一级至四级伤残的，保留劳动关系，退出工作岗位。从工伤保险基金按月支付伤残津贴，标准为：一级伤残为本人工资的 90%，二级伤残为本人工资的 85%，三级伤残为本人工资的 80%，四级伤残为本人工资的 75%。伤残津贴实际金额低于当地最低工资标准的，由工伤保险基金补足差额。

职工因工致残被鉴定为五级、六级伤残的，保留与用人单位的劳动关系，由用人单位安排适当工作。难以安排工作的，由用人单位按月发给伤残津贴，标准为：五级伤残为本人工资的 70%，六级伤残为本人工资的 60%，并由用人单位按照规定为其缴纳应缴纳的各项社会保险费。伤残津贴实际金额低于当地最低工资标准的，由用人单位补足差额。

3. 一次性工伤医疗补助金

职工因工致残被鉴定为五级、六级伤残的，经工伤职工本人提出，该职工可以与用人单位解除或者终止劳动关系，由工伤保险基金支付一次性工伤医疗补助金。一次性工伤医疗补助金的具体标准由省、自治区、直辖市人民政府规定。

职工因工致残被鉴定为七级至十级伤残的，劳动、聘用合同期满终止，或者职工本人提出解除劳动、聘用合同的，由工伤保险基金支付一次性工伤医疗补助金。一次性工伤医疗补助金的具体标准由省、自治区、直辖市人民政府规定。

4. 一次性伤残就业补助金

职工因工致残被鉴定为五级、六级伤残的，经工伤职工本人提出，该职工可以与用人单位解除或者终止劳动关系，由用人单位支付一次性伤残就业补助金。一次性伤残就业补助金的具体标准由省、自治区、直辖市人民政府规定。

职工因工致残被鉴定为七级至十级伤残的，劳动、聘用合同期满终止，或者职工本人提出解除劳动、聘用合同的，由用人单位支付一次性伤残就业补助金。一次性伤残就业补助金的具体标准由省、自治区、直辖市人民政府规定。

5. 生活护理费

工伤职工已经评定伤残等级并经劳动能力鉴定委员会确认需要生活护理的，从工伤保险基金按月支付生活护理费。

生活护理费按照生活完全不能自理、生活大部分不能自理或者生活部分不能自理3个不同等级支付，其标准分别为统筹地区上年度职工月平均工资的50%、40%或者30%。

6. 辅助器具配置费用

工伤职工因日常生活或者就业需要，经劳动能力鉴定委员会确认，可以安装假肢、矫形器、假眼、假牙和配置轮椅等辅助器具，所需费用按照国家规定的标准从工伤保险基金支付。

（三）工亡待遇

职工因工死亡，其近亲属可按规定从工伤保险基金领取丧葬补助金、供养亲属抚恤金和一次性工亡补助金。

1. 丧葬补助金

丧葬补助金为6个月的统筹地区上年度职工月平均工资。

2. 供养亲属抚恤金

按照职工本人工资的一定比例发给由因工死亡职工生前提供主要生活来源、无劳动能力的亲属。标准为：配偶每月40%，其他亲属每人每月30%，孤寡老人或者孤儿每人每月在上述标准的基础上增加10%。核定的各供养亲属的抚恤金之和不应高于因工死亡职工生前的工资。供养亲属的具体范围由国务院社会保险行政部门规定。

3. 一次性工亡补助金

一次性工亡补助金标准为上一年度全国城镇居民人均可支配收入的20倍。

伤残职工在停工留薪期内因工伤导致死亡的，其近亲属可以领取丧葬补助金。一级至四级伤残职工在停工留薪期满后死亡的，其近亲属可以领取丧葬补助金、供养亲属抚恤金。

（四）劳动能力鉴定费用

工伤职工进行劳动能力鉴定后，经办机构与劳动能力鉴定委员会应直接结算劳动能力鉴定费。用人单位或工伤职工垫付劳动能力鉴定费的，可支付给用人单位或工伤职工。

（五）工伤医疗期间工资福利待遇

职工因工作遭受事故伤害或者患职业病需要暂停工作接受工伤医疗的，在停工留薪期内，原工资福利待遇不变，由所在单位按月支付。

停工留薪期一般不超过12个月。伤情严重或者情况特殊，经设区的市级劳动能力鉴定委员会确认，可以适当延长，但延长不得超过12个月。工伤职工评定伤残等级后，停发原待遇，按照有关规定享受伤残待遇。工伤职工在停工留薪期满后仍需治疗的，继续享受工伤医疗待遇。生活不能自理的工伤职工在停工留薪期需要护理的，由所在单位负责。

五、停止享受工伤保险待遇的情形

根据《工伤保险条例》第42条的规定，工伤职工有下列情形之一的，停止享受工伤保险待遇：

（1）丧失享受待遇条件的；

（2）拒不接受劳动能力鉴定的；

（3）拒绝治疗的。

导入案例分析提示

缴纳工伤保险是用人单位的法定义务，如果劳动者在单位未缴纳工伤保险费的情况下发生工伤事故，法律规定由该用人单位承担工伤保险待遇支付义务。因此在本案例中，即使陈某的公司为员工购买了商业保险，仍不能免除公司的缴纳工伤保险费的义务或支付工伤保险待遇的义务。

第四节　失业保险

导入案例

2023年10月10日，陈某应聘到某公司从事销售工作，签订了两年期限的劳动合同。该公司始终未给陈某缴纳失业保险费。2024年8月21日，某公司对陈某进行劝退处理，经陈某同意，双方签订《解除劳动合同关系协议书》，该公司支付陈某解除劳动合同经济补偿。2024年10月16日，陈某向劳动人事争议仲裁委员会提出仲裁申请，要求某公司承担其失业保险金损失。

请分析：陈某要求公司承担失业保险金损失的主张能获得仲裁委的支持吗？

一、失业保险概述

失业保险是我国社会保障制度之一，是指通过国家立法筹集建立失业保险基金，使因失业而暂时中断生活来源的劳动者在法定期间内获得失业保险金，以维持其基本生活的一项社会保险制度。

(一)失业保险的参保对象

城镇企业事业单位、城镇企业事业单位职工应依照《失业保险条例》的规定,缴纳失业保险费。城镇企业事业单位失业人员依照《失业保险条例》的规定,享受失业保险待遇。

这里的城镇企业,是指国有企业、城镇集体企业、外商投资企业、城镇私营企业以及其他城镇企业。

(二)失业保险的缴纳主体

职工应当参加失业保险,由用人单位和职工按照国家规定共同缴纳失业保险费。

根据《社会保险法》《失业保险条例》的规定,城镇企业事业单位按照本单位工资总额的2%缴纳失业保险费,城镇企业事业单位职工按照本人工资的1%缴纳失业保险费。城镇企业事业单位招用的农民合同制工人本人不缴纳失业保险费。

为进一步减轻企业负担,增强企业活力,促进就业稳定,2023年3月29日,人力资源社会保障部、财政部、国家税务总局发布的《关于阶段性降低失业保险、工伤保险费率有关问题的通知》(人社部发〔2023〕19号)规定:“自2023年5月1日起,继续实施阶段性降低失业保险费率至1%的政策,实施期限延长至2024年底。在省(区、市)行政区域内,单位及个人的费率应当统一,个人费率不得超过单位费率。”

二、失业保险金的领取条件

失业人员符合下列条件的,从失业保险基金中领取失业保险金:

(1)按照规定参加失业保险,所在单位和本人已按照规定履行缴费义务满1年的;

(2)非因本人意愿中断就业的;

(3)已办理失业登记,并有求职要求的。

根据《实施〈中华人民共和国社会保险法〉若干规定》的规定,“非因本人意愿中断就业”包括以下情形:

(1)依照《劳动合同法》第44条第1项、第4项、第5项规定终止劳动合同的;

(2)由用人单位依照《劳动合同法》第39条、第40条、第41条规定解除劳动合同的;

(3)用人单位依照《劳动合同法》第36条规定向劳动者提出解除劳动合同并与劳动者协商一致解除劳动合同的;

(4)由用人单位提出解除聘用合同或者被用人单位辞退、除名、开除的;

(5)劳动者本人依照《劳动合同法》第38条规定解除劳动合同的;

(6)法律、法规、规章规定的其他情形。

三、失业保险待遇

(一)领取失业保险金

1. 领取期限

根据《社会保险法》第46条的规定,失业人员失业前用人单位和本人累计缴费满1

年不足 5 年的，领取失业保险金的期限最长为 12 个月；累计缴费满 5 年不足 10 年的，领取失业保险金的期限最长为 18 个月；累计缴费 10 年以上的，领取失业保险金的期限最长为 24 个月。重新就业后，再次失业的，缴费时间重新计算，领取失业保险金的期限与前次失业应当领取而尚未领取的失业保险金的期限合并计算，最长不超过 24 个月。

2. 领取标准

失业保险金的标准，由省、自治区、直辖市人民政府确定，不得低于城市居民最低生活保障标准。

3. 领取方式

失业保险金由社会保险经办机构按月发放。社会保险经办机构为失业人员开具领取失业保险金的单证，失业人员凭单证到指定银行领取失业保险金。

（二）享受基本医疗保险待遇和医疗补助金

失业人员在领取失业保险金期间，参加职工基本医疗保险，享受基本医疗保险待遇。失业人员应当缴纳的基本医疗保险费从失业保险基金中支付，个人不缴纳基本医疗保险费。

失业人员在领取失业保险金期间患病就医的，可以按照规定向社会保险经办机构申请领取医疗补助金。医疗补助金的标准由省、自治区、直辖市人民政府规定。

（三）享受一次性丧葬补助金和抚恤金

失业人员在领取失业保险金期间死亡的，参照当地对在职职工死亡的规定，向其遗属发给一次性丧葬补助金和抚恤金。所需资金从失业保险基金中支付。

个人死亡同时符合领取基本养老保险丧葬补助金、工伤保险丧葬补助金和失业保险丧葬补助金条件的，其遗属只能选择领取其中的一项。

（四）就业服务

根据人力资源和社会保障部发布的政策，劳动年龄内、有劳动能力、有就业需求、处于无业状态的城乡劳动者，可在户籍地或常住地进行失业登记。失业登记办理渠道包括线下渠道和线上渠道两种方式，线下渠道包括各级公共就业服务机构综合性服务场所和街道（乡镇）、社区（村）基层公共就业服务平台（统称公共就业服务机构），以及受县级以上人社部门委托承担残疾劳动者失业登记工作的残疾人就业服务机构；线上渠道包括各地对外办理失业登记服务的网站、手机客户端、微信等应用平台，以及人力资源和社会保障部依托全国人力资源和社会保障政务服务平台开设的失业登记全国统一服务入口。

公共就业服务机构将在了解登记失业人员基本信息、失业原因、技能水平、就业意愿等信息后，免费提供以下服务：介绍政策法规咨询、职业介绍、职业指导等基本公共就业服务事项，提供政策清单、服务清单和公共就业服务机构清单；对有培训就业意愿的登记失业人员，推介就业创业政策和职业培训项目，开展求职技巧指导，精准匹配岗位信息并回访求职结果；对有创业意愿的登记失业人员，提供创业培训（实训）、开业指导、融资、政策落实等服务，对符合创业担保贷款条件的，协助办理贷款申请等。

（五）领取失业补助金

单位招用的农民合同制工人连续工作满 1 年，本单位并已缴纳失业保险费，劳动合同期满未续订或者提前解除劳动合同的，由社会保险经办机构根据其工作时间长短，对其支付一次性生活补助。补助的办法和标准由省、自治区、直辖市人民政府规定。

四、停止享受失业保险待遇的情形

失业人员在领取失业保险金期间有下列情形之一的，停止领取失业保险金，并同时停止享受其他失业保险待遇：

（1）重新就业的；

（2）应征服兵役的；

（3）移居境外的；

（4）享受基本养老保险待遇的；

（5）无正当理由，拒不接受当地人民政府指定部门或者机构介绍的适当工作或者提供的培训的。

导入案例分析提示

失业保险是社保经办机构依法支付给符合条件的失业人员的基本生活费用及待遇，是对失业人员在失业期间失去工资收入的一种临时补偿。本案中陈某失业是因公司提议并与陈某协商一致解除劳动合同而引起的，符合国家规定的失业保险金领取条件，但因该公司自用工之日起未履行缴纳失业保险费的法定义务，致使陈某失业后不能获得失业的社会保障，因此应当承担陈某失业保险金损失。

第五节 生育保险

导入案例

李某入职某化妆品公司担任品牌推广经理一职。工作一年后，李某怀孕，其后生育一子，生育花费医疗费若干元。该化妆品公司一直未为李某缴纳生育保险费，导致李某生育时没有达到享受生育保险待遇的条件，生育保险基金不予支付申请人的生育津贴和生育医疗费用。因双方多次协商无果，李某提起劳动仲裁，要求该化妆品公司支付其生育医疗费用及生育津贴。

请分析：李某要求用人单位支付其生育医疗费用及生育津贴的要求能否获得支持?

一、生育保险概述

生育保险是国家通过立法，在怀孕和分娩的妇女劳动者暂时中断劳动时，由国家和社会提供医疗服务、生育津贴和产假的一种社会保险制度。用人单位应当依法为职工参加生育保险，维护妇女合法权益。

（一）生育保险的参保对象

根据《社会保险法》第53条的规定，职工应当参加生育保险。因此，生育保险的参保对象是与用人单位建立了劳动关系的职工（包括男职工）。

（二）生育保险的缴纳主体

目前生育保险在多地已并入职工基本医疗保险费合并实施。合并实施后，生育医疗费用（含生育的医疗费用、计划生育的医疗费用及生育并发症的医疗费用等）和生育津贴所需基金，由职工基本医疗保险基金支付。

合并实施后的生育保险由用人单位按照国家规定缴纳，保险费率按照用人单位参加生育保险和职工基本医疗保险的缴费比例之和确定新的用人单位职工基本医疗保险费率，个人不缴纳生育保险费。

二、生育保险待遇

用人单位已经按时足额缴纳生育保险费的，女职工在生产、终止妊娠、其他计划生育手术项目以及男职工在其配偶符合法定情形下，均可享受生育保险待遇。生育保险待遇主要包括生育医疗费用和生育津贴。

（一）生育医疗费用

生育医疗费用包括生育的医疗费用、计划生育的医疗费用以及法律法规规定的其他项目费用，按各地相关规定可以通过医保直接报销生育所需的医疗费用支出。

需要留意的是，生育医疗费用有限额规定，超出规定的部分需要职工自己负担。

（二）生育津贴

生育津贴是国家法律法规规定对妇女因生育离开工作岗位期间所给予的生活费用。

已参加生育保险的，生育津贴按照用人单位上年度职工月平均工资的标准由职工基本医疗保险基金支付；未参加生育保险的，按女职工产假前工资的标准由用人单位支付。

拓展知识

生育津贴和产假工资可以同时领取吗?

女职工产假期间的生育津贴，对已经参加生育保险的，按照用人单位上年度职工月平均工资的标准由职工基本医疗保险基金支付；对未参加生育保险的，按照女职工产假前工资的标准由用人单位支付。

生育津贴本质上是国家补贴给企业，用来发放女职工产假期间的工资。用人单位应按照劳动者的工资标准先行向劳动者支付产假工资，后持劳动者提交的相应材料向参保地医保经办机构申报生育保险待遇。当用人单位向劳动者支付的产假工资高于劳动者可享受的生育津贴数额时，用人单位无须再将领取的生育津贴支付给劳动者；当用人单位向劳动者支付的产假工资低于劳动者可享受的生育津贴数额时，用人单位应将已经支付的产假工资折抵后向劳动者支付剩余的生育津贴。因此，生育津贴和产假工资一般不能同时领取。

导入案例分析提示

根据《劳动法》《女职工劳动保护特别规定》的规定，女职工生育子女依法享受生育保险待遇。生育保险待遇主要包括生育津贴和生育医疗费用；未参加生育保险期间职工的生育保险待遇，由用人单位按照规定的生育保险待遇项目和标准支付。因此本案中该化妆品公司未履行为李某购买生育保险的法定义务，其保险待遇依法应当由该化妆品公司支付。

职业技能训练

1. 请列举各类社会保险的缴纳主体。
2. 请列举各类社会保险的待遇内容。
3. 请结合社会实践，正确分析认定工伤的法定情形。
4. 请运用所学知识分析以下案例。

案例一：

安某作为某人力公司的派遣员工，被派遣至某电力公司工作，两公司均未为安某购买社会保险。一日安某在骑着电动车去某电力公司上班的路上被王某撞倒摔伤，经工伤鉴定为伤残等级三级，王某负此次事故的全部责任，安某无责任。安某遂向某电力公司主张支付工伤保险待遇，但某电力公司认为应当由与安某签署了劳动合同的某人力公司承担，因此拒绝了安某。后安某又向某人力公司主张支付工伤保险待遇，但某人力公司认为安某不是在工作时间受伤，也拒绝了安某。安某见协商无果，便向劳动人事争议仲裁委员会提出仲裁申请，要求某人力公司及某电力公司支付工伤保险待遇。

请小组讨论，根据所学知识试分析以下问题并说明理由：

某人力公司是否需要支付安某的工伤保险待遇？

【分析提示】本案中，首先根据《工伤保险条例》第 14 条的规定，职工在上下班途中，受到非本人主要责任的交通事故或者城市轨道交通、客运轮渡、火车事故伤害的，应当认定为工伤。因此，安某的情况属于工伤。其次，劳务派遣单位作为用人单位，应当履行用人单位对劳动者的义务，由劳务派遣单位与被派遣劳动者订立劳动合同，并依法履行缴纳社会保险的义务。因此安某属于在单位未缴纳工伤保险费的情况下发生工伤事故，法律规定由该用人单位即本案中的某人力公司承担工伤保险待遇支付义务。

案例二：

陈某是 A 公司的门卫，该公司未为陈某参加工伤保险。2023 年 11 月 17 日下午 5 时许，陈某在门卫室突发疾病，呼吸急促，皮肤苍白。该公司其他工作人员立即拨打了 120 急救电话。当救护车赶到现场时，陈某已意识丧失，呼吸心跳停止。当地市人力资源和社会保障局于 2024 年 1 月 7 日认定其为视同工伤的情形。随后，当地市劳动人事争议仲裁委员会作出《仲裁裁决书》，裁决 A 公司支付陈某儿子一次性工亡补助金、丧葬补助金。A 公司不服劳动仲裁裁决，诉至法院，请求依法判决。

请小组讨论，根据所学知识试分析以下问题并说明理由：

A 公司是否需要支付陈某的工亡补助金、丧葬补助金等费用？

【分析提示】根据《工伤保险条例》第 15 条的规定，职工在工作时间和工作岗位，突发疾病死亡或者在 48 小时之内经抢救无效死亡的，视同工伤。因此，在本案中，陈某在工作时间、工作岗位上突发疾病死亡，依法经当地市人力资源和社会保障局认定为视同工伤的情形。因为 A 公司未为陈某参加工伤保险，应由 A 公司承担工伤保险待遇的相关费用。

劳动争议的解决　第五章

学习目标

知识目标

1. 了解劳动争议的概念、解决劳动争议的途径和需要遵循的原则。
2. 掌握劳动争议仲裁程序。
3. 掌握劳动争议诉讼程序。

能力目标

1. 运用所学知识，在发生劳动争议时，正确选择合理的方式解决争议。
2. 具备参与劳动纠纷解决程序的基本能力。
3. 能够撰写劳动仲裁申请书等基本法律文书。

素养目标

1. 培养参与多元纠纷解决机制的能力。
2. 培养法律思维，树立法律信仰。

第一节 认识劳动争议

导入案例

2022年1月，赵某与某广告公司签订了一份期限为两年的劳动合同。劳动合同到期后，赵某仍继续在广告公司上班，但该公司未与赵某续签劳动合同。2024年5月底，该公司向赵某出具了一张工资欠条，写明尚未支付给赵某的工资数额为8 000元，并告知赵某不用再回公司上班。在多次追讨工资未果之后，赵某于2024年7月向人民法院起诉，要求某广告公司支付拖欠的工资、未签书面劳动合同的双倍工资差额、经济补偿金以及该公司没有为其缴纳社会保险造成的损失。

请分析：赵某与某广告公司之间的劳动争议能否直接向人民法院提起诉讼？

一、劳动争议概述

劳动争议，又称为劳动纠纷、劳资争议、劳资纠纷，一般是指劳动者与用人单位之间关于劳动权利和劳动义务的争议。

根据《最高人民法院关于审理劳动争议案件适用法律问题的解释（一）》（法释〔2020〕26号）的规定，劳动争议包括：(1) 劳动者与用人单位在履行劳动合同过程中发生的纠纷；(2) 劳动者与用人单位之间没有订立书面劳动合同，但已形成劳动关系后发生的纠纷；(3) 劳动者与用人单位因劳动关系是否已经解除或者终止，以及应否支付解除或者终止劳动关系经济补偿金发生的纠纷；(4) 劳动者与用人单位解除或者终止劳动关系后，请求用人单位返还其收取的劳动合同定金、保证金、抵押金、抵押物发生的纠纷，或者办理劳动者的人事档案、社会保险关系等移转手续发生的纠纷；(5) 劳动者以用人单位未为其办理社会保险手续，且社会保险经办机构不能补办导致其无法享受社会保险待遇为由，要求用人单位赔偿损失发生的纠纷；(6) 劳动者退休后，与尚未参加社会保险统筹的原用人单位因追索养老金、医疗费、工伤保险待遇和其他社会保险待遇而发生的纠纷；(7) 劳动者因为工伤、职业病，请求用人单位依法给予工伤保险待遇发生的纠纷；(8) 劳动者依据《劳动合同法》第85条规定，要求用人单位支付加付赔偿金发生的纠纷；(9) 因企业自主进行改制发生的纠纷。

需要注意的是，下列纠纷不属于劳动争议：(1) 劳动者请求社会保险经办机构发放社会保险金的纠纷；(2) 劳动者与用人单位因住房制度改革产生的公有住房转让纠纷；(3) 劳动者对劳动能力鉴定委员会的伤残等级鉴定结论或者对职业病诊断鉴定委员会的职业病诊断鉴定结论的异议纠纷；(4) 家庭或者个人与家政服务人员之间的纠纷；(5) 个体工匠与帮工、学徒之间的纠纷；（6）农村承包经营户与受雇人之间的纠纷。

二、解决劳动争议遵循的原则

解决劳动争议，应当遵循下列原则：

（一）合法原则

合法原则，是指在处理争议的过程中，必须以事实为根据，以法律为准绳，依法处理争议案件。

（二）公正原则

公正原则，是指在处理争议的过程中，应当平等对待双方当事人，做到公平公正、不偏不倚。

（三）及时处理原则

及时处理原则，是指争议处理机构应当严格遵守法律法规规定的期限，尽快查明事实，辨明是非曲直，解决当事人之间的纠纷。劳动争议案件关涉劳动者的就业、劳动报酬、社会保险、劳动条件等切身利益问题，如果不及时处理，势必影响劳动者及其家庭的生活，也不利于用人单位的生产经营乃至社会稳定，因此，及时处理原则是劳动争议解决中必须遵循的一个重要原则。

（四）着重调解原则

调解既是一种单独的纠纷解决方式，也可以和仲裁、诉讼相结合来解决纠纷。着重调解原则，是指在处理争议的过程中，应当注重运用调解方式，在当事人双方自愿、合法的前提下，尽可能促成调解，实现案结事了。调解具有成本低、效率高、形式灵活、当事人接受度高等优点，通过调解结案可以消除当事人之间的对抗情绪，更好地化解矛盾。但需要注意的是，调解必须遵循自愿、合法的原则，如果当事人不愿意调解或者调解不成，劳动争议仲裁委员会和人民法院应当及时作出裁决或者判决，而不能久调不决。

三、劳动争议解决的途径

发生劳动争议后，当事人可以通过以下途径解决：

（一）协商

发生劳动争议后，劳动者可以与用人单位协商，也可以请工会或者第三方共同与用人单位协商，达成和解协议，反之亦然。协商这种方式的特点是简单、灵活、成本较低，能够化干戈为玉帛。

（二）调解

调解是由第三方居中调和，通过说服、劝导使当事人在互谅互让的基础上解决其争议。发生劳动争议后，如果当事人不愿协商、协商不成或者达成和解协议后不履行的，可以向调解组织申请调解。

协商和调解不是强制性的争议解决方式，当事人可以选择协商、调解，也可以不经协商、调解程序直接向劳动争议仲裁委员会申请仲裁。

（三）仲裁

劳动仲裁具有强制性，劳动争议未经仲裁程序，一般不得直接向人民法院起诉，即所谓的“仲裁前置”。

（四）诉讼

当事人申请仲裁后，劳动争议仲裁委员会不予受理或者当事人对仲裁裁决不服的，除法律另有规定外，可以向人民法院提起诉讼。

除上述途径外，劳动者认为用人单位侵犯其劳动权利的，还可以向劳动保障行政部门投诉，劳动保障行政部门应当依法处理。

拓展知识

劳动争议仲裁前置的例外情形：

根据《劳动法》、《劳动合同法》、《中华人民共和国劳动争议调解仲裁法》（以下简称《劳动争议调解仲裁法》）以及最高人民法院司法解释等相关规定，对于一般的劳动纠纷案件，劳动仲裁是提起诉讼的必经程序，但在下列情形下，当事人可以不经劳动仲裁程序，直接到人民法院解决纠纷：

（1）劳动者以用人单位的工资欠条为证据直接提起诉讼，诉讼请求不涉及劳动关系其他争议的，视为拖欠劳动报酬争议，人民法院将按照普通民事纠纷受理，不要求“仲裁前置”。

（2）当事人在《劳动争议调解仲裁法》第 10 条[①]规定的调解组织主持下仅就劳动报酬争议达成调解协议，用人单位不履行调解协议约定的给付义务的，劳动者可以直接提起诉讼。

（3）用人单位拖欠或者未足额支付劳动报酬的，劳动者可以依法向当地人民法院申请支付令。但是，如果被申请人提出异议、人民法院裁定终结督促程序的，劳动者还是要先申请劳动仲裁。

（4）因支付拖欠劳动报酬、工伤医疗费、经济补偿或者赔偿金事项达成调解协议，用人单位在协议约定期限内不履行的，劳动者可以持调解协议书依法向人民法院申请支付令。如果被申请人提出异议、人民法院裁定终结督促程序的，劳动者可以依据调解协议直接提起诉讼。

---

① 该条规定：“发生劳动争议，当事人可以到下列调解组织申请调解：（一）企业劳动争议调解委员会；（二）依法设立的基层人民调解组织；（三）在乡镇、街道设立的具有劳动争议调解职能的组织。企业劳动争议调解委员会由职工代表和企业代表组成。职工代表由工会成员担任或者由全体职工推举产生，企业代表由企业负责人指定。企业劳动争议调解委员会主任由工会成员或者双方推举的人员担任。”

(5) 当事人在经依法设立的调解组织主持下就支付拖欠劳动报酬、工伤医疗费、经济补偿或者赔偿金事项达成调解协议，双方当事人共同向人民法院申请司法确认，人民法院不予确认的，劳动者可以依据调解协议直接提起诉讼。

综上，在用人单位拖欠工资的情况下，劳动者可以视具体情形采取不同的应对办法：如果单位出具了工资欠条，劳动者可以直接到人民法院起诉；如果在调解组织主持下仅就劳动报酬争议达成调解协议，也可以直接起诉；在经依法设立的调解组织主持下就支付拖欠劳动报酬、工伤医疗费、经济补偿或者赔偿金事项达成调解协议的，要先启动支付令或者司法确认程序，不成功的，再依据调解协议提起诉讼。最后，如果没有工资欠条，也未经调解组织调解达成协议，劳动者可以针对拖欠工资的问题直接到法院申请支付令，但支付令程序被裁定终结后，还需要通过劳动仲裁程序解决。

除上述情形外，根据最高人民法院的司法解释，人民法院受理劳动争议案件后，当事人增加诉讼请求的，如该诉讼请求与讼争的劳动争议具有不可分性，应当合并审理，换言之，增加的诉求不需要先经仲裁审理；劳动者基于同一事实在人民法院一审辩论终结前将诉讼请求由要求用人单位支付经济补偿变更为支付赔偿金的，人民法院应予准许，也就是说，这种情况下也不需要再重新申请劳动仲裁，可以直接在诉讼中进行变更。

以上就是劳动争议仲裁前置的例外情形，这些规定既减轻了当事人的讼累，又节约了资源和成本，可以说是一举两得。

导入案例分析提示

在本案中，赵某与所在公司就劳动报酬、未签书面劳动合同的双倍工资差额、经济补偿金等问题发生争议，该项争议在性质上属于劳动争议，在与用人单位协商不成的情况下，应该向仲裁机构申请仲裁而不是直接向法院起诉。

如果赵某仅起诉要求用人单位支付拖欠的工资，诉讼请求不涉及劳动关系其他争议的，则视为拖欠劳动报酬争议，可以直接向人民法院起诉，人民法院应当受理。

第二节 劳动争议仲裁

导入案例

林某入职某教育咨询公司，月工资为 6 000 元。工作半年后，林某因个人原因提出解除劳动合同，并向劳动争议仲裁委员会申请仲裁，请求裁决某教育咨询公司支付加班费 10 000 元。林某主张其工作期间每周工作 6 天，并提交了某打卡 App 打卡记录（显示林某及某教育咨询公司均实名认证，林某每周一至周六打卡；每天打卡两次，第一次打卡时间为早 9 时左右，第二次打卡时间为下午 6 时左右；打卡地点均为某教育咨询公司所在位置，存在个别日期未打卡情形）、工资支付记录打印件（显示曾因事假扣发工资，扣发日期及天数与打卡记录一致，未显示加班费支付情况）。某教育咨询公司不认可上述证据的真实性，主张林某每周工作 5 天，但未提交考勤记录、工资支付记录。

资料来源：人力资源社会保障部、最高人民法院关于联合发布第二批劳动人事争议典型案例的通知（人社部函〔2021〕90 号）.

请分析：本案应如何分配林某与某教育咨询公司的举证责任？

一、劳动争议仲裁概述

（一）劳动争议仲裁的概念

劳动争议仲裁是指劳动争议仲裁机构对当事人请求解决的劳动争议，依法居中作出裁决的行为。劳动争议仲裁机构应当依法、公正、及时解决劳动争议，保护当事人合法权益，促进劳动关系的和谐稳定。

（二）劳动争议仲裁委员会

在我国，劳动争议仲裁委员会是依法设立的，独立仲裁处理劳动争议案件的专门机构。劳动争议仲裁委员会不按行政区划层层设立，按照统筹规划、合理布局和适应实际需要的原则，省、自治区人民政府可以决定在市、县设立，直辖市人民政府可以决定在区、县设立，直辖市、设区的市也可以设立一个或者若干个劳动争议仲裁委员会。

二、劳动争议仲裁管辖

劳动争议仲裁管辖是指劳动争议仲裁委员会之间受理劳动争议案件的分工和权限。从当事人的角度讲，劳动争议仲裁管辖要解决的是在发生劳动争议后应该向哪里的劳动争议仲裁委员会申请劳动仲裁的问题。

（一）地域管辖

地域管辖，即同级仲裁委员会之间受理劳动争议案件的分工和权限。关于劳动争议仲裁的地域管辖，《劳动争议调解仲裁法》第 21 条明确规定：“劳动争议仲裁委员会负责管辖本区域内发生的劳动争议。劳动争议由劳动合同履行地或者用人单位所在地的劳动争议仲裁委员会管辖。双方当事人分别向劳动合同履行地和用人单位所在地的劳动争议仲裁委员会申请仲裁的，由劳动合同履行地的劳动争议仲裁委员会管辖。”

【案例】

孙某入职广州某贸易公司后被派往深圳工作，后双方发生劳动争议，该公司向广州的劳动争议仲裁委员会申请劳动仲裁，次日，孙某向深圳的劳动争议仲裁委员会申请劳动仲裁。

请分析：该案应该由哪个地方的劳动争议仲裁委员会管辖？

分析提示：

发生劳动争议后，当事人可以选择向劳动合同履行地或者用人单位所在地的劳动争议仲裁委员会申请仲裁。但如果双方当事人分别向劳动合同履行地和用人单位所在地的劳动争议仲裁委员会申请仲裁，由劳动合同履行地的劳动争议仲裁委员会管辖。因此，本案应该由深圳的劳动争议仲裁委员会管辖。

（二）级别管辖

级别管辖是指不同级别的劳动争议仲裁委员会之间受理劳动争议案件的分工和权限。对此，我国现行相关法律法规没有作出明确的规定，在实务中，各地主要是根据用人单位的性质、注册资本、登记注册机关等因素来确定由哪一级仲裁委员会受理。

三、劳动争议仲裁程序

（一）申请仲裁

申请仲裁是仲裁程序的起点。在申请仲裁时，需要考虑的问题主要有：（1）所发生的争议是否为劳动争议；（2）哪个仲裁委员会具有案件的管辖权；（3）案件是否超过仲裁时效；（4）申请仲裁需要提交哪些资料；（5）申请仲裁需要缴纳多少费用。

1. 仲裁时效

劳动争议发生后，当事人应当在仲裁时效期间内申请仲裁。一般而言，劳动争议申请仲裁的时效期间为一年，从当事人知道或者应当知道其权利被侵害之日起计算。当事人一方向对方当事人主张权利，或者向有关部门请求权利救济，或者对方当事人同意履行义务的，仲裁时效中断。从中断时起，仲裁时效期间重新计算。因不可抗力或者有其他正当理由，当事人不能在仲裁时效期间申请仲裁的，仲裁时效中止。从中止时效的原因消除之日起，仲裁时效期间继续计算。

劳动关系存续期间因拖欠劳动报酬发生争议的，应当自劳动关系终止之日起一年内申请。

【案例】

张某于2021年7月入职某建筑公司从事施工管理工作，2023年2月离职。工作期间，张某存在加班情形，但某建筑公司未支付其加班费。2023年12月，张某向劳动争议仲裁委员会申请仲裁，请求裁决某建筑公司依法支付其加班费，某建筑公司以张某的请求超过仲裁时效为由抗辩。张某不服仲裁裁决，诉至人民法院，一审法院根据劳动保障监察机构在执法中调取的工资表上的考勤记录，认定张某存在加班的事实，判决某建筑公司支付张某加班费。张某与某建筑公司均未提起上诉，一审判决已生效。

请分析：本案中张某的仲裁申请是否超过仲裁时效？

分析提示：

本案争议的焦点是张某关于加班费的请求是否超过仲裁时效。根据《劳动争议调解仲裁法》第27条的规定，因拖欠劳动报酬发生争议的，应当自劳动关系终止之日起一年内提出。在本案中，张某与某建筑公司的劳动合同于2023年2月解除，其支付加班费的请求应自劳动合同解除之日起一年内提出，张某于2023年12月提出仲裁申请，其请求并未超过仲裁时效。

2. 申请仲裁需提交的材料

(1) 劳动者向劳动争议仲裁委员会申请仲裁通常需提交以下材料：

1) 仲裁申请书。

2) 申请人身份证明及复印件。

3) 有委托代理人的，应提交《授权委托书》，注明委托事项，同时提交受委托代理人的身份证明或资格证明复印件；代理人是律师的，应提交律师执业证复印件和律师事务所所函或法律援助公函。

4) 被申请人注册登记资料。

5) 当事人送达信息确认书（如仲裁委员会要求）。

6) 证据材料，如劳动（聘用）合同、入职登记表、工作证、厂牌、工卡、工资支付凭证、社保单、考勤记录、解除或终止劳动关系证明、押金收据、处罚凭证等。

(2) 用人单位申请劳动仲裁的，需要提交以下材料：

1) 仲裁申请书。

2) 单位注册登记资料、法定代表人身份证明和身份证复印件。

3) 有委托代理人的，应提交《授权委托书》，注明委托事项，同时提交受委托代理人的身份证明或资格证明复印件；代理人是律师的，应提交律师执业证复印件和律师事务所所函。

4) 被申请人身份证明。

5) 当事人送达信息确认书（如仲裁委员会要求）。

6) 证据材料，如劳动（聘用）合同、入职登记表、工作证、厂牌、工卡、工资支付凭证、社保单、考勤记录、解除或终止劳动关系证明等。

3. 仲裁费用

根据《劳动争议调解仲裁法》第53条的规定，劳动争议仲裁不收费，劳动争议仲裁委员会的经费由财政予以保障。

(二) 受理

劳动争议仲裁委员会收到当事人的仲裁申请之日起5日内，认为符合受理条件的，应当受理，并通知申请人；认为不符合受理条件的，应当书面通知申请人不予受理，并说明理由。对劳动争议仲裁委员会不予受理或者逾期未作出决定的，申请人可以就该劳动争议事项向人民法院提起诉讼。

劳动争议仲裁机构以无管辖权为由对劳动争议案件不予受理，当事人提起诉讼的，人民法院按照以下情形分别处理：

（1）经审查认为该劳动争议仲裁机构对案件确无管辖权的，应当告知当事人向有管辖权的劳动争议仲裁机构申请仲裁。

（2）经审查认为该劳动争议仲裁机构有管辖权的，应当告知当事人申请仲裁，并将审查意见书面通知该劳动争议仲裁机构；劳动争议仲裁机构仍不受理，当事人就该劳动争议事项提起诉讼的，人民法院应予受理。

劳动争议仲裁机构以当事人申请仲裁的事项不属于劳动争议为由，作出不予受理的书面裁决、决定或者通知，当事人不服依法提起诉讼的，人民法院应当分情况予以处理：

（1）属于劳动争议案件的，应当受理；

（2）虽不属于劳动争议案件，但属于人民法院主管的其他案件，应当依法受理。

劳动争议仲裁机构以申请仲裁的主体不适格为由，作出不予受理的书面裁决、决定或者通知，当事人不服，依法提起诉讼，经审查确属主体不适格的，人民法院不予受理；已经受理的，裁定驳回起诉。

（三）开庭前准备

劳动争议仲裁委员会受理当事人的申请后，离案件开庭审理还有一段时间，在这段时间，劳动争议仲裁委员会、申请人、被申请人需要做好相应的准备工作。

劳动争议仲裁委员会受理仲裁申请后，应当在5日内将仲裁申请书副本送达被申请人，并将仲裁庭的组成情况书面通知当事人。仲裁庭通常由3名或1名仲裁员组成，由3名仲裁员组成的，设首席仲裁员；简单劳动争议案件可以由1名仲裁员独任仲裁。仲裁庭应当在开庭5日前，将开庭日期、地点书面通知双方当事人。

被申请人收到仲裁申请书副本后，应当在10日内向劳动争议仲裁委员会提交答辩书。劳动争议仲裁委员会收到答辩书后，应当在5日内将答辩书副本送达申请人。被申请人未提交答辩书的，不影响仲裁程序的进行。

在劳动争议案件中，除法律另有规定外，当事人对自己提出的主张有责任提供证据。因此，对当事人而言，在庭前准备阶段最重要的事项是在仲裁委员会指定的期限内提供有关证据。当事人在该期限内提供证据确有困难的，可以向仲裁委员会申请延长期限。当事人因客观原因不能自行收集的证据，仲裁委员会可以根据当事人的申请，参照民事诉讼有关规定予以收集；仲裁委员会认为有必要的，也可以决定参照民事诉讼有关规定予以收集。

当事人有正当理由的，可以在开庭3日前请求延期开庭。是否延期，由劳动争议仲裁委员会根据实际情况决定。

审理劳动争议的仲裁员有下列情形之一的，应当回避，当事人也有权以口头或者书面方式提出回避申请：（1）是本案当事人或者当事人、代理人的近亲属的；（2）与本案有利害关系的；（3）与本案当事人、代理人有其他关系，可能影响公正裁决的；（4）私自会见当事人、代理人，或者接受当事人、代理人的请客送礼的。当事人申请回避应当在案件开庭审理前提出并说明理由，回避事由在案件开庭审理后知晓的，也可以在庭审辩论终结前提出，劳动争议仲裁委员会对回避申请应当及时作出决定，并以口头或者书面方式通知当事人。

（四）开庭审理

劳动争议双方应当按时参加庭审并遵守庭审纪律，申请人无正当理由拒不到庭或者未经仲裁庭同意中途退庭的，可以按撤回仲裁申请处理；被申请人收到书面通知，无正当理由拒不到庭或者未经仲裁庭同意中途退庭的，仲裁庭可以缺席裁决。

正式开庭前，仲裁庭一般先完成以下工作：（1）核实到场人员身份，主要是核实当事人和代理人身份；（2）宣读仲裁庭纪律，包括不得录音录像、直播转播庭审，不得擅自发言、走动，等等；（3）告知当事人有关权利义务，询问当事人是否提出回避申请。

正式开庭后的庭审程序如下：

1. 仲裁庭调查

仲裁庭调查是仲裁庭对案件的基本情况进行调查，包括申请人陈述、被申请人答辩、举证和质证、提问。

（1）申请人陈述。仲裁庭调查的第一个环节是申请人陈述其仲裁请求、事实和理由，通常是申请人宣读其仲裁申请书。

（2）被申请人答辩。申请人陈述完毕后，由被申请人对申请人的仲裁请求、事实和理由进行答辩。

（3）举证和质证。举证和质证是指双方当事人当庭举示证据，并就对方当事人举示的证据的真实性、合法性、关联性及证明内容发表质证意见，通常先由申请人举证、被申请人质证，再由被申请人举证、申请人质证。

在庭审时，当事人应当提供证据的原件或者原物，如提供原件、原物确有困难的，可以提供经仲裁庭核对无异的复制件或者复制品；如提交外文书证，须附有中文译本；除有正当理由外，证人应当出庭作证。劳动者无法提供由用人单位掌握管理的与仲裁请求有关的证据，仲裁庭可以要求用人单位在指定期限内提供。用人单位在指定期限内不提供的，应当承担不利后果。

在案件审理过程中，仲裁庭对专门性问题认为需要鉴定的，可以交由当事人约定的鉴定机构鉴定；当事人没有约定或者无法达成一致的，由仲裁庭指定的鉴定机构鉴定。根据当事人的请求或者仲裁庭的要求，鉴定机构应当派鉴定人参加开庭。当事人经仲裁庭许可，可以向鉴定人提问。

当事人提供的证据经查证属实的，仲裁庭应当将其作为认定事实的根据。未经庭审质证的证据不得作为定案依据。

（4）提问。仲裁员可以就案件争议焦点及相关问题向申请人和被申请人提问，当事人应当如实回答。一方当事人对对方当事人的回答有异议的，应在对方回答完毕后及时提出。在仲裁庭的主持下，当事人还可以相互提问。

2. 辩论

辩论是指双方当事人就案件争议焦点陈述自己的观点，并就对方的观点进行反驳。辩论应围绕案件的焦点问题展开，不能偏离主题。辩论阶段，申请人先发表意见，被申请人再发表意见。辩论一般为 1～2 轮，仲裁庭认为有必要的，可以开展多轮辩论。

3. 最后陈述

辩论结束后，双方当事人就案件发表最后意见。

4. 调解

根据《劳动争议调解仲裁法》第 42 条的规定，仲裁庭在作出裁决前，应当先行调解。调解达成协议的，仲裁庭应当制作调解书并送达双方当事人，调解书经双方当事人签收后发生法律效力；调解不成或者调解书送达前，一方当事人反悔的，仲裁庭应当及时作出裁决。

仲裁庭应当将开庭情况记入笔录。当事人或者其他仲裁参与人认为对自己陈述的记录有遗漏或者差错的，有权当庭申请补正。仲裁庭认为申请无理由或者无必要的，可以不予补正，但是应当记录该申请。仲裁员、记录人员、当事人和其他仲裁参与人应当在庭审笔录上签名或者盖章。

（五）裁决

仲裁庭应当自劳动争议仲裁委员会受理仲裁申请之日起 45 日内作出裁决；案情复杂需要延期的，经仲裁委员会主任批准，可以延期并书面通知当事人，但是延长期限不得超过 15 日；逾期未作出仲裁裁决的，当事人可以就该劳动争议事项向人民法院提起诉讼。仲裁庭审理劳动争议案件时，其中一部分事实已经清楚的，可以就该部分先行裁决。

劳动仲裁裁决应当按照多数仲裁员的意见作出，少数仲裁员的不同意见应当记入笔录；不能形成多数意见时，裁决应当按照首席仲裁员的意见作出。

裁决书应当载明仲裁请求、争议事实、裁决理由、裁决结果和裁决日期。裁决书由仲裁员签名，加盖劳动争议仲裁委员会印章。对裁决持不同意见的仲裁员，可以签名，也可以不签名。

劳动仲裁裁决可以分为两种：一种是终局裁决；另一种是非终局裁决。

1. 终局裁决

根据《劳动争议调解仲裁法》第 47 条的规定，终局裁决包括：（1）追索劳动报酬、工伤医疗费、经济补偿或者赔偿金，不超过当地月最低工资标准 12 个月金额的争议；（2）因执行国家的劳动标准在工作时间、休息休假、社会保险等方面发生的争议。

对前述仲裁裁决，劳动者可以自收到仲裁裁决书之日起 15 日内向人民法院提起诉讼，但用人单位不得起诉，仅在下列 6 种情形下，用人单位可以自收到仲裁裁决书之日起 30 日内向劳动争议仲裁委员会所在地的中级人民法院申请撤销裁决：（1）适用法律、法规确有错误的；（2）劳动争议仲裁委员会无管辖权的；（3）违反法定程序的；（4）裁决所根据的证据是伪造的；（5）对方当事人隐瞒了足以影响公正裁决的证据的；（6）仲裁员在仲裁该案时有索贿受贿、徇私舞弊、枉法裁决行为的。仲裁裁决被人民法院裁定撤销的，当事人可以自收到撤销裁决的裁定书之日起 15 日内就该劳动争议事项向人民法院提起诉讼。

2. 非终局裁决

当事人对终局裁决以外的其他劳动争议案件的仲裁裁决不服的，可以自收到仲裁裁决书之日起 15 日内向人民法院提起诉讼；期满不起诉的，裁决书发生法律效力。

（六）裁决的执行

根据《劳动争议调解仲裁法》和《民事诉讼法》的相关规定，申请强制执行劳动仲裁裁决的，应向被执行人住所地或者被执行的财产所在地人民法院提出。

为了保障劳动者的生活，《劳动争议调解仲裁法》规定，在一定条件下，劳动者可以向劳动争议仲裁委员会申请作出先予执行的裁决。

导入案例分析提示

《劳动争议调解仲裁法》第 6 条规定："发生劳动争议，当事人对自己提出的主张，有责任提供证据。与争议事项有关的证据属于用人单位掌握管理的，用人单位应当提供；用人单位不提供的，应当承担不利后果。"《最高人民法院关于审理劳动争议案件适用法律问题的解释（一）》（法释〔2020〕26 号）第 42 条规定："劳动者主张加班费的，应当就加班事实的存在承担举证责任。但劳动者有证据证明用人单位掌握加班事实存在的证据，用人单位不提供的，由用人单位承担不利后果。"从上述条款可知，主张加班费的劳动者有责任按照"谁主张谁举证"的原则，就加班事实的存在提供证据，或者就相关证据属于用人单位掌握管理提供证据。用人单位应当提供而不提供有关证据的，可以推定劳动者加班事实存在。

本案中，虽然林某提交的工资支付记录为打印件，但与实名认证的 App 打卡记录互相印证，能够证明某教育咨询公司掌握加班事实存在的证据。某教育咨询公司虽然不认可上述证据的真实性，但未提交反证或者作出合理解释，应承担不利后果。故仲裁委员会依法裁决某教育咨询公司支付林某加班费。

第三节　劳动争议诉讼

导入案例

张某入职某公司任市场部经理，每月工资为 12 000 元。后张某因与该公司就加班工资发生争议离职并申请劳动仲裁，要求该公司支付加班工资和经济补偿金。劳动争议仲裁委员会作出裁决后，该公司不服，诉至法院。一审法院判决该公司应向张某支付加班工资和经济补偿金。该判决生效后，用人单位一直没有履行判决确定的义务。

请分析：张某应当如何维护自己的权益？

一、劳动争议诉讼管辖

劳动争议案件的诉讼管辖与劳动争议案件的仲裁管辖有所不同。除法律另有规定外，劳动争议案件由用人单位所在地或者劳动合同履行地的基层人民法院管辖。劳动合同履行地不明确的，由用人单位所在地的基层人民法院管辖。劳动者与用人单位均不服劳动争议仲裁机构的同一裁决，向同一人民法院起诉的，人民法院应当并案审理，双方当事人互为原告和被告，对双方的诉讼请求，人民法院应当一并作出裁决。在诉讼过程中，一方当事人撤诉的，人民法院应当根据另一方当事人的诉讼请求继续审理。双方当事人就同一仲裁裁决分别向有管辖权的人民法院起诉的，后受理的人民法院应当将案件移送给先受理的人民法院。

二、劳动争议诉讼程序

（一）提起诉讼

当事人对仲裁裁决不服的，应自收到仲裁裁决书之日起15日内向人民法院提起诉讼；期满不起诉的，裁决书发生法律效力。原告起诉时，应当向人民法院递交起诉状，并按照被告人数提交副本。和仲裁申请书一样，起诉状也应当列明各方诉讼当事人的基本情况、诉讼请求、事实和理由、证据和证据来源等信息。劳动争议案件的诉讼费为10元/件，适用简易程序的案件减半收取，即5元/件，原告应按时缴纳诉讼费。

（二）受理

人民法院收到起诉状后，经审查，认为符合起诉条件的，应当在7日内立案，并通知当事人；认为不符合起诉条件的，应当在7日内作出裁定书，不予受理；原告对裁定不服的，可以提起上诉。

（三）开庭前准备

人民法院应当在立案之日起5日内将起诉状副本发送被告，被告应当在收到之日起15日内提出答辩状。被告不提出答辩状的，不影响人民法院审理。

人民法院应当在受理案件通知书和应诉通知书中向当事人告知有关的诉讼权利义务，或者口头告知。

审判人员确定后，人民法院应当在3日内告知当事人。当事人提出回避申请的，应当说明理由，在案件开始审理时提出；回避事由在案件开始审理后知道的，也可以在法庭辩论终结前提出。

人民法院受理案件后，当事人对管辖权有异议的，应当在提交答辩状期间，即在收到起诉状副本之日起15日内提出。人民法院经审查认为异议成立的，裁定将案件移送有管辖权的人民法院；异议不成立的，裁定驳回。

人民法院应当在审理前的准备阶段向当事人送达举证通知书。举证通知书应当载明举证责任的分配原则和要求、可以向人民法院申请调查收集证据的情形、人民法院根据案件情况指定的举证期限以及逾期提供证据的法律后果等内容。

（四）开庭审理①

开庭审理包括庭前准备、法庭调查、法庭辩论等程序。法庭辩论终结，应当依法作出判决。判决前能够调解的，还可以进行调解；调解不成的，应当及时判决。

---

① 开庭审理的具体程序详见第十章第二节民事诉讼相关内容。

（五）判决

人民法院适用普通程序审理劳动争议案件的，应当在立案之日起6个月内审结。有特殊情况需要延长的，由本院院长批准，可以延长6个月；还需要延长的，报请上级人民法院批准。人民法院适用简易程序审理劳动争议案件的，则应当在立案之日起3个月内审结，有特殊情况需要延长的，经本院院长批准，可以延长一个月。

当事人不服人民法院第一审判决的，有权在判决书送达之日起15日内向上一级人民法院提起上诉。期满未上诉的，一审判决发生法律效力。

我国实行二审终审制，二审人民法院作出的判决为终审判决，一经作出即发生法律效力。

人民法院对追索劳动报酬和因情况紧急需要先予执行的案件，根据当事人的申请，可以裁定先予执行，先予执行的应当符合下列条件：(1) 当事人之间权利义务关系明确，不先予执行将严重影响申请人的生活或者生产经营的；(2) 被申请人有履行能力。人民法院可以责令申请人提供担保，申请人不提供担保的，驳回申请。申请人败诉的，应当赔偿被申请人因先予执行遭受的财产损失。

（六）判决的执行

《中华人民共和国民事诉讼法》（以下简称《民事诉讼法》）第235条规定："发生法律效力的民事判决、裁定，以及刑事判决、裁定中的财产部分，由第一审人民法院或者与第一审人民法院同级的被执行的财产所在地人民法院执行。法律规定由人民法院执行的其他法律文书，由被执行人住所地或者被执行的财产所在地人民法院执行。"因此，对已经发生法律效力的劳动案件的判决、裁定，一方当事人逾期不履行的，另一方当事人可以向第一审人民法院或者与第一审人民法院同级的被执行的财产所在地人民法院申请执行。

导入案例分析提示

根据《民事诉讼法》的规定，发生法律效力的民事判决、裁定，以及刑事判决、裁定中的财产部分，由第一审人民法院或者与第一审人民法院同级的被执行的财产所在地人民法院执行。因此，单位不履行人民法院生效判决确定的义务的，张某可以向本案一审法院或者与一审法院同级的被执行的财产所在地的法院申请强制执行。

职业技能训练

1. 请分析劳动争议的解决途径。
2. 请简述劳动争议的仲裁程序。
3. 请起草一份劳动争议的仲裁申请书。

4. 请简述劳动争议诉讼管辖的相关规定。

5. 请选取一则劳动争议案例开展模拟仲裁活动。

6. 请运用所学知识分析以下案例。

案例一：

陆某于2022年3月入职某公司从事行政工作，每月的工资为6 000元。自2023年5月起，该公司以效益不好为由开始拖欠她的工资，2023年9月1日陆某以该公司拖欠工资为由提出辞职。

请小组讨论，根据所学知识试分析以下问题并说明理由：

如果陆某迟至2024年国庆节之后才申请劳动仲裁，其仲裁请求能否得到支持？

【分析提示】根据《劳动争议调解仲裁法》第27条的规定，劳动争议申请仲裁的时效期间为一年。劳动关系存续期间因拖欠劳动报酬发生争议的，应当自劳动关系终止之日起一年内提出。因此，如果陆某迟至2024年国庆节之后才申请劳动仲裁，被申请人以超过仲裁时效提出抗辩的，陆某将丧失胜诉权，其仲裁请求不能获得仲裁庭的支持。

案例二：

黎某于2023年夏天开始为一家设计公司工作，但该公司迟迟不愿和她签订劳动合同。在多次与该公司协商未果后，黎某提出辞职，并要求该公司赔偿未签订劳动合同的双倍工资差额。在庭审中，为证明劳动关系，黎某提交了10余组证据，包括该公司的通行证、银行转账明细等。为了证明自己日常接受公司业务经理胡某的管理，她向法庭提交了自己与胡某的微信聊天记录，涉及日常费用报销事项等内容，并证实与其有往来的微信号属于胡某。

请小组讨论，根据所学知识试分析以下问题并说明理由：

微信聊天记录能否作为证据使用？如果可以，需注意哪些问题？

【分析提示】根据我国相关法律规定，证据包括当事人的陈述、书证、物证、视听资料、电子数据、证人证言、鉴定意见和勘验笔录8种，微信聊天记录属于电子数据，可以作为证据。如果想将微信聊天记录作为证据使用，在无其他证据佐证的情况下，要注意三点：第一，一定要提供原始载体；第二，要证实微信聊天的对方的身份（比如系案件对方当事人、公司主管、项目负责人等）；第三，原始载体上的聊天记录应当保证完整性，不能随意选择删除，否则完整性将被质疑，可能导致证据不被采信。

创业篇

近年来，国家大力提倡大学生自主创业，但创业中面临的法律风险是非常严峻又不可避免的。在创业过程中如何选择合适的创业实体，如何进行融资，如何签订合同，如何保护企业的知识产权显得尤为重要。

创业篇部分将引导大学生结合自身创业需求选择合适的企业组织形式，了解融资渠道，甄别风险并选择适合自己的融资手段，指导大学生签订有效且完善的商业合同，避免合同风险，引导大学生树立知识产权保护意识，具备构建企业知识产权体系的基本思路，妥善解决法律纠纷，维护自身合法权益。

通过创业篇相关内容的学习，希望大学生能全面地了解创业路上可能存在的各种法律风险，并初步掌握有效防范风险的方法与路径。

设立创业实体　第六章

学习目标

知识目标

1. 掌握各类创业实体的法律特征。
2. 掌握各类创业实体的设立条件。
3. 了解个人独资企业、合伙企业、有限责任公司的事务管理。
4. 理解有限责任公司的治理结构。

能力目标

1. 能够初步结合自己的创业需求选择合适的企业组织形式。
2. 能够处理各类创业实体经营过程中涉及的法律问题。
3. 能够分析各类创业实体的优势和不足。

素养目标

1. 提高法治素养，注重自身行为的合法性和合规性，确保创业实体行为都在法律框架内进行，避免法律风险。
2. 培养创业实体的社会责任，在发展过程中不仅关注经济效益，还应注重社会效应。

第一节 个体工商户

导入案例

李某在某沙发店铺购买了某品牌价值 3 600 元的沙发，并与该店铺签订了《沙发销售合同》，约定 1 个月内送货，逾期则全额退款。合同签订后，李某全额支付了货款。后因该店铺一直未给李某送货，李某持续要求该店铺退款，但该店铺一直推脱不退款，后来李某发现该沙发店铺已搬离承租铺面。李某经查询发现，该沙发店铺属于个体工商户，已于近日注销。李某遂以该个体工商户登记的经营者刘某作为被告向法院提起了诉讼，要求刘某返还已支付款项。

请分析：李某的诉求是否能获得法院的支持?

一、个体工商户概述

（一）个体工商户的概念

个体工商户是指有经营能力的自然人在法律允许的范围内，经过依法核准登记，从事工商业经营业务的主体。个体工商户可以个人经营，也可以家庭经营。根据《民法典》第 54 条的规定，自然人从事工商业经营，经依法登记，为个体工商户。个体工商户可以起字号。

（二）个体工商户的法律特征

1. 个体工商户是从事工商业经营的自然人

个体工商户在《民法典》中归属于自然人范畴，不具有法人资格。个体经营的，以经营者本人为申请人；家庭经营的，以家庭成员中主持经营者为申请人，参加经营的家庭成员姓名应当同时备案。

如果个体工商户发生了诉讼，以个体工商户营业执照上登记的经营者为当事人。有字号的，以营业执照上登记的字号为当事人，但应同时注明该字号经营者的基本信息。

在日常经营过程中，个体工商户属于法律承认的经营实体。对外可以以“户”的名义独立进行经营活动，包括在银行开立账户、刻图章、签订合同、招用职工等日常经营等活动，也可以申请银行贷款、减税、免税等。

2. 个体工商户应当依法核准登记

个体工商户的资格需要具备一定条件并经依法核准登记才能取得。个体工商户在领取营业执照后，方能对外从事工商经营活动。

3. 个体工商户的债务由经营者承担

个体工商户可以个人经营，也可以家庭经营。个体工商户的财产权、经营自主权等合法权益受法律保护，任何单位和个人不得侵害或者非法干预。

个体工商户的债务，个人经营的，以个人财产承担；家庭经营的，以家庭财产承担；无法区分的，以家庭财产承担。

由于个体工商户的法律人格与投资人的法律人格具有高度重合性，个体工商户的生产经营都是由投资人亲自负责，因此所产生的权利义务应当由投资人承受；但在实践中常常有登记为个人经营但实际为家庭经营的个体工商户，此时权利、义务的承担主体是个人还是家庭，应当从经营模式和收益分配上进行判断，若是家庭成员共同经营且收益归家庭成员共同享有，则与之产生的债务应当由家庭成员共同承担。

二、个体工商户与其他企业形式的比较

（一）个体工商户的优势

1. 登记手续简便

个体工商户的登记手续相对简单，只需要按照登记机关的要求完成登记事项即可。

2. 经营主体简单

经营主体是经营者个人或其家庭，经营主体相对简单。

3. 税负水平相对较低

相比其他经营主体，国家对个体工商户的建账要求相对较低，税负水平较低，个体工商户就其经营所得缴纳个人所得税，不需要缴纳企业所得税。

4. 转型灵活

《促进个体工商户发展条例》第13条规定，个体工商户可以自愿变更经营者或者转型为企业。变更经营者的，可以直接向市场主体登记机关申请办理变更登记。涉及有关行政许可的，行政许可部门应当简化手续，依法为个体工商户提供便利。

（二）个体工商户的不足

1. 经营风险相对较高

个体工商户的经营者对于经营期间形成的债务要承担无限责任，经营风险相对较高。

2. 个体工商户应当亲自经营

如果个体工商户的经营者自己不实际经营，也未依法变更经营者登记，导致营业执照上登记的经营者与实际经营者不一致的，发生诉讼时以登记的经营者和实际经营者为共同诉讼人。

3. 不能设立分支机构

个体工商户不能设立分支机构，不利于扩大经营。

4. 不能增加投资人或者合伙人

个体工商户经营主体只能是一名自然人，无法引入投资人或者合伙人。

导入案例分析提示

根据《民法典》第56条的规定，个体工商户的债务，个人经营的，以个人财产承担。同时，个体工商户的经营者对于经营期间形成的债务要承担无限责任。在本案例中，虽然个体工商户已注销，但李某仍然有权要求经营人刘某返还款项。

第二节　个人独资企业

导入案例

王某毕业后创业，注册了名为“甲市益生换热器材厂”的个人独资企业，并取得《个人独资企业营业执照》，执照显示投资人为王某，经营范围为“开发、设计、生产、销售、工业换热器材及配件”。后因王某经营不善，企业资不抵债，债权人遂将王某诉至法院要求偿还借款。

请分析：债权人的诉求是否会获得法院的支持？

一、个人独资企业概述

（一）个人独资企业的概念

个人独资企业是指依法在中国境内设立，由一个自然人投资，财产为投资人个人所有，投资人以其个人财产对企业债务承担无限责任的经营实体。

因此，个人独资企业作为一种经营实体，由一名自然人出资并经营，相应地，该企业的全部经营风险由这名自然人承担，其财产及经营收益也全部归其享有。

（二）个人独资企业的法律特征

1. 个人独资企业是由一个自然人出资并依法核准登记设立的企业

在我国，个人独资企业的投资人只能是具有完全民事行为能力的中国公民。个人独资企业从事经营活动必须遵守法律、行政法规，遵守诚实信用原则，不得损害社会公共利益；不得从事法律、行政法规禁止经营的业务；从事法律、行政法规规定须报经有关部门审批的业务，应当在申请设立登记时提交有关部门的批准文件。

2. 个人独资企业属于非法人组织，不具有法人资格

个人独资企业的财产不足以清偿债务的，投资人以其个人财产对企业债务承担无限责任。个人独资企业投资人在申请企业设立登记时明确以其家庭共有财产作为个人出资的，应当依法以家庭共有财产对企业债务承担无限责任。

个人独资企业虽不具有法人资格，但属于法律承认的经营实体，对外可以以自己的名义独立进行经营活动，包括在银行开立账户、刻图章、签订合同、招用职工等日常经营等活动，也可以申请银行贷款，取得土地使用权，申请减税、免税等。法律也允许个人独资企业作为民事诉讼当事人参加诉讼。

3. 个人独资企业的财产归投资人个人所有

个人独资企业投资人对本企业的财产依法享有所有权，其有关权利可以依法进行转让或继承。企业的财产不论是投资人的原始投入还是经营所得，均归投资人所有。

二、个人独资企业的设立条件

（一）投资人为一个自然人

根据《中华人民共和国个人独资企业法》（以下简称《个人独资企业法》）的规定，个人独资企业的投资人只能是一名自然人。法律、行政法规禁止从事营利性活动的人，是不得作为投资人申请设立个人独资企业的，上述人员主要包括国家公务员、司法人员，如法官、检察官、警察等依法禁止从事营利性活动的人员。

（二）有合法的企业名称

个人独资企业应当在名称中标明“个人独资”字样。个人独资企业的名称应当与其责任形式及从事的营业相符合。例如，个人独资企业的名称中不得使用“有限”、“有限责任”或者“公司”字样。

（三）有投资人申报的出资

设立个人独资企业的申请书应当载明投资人的出资额和出资方式，但并未对个人独资企业出资形式作出任何强制性规定，投资人可以自行决定。在设立登记时以家庭共有财产作为个人出资的，家庭成员应签名。

（四）有固定的生产经营场所和必要的生产经营条件

固定的生产经营场所和必要的生产经营条件是企业开办经营的必需条件，但是生产经营地不是必须与企业住所地一致。设立登记时需填写企业住所地和生产经营地的具体地址。

（五）有必要的从业人员

根据业务配置必要人数的从业人员也是企业开办经营的必要条件。在设立登记时填写拟聘用从业人员的数量即可。

三、个人独资企业的事务管理

个人独资企业投资人可以自行管理企业事务，也可以委托或者聘用其他具有民事行为能力的人负责企业的事务管理。

投资人委托或者聘用他人管理个人独资企业事务，应当与受托人或者被聘用的人签订书面合同，明确委托的具体内容和授予的权利范围。受托人或者被聘用的人员应当履行诚信、勤勉义务，按照与投资人签订的合同负责个人独资企业的事务管理。投资人对受托人或者被聘用的人员职权的限制，不得对抗善意第三人。

《个人独资企业法》第20条规定了投资人委托或者聘用的管理个人独资企业事务的人员不得有的行为，建议在签署书面合同的时候将下列禁止性内容写入合同，并约定相应的赔偿或违约责任：

（1）利用职务上的便利，索取或者收受贿赂；

（2）利用职务或者工作上的便利侵占企业财产；

（3）挪用企业的资金归个人使用或者借贷给他人；

（4）擅自将企业资金以个人名义或者以他人名义开立账户储存；

（5）擅自以企业财产提供担保；

（6）未经投资人同意，从事与本企业相竞争的业务；

（7）未经投资人同意，同本企业订立合同或者进行交易；

（8）未经投资人同意，擅自将企业商标或者其他知识产权转让给他人使用；

（9）泄露本企业的商业秘密；

（10）法律、行政法规禁止的其他行为。

四、个人独资企业与其他企业形式的比较

（一）个人独资企业的优势

1. 出资要求较为宽松

与设立公司不同，目前我国法律对个人独资企业的出资财产的形式没有硬性要求，也没有最低注册资本金的要求，仅要求投资人有自己申报的出资。

2. 税负水平相对较低

个人独资企业不需要缴纳企业所得税，由投资人申报缴纳个人所得税。

3. 经营主体相对简单，自主性大

个人独资企业由单个自然人出资设立并经营，资产所有权、控制权、经营权、收益权高度统一，个人独资企业简洁的组织形式有利于投资人高效决策和灵活经营。

（二）个人独资企业的不足

1. 投资人对个人独资企业债务承担无限责任

由于个人独资企业属于非法人组织，不具有法人资格，因此个人独资企业的财产不足以清偿债务的，投资人以其个人财产对企业债务承担无限责任。如果个人独资企业投资人在申请企业设立登记时明确以其家庭共有财产作为个人出资的，应当依法以家庭共有财产对企业债务承担无限责任。

2. 企业的存续年限受制于投资人的个人状况，连续性较差

由于是个人独资企业，企业的存续完全依靠投资人个人的状况。如果发生投资人罹患

疾病、死亡的情况，企业随时可能难以为继。

3. 难以引入外部投资人

由于个人独资企业不具有法人资格、高度依赖投资人本人的个体状况，因此对于外部投资人来说，个人独资企业不是一个适合投资的标的。

导入案例分析提示

根据《个人独资企业法》第 2 条的规定，个人独资企业，是指依照《个人独资企业法》在中国境内设立，由一个自然人投资，财产为投资人个人所有，投资人以其个人财产对企业债务承担无限责任的经营实体。因此债权人有权要求投资人对个人独资企业的债务承担无限责任。

第三节 合伙企业

导入案例

陈某、王某、李某三人为大学同学，毕业后三人决定共同创业，设立一家普通合伙企业，开展外贸服饰销售业务。三人签署了《合伙协议》，约定由陈某出资 5 万元、王某以自家房屋的使用权出资，李某以劳务出资。后因经营不善，该合伙企业负债 20 万元。

请分析：三名普通合伙人分别承担怎样的责任？

一、合伙企业概述

（一）合伙企业的概念

合伙企业是指两个或两个以上的合伙人订立合伙协议，共同出资、合伙经营、共享收益、共担风险的经营实体。合伙企业的投资人一般称为合伙人，其中对合伙企业债务承担无限责任的投资人为普通合伙人，对合伙企业债务承担有限责任的投资人为有限合伙人。

（二）合伙企业的类型

根据合伙人对企业债务责任的不同，我国合伙企业可以分为普通合伙企业和有限合伙企业。

1. 普通合伙企业

普通合伙企业由 2 名以上的普通合伙人组成，合伙人对合伙企业债务承担无限连带责任。《中华人民共和国合伙企业法》（以下简称《合伙企业法》）还规定了一种特殊的普通合伙企业，即采用合伙制的以专业知识和专门技能为客户提供有偿服务的专业服务机构，如律师事务所、会计师事务所等。

2. 有限合伙企业

有限合伙企业由普通合伙人和有限合伙人组成，人数必须保持在 2 名以上 50 人以下。普通合伙人对合伙企业债务承担无限连带责任，有限合伙人以其认缴的出资额为限对合伙企业债务承担责任。

（三）合伙企业的法律特征

1. 合伙企业以合伙协议为其成立的法律基础

合伙协议依法由全体合伙人协商一致，以书面形式订立，是合伙企业设立的基础。合伙企业的合伙人根据合伙协议的约定管理企业事务，法律另有规定的除外。

2. 合伙企业不具有法人资格

合伙企业属于非法人组织，不具有法人资格。当合伙企业财产不足以清偿企业债务时，普通合伙人需对合伙企业债务承担无限连带责任。有限合伙人以其认缴的出资额为限对合伙企业债务承担有限责任。

合伙企业虽然不具有法人资格，但属于法律承认的经营实体，对外可以以自己的名义独立进行经营活动，包括在银行开立账户、刻图章、签订合同、招用职工等日常经营活动，也可以申请银行贷款，取得土地使用权，申请减税、免税等。合伙企业能够作为民事诉讼当事人参加诉讼。

3. 合伙人之间按照合伙协议约定共享收益、共担风险

除法律另有规定外，合伙人之间按照合伙协议约定共享收益。合伙企业对其债务，应先以其全部财产进行清偿。合伙企业不能清偿到期债务的，普通合伙人承担无限连带责任。

4. 合伙企业无须缴纳企业所得税，合伙人本人是纳税义务主体

合伙企业的生产经营所得和其他所得，按照国家有关税收规定，由合伙人分别缴纳所得税，企业不用缴纳企业所得税。

二、合伙企业的设立条件

（一）普通合伙企业的设立条件

1. 有两个以上合伙人

普通合伙企业的设立需要有 2 个以上合伙人。合伙人为自然人的，应当具有完全民事行为能力。由于普通合伙人依法需要承担无限连带赔偿责任的风险，法律规定国有独资公司、国有企业、上市公司以及公益性的事业单位、社会团体不得成为普通合伙人。

2. 有书面合伙协议

合伙协议应当载明下列事项：（1）合伙企业的名称和主要经营场所的地点；（2）合伙

目的和合伙经营范围；(3) 合伙人的姓名或者名称、住所；(4) 合伙人的出资方式、数额和缴付期限；(5) 利润分配、亏损分担方式；(6) 合伙事务的执行；(7) 入伙与退伙；(8) 争议解决办法；(9) 合伙企业的解散与清算；(10) 违约责任。

合伙协议经全体合伙人签名、盖章后生效。合伙人按照合伙协议享受权利，履行义务。修改或者补充合伙协议，应当经全体合伙人一致同意；但是，合伙协议另有约定的除外。合伙协议未约定或者约定不明确的事项，由合伙人协商决定；协商不成的，依照《合伙企业法》和其他有关法律、行政法规的规定处理。

拓展知识

合伙协议是规范合伙人之间的权利义务、处理合伙纠纷的基本依据，签订合伙协议时应重点关注以下几个问题：

1. 要充分评估自己的风险承受能力

合伙的显著特征是共同经营、共享收益、共担风险，除有限合伙人以外，普通合伙人需对合伙企业的债务承担无限连带责任。因此在签订合伙协议之前，应充分评估自身的风险承受能力，慎重决定。

2. 要充分评估其他合伙人的人品、能力和资产状况

合伙人承担无限连带责任及共担风险的特点，决定了合伙人之间对信任度的要求会非常高，因此在建立或进入合伙关系前，应充分评估其他合伙人的人品、业务能力乃至其资产的抗风险能力，在综合评估的基础上决定是否以紧密的合作方式进行利益绑定。

3. 合伙协议应明晰合伙投入的比例和利润分配方式

合伙的基础之一是各合伙人能力和资源的融合，投入比例和分配利润一般呈正比关系。因此需要充分地评估合伙人对合伙事业的资源投入比例，按公平原则确定利润分配比例，否则在日后的合作中易产生不公的情况，影响合伙人之间的关系，进而影响后续合作甚至有可能产生风险。

4. 合伙协议应明晰各方职责

合伙人行使权利、承担义务的基本依据就在于合伙协议的约定，因此需要通过合伙协议规定诸如出资、合伙事务管理、盈利与亏损分配及入伙、退伙等事项，以明晰合伙人之间的职责，避免在日后的经营过程中产生争议，甚至造成损失。

5. 必要时建议聘请法律专业人员协助

合伙协议与公司章程的最大差异之一是法律对公司章程有较多的强制性规定，而合伙协议属于合伙人之间的合意，法律的干预较少，合伙人可以在不违反法律法规的强制性规定之下自行约定合伙事项。这也意味着一名经验尚浅的创业者很难意识到合伙协议中隐藏的诸多风险，建议必要时聘请法律专业人员协助评估风险以及草拟、修订条款，避免相关损失。

3. 有合伙人认缴或者实际缴付的出资

合伙人应当按照合伙协议约定的出资方式、数额和缴付期限，履行出资义务。普通合

伙人可以用货币、实物、知识产权、土地使用权或者其他财产权利出资，也可以用劳务出资。合伙人以实物、知识产权、土地使用权或者其他财产权利出资，需要评估作价的，可以由全体合伙人协商确定，也可以由全体合伙人委托法定评估机构评估。合伙人以劳务出资的，其评估办法由全体合伙人协商确定，并在合伙协议中载明。

4. 有合伙企业的名称和生产经营场所

合伙企业名称中应当标明“普通合伙”字样，其中，特殊的普通合伙企业应当在其名称中标明“特殊普通合伙”字样。

5. 法律、行政法规规定的其他条件

普通合伙企业的设立还应符合法律、行政法规规定的其他条件。

（二）有限合伙企业设立的特殊规定

1. 有限合伙企业合伙人人数

有限合伙企业由 2 个以上 50 个以下合伙人设立；但是，法律另有规定的除外。有限合伙企业至少应当有 1 个普通合伙人。

2. 有限合伙企业的名称

有限合伙企业名称中应当标明“有限合伙”字样，用以区分普通合伙企业。

3. 有限合伙企业的合伙协议

有限合伙企业的合伙协议除了应当具备普通合伙企业合伙协议的内容外，还应当载明下列事项：（1）普通合伙人和有限合伙人的姓名或者名称、住所；（2）执行事务合伙人应具备的条件和选择程序；（3）执行事务合伙人的权限与违约处理办法；（4）执行事务合伙人的除名条件和更换程序；（5）有限合伙人入伙、退伙的条件、程序以及相关责任；（6）有限合伙人和普通合伙人相互转变的程序。

4. 有限合伙人的出资形式

有限合伙人可以用货币、实物、知识产权、土地使用权或者其他财产权利作价出资。但需要留意的是，有限合伙人不得以劳务出资。

有限合伙人应当按照合伙协议的约定按期足额缴纳出资；未按期足额缴纳的，应当承担补缴义务，并对其他合伙人承担违约责任。

【案例】

王某与张某、李某各出资 20 万元设立了一家有限合伙企业，主要经营业务为花艺培训。其中王某为普通合伙人，张某、李某为有限合伙人，企业设立时各合伙人已将投资款全额缴纳完成。后因经营不善，企业账面亏损并欠付房屋租金 50 万元，房东将该有限合伙企业起诉至法院并要求所有合伙人承担连带责任。

请分析：房东的诉求是否会获得法院的支持？

分析提示：

根据《合伙企业法》第 2 条第 3 款的规定，有限合伙企业由普通合伙人和有限合伙人组成，普通合伙人对合伙企业债务承担无限连带责任，有限合伙人以其认缴的出资额为限对合伙企业债务承担责任。在本案中，对于有限合伙企业的债务，普通合伙人王某承担无限连带责任，有限合伙人张某、李某以出资额为限承担有限责任，因张某、李某二人已缴纳全部出资份额，故无须继续承担偿还责任。

三、合伙企业的财产

（一）合伙企业财产的构成

根据《合伙企业法》，合伙企业的财产由以下两部分构成：（1）合伙人的出资。合伙人可以用货币、实物、知识产权、土地使用权或者其他财产权利出资，也可以用劳务出资，以上出资均属于合伙企业的财产。（2）以合伙企业名义取得的收益和依法取得的其他财产。

合伙企业的财产由全体合伙人共同管理和使用，除非法律另有规定，合伙人在合伙企业清算前，不得请求分割合伙企业的财产。

（二）合伙企业财产的管理

各合伙人对合伙企业的财产拥有共同共有权。共同共有是指两名或两名以上的人对共有的不动产或者动产不分份额地共同享有所有权。因此，合伙人之间按照约定管理合伙企业财产；没有约定或者约定不明确的，各共有人都有管理的权利和义务。但是合伙人不能在没有约定或授权的情况下，擅自处分合伙企业的财产。

（三）合伙企业财产的处分

1. 合伙人财产份额的转让

如果合伙人之间通过合伙协议就合伙企业财产份额的转让进行了特别约定，且该约定不违反法律法规的强制性规定，则该约定合法、有效，合伙人应严格遵守该约定。如果合伙协议没有约定，则执行《合伙企业法》的相关规定。

（1）普通合伙人财产份额的转让。

考虑到普通合伙人之间有很强的人合性，且合伙人之间彼此承担着连带责任，普通合伙人转让其财产份额关系到其他普通合伙人的切身权益，因此法律规定，除合伙协议另有约定外，合伙人向合伙人以外的人转让其在合伙企业中的全部或者部分财产份额时，须经其他合伙人一致同意。合伙人之间转让在合伙企业中的全部或者部分财产份额时，应当通知其他合伙人。

（2）有限合伙人财产份额的转让。

有限合伙企业中，执行合伙事务的必须是普通合伙人，对合伙企业承担连带责任的也是普通合伙人，而有限合伙人无权执行合伙事务，不能以劳务出资，只能以财产或财产性权利出资。因此，有限合伙人在合伙企业持有的是财产性份额，承担的是有限责任。

有限合伙人可以按照合伙协议的约定向合伙人以外的人转让其在有限合伙企业中的财产份额，但应当提前三十日通知其他合伙人。合伙人之间转让在合伙企业中的全部或者部分财产份额时，应当通知其他合伙人。

需要注意的是，除非合伙协议另有约定，否则不论哪种合伙人，其对外转让其财产份额时，在同等条件下其他合伙人均有优先购买权。

2. 合伙人财产份额的出质

合伙人出质其财产份额的，也应首先尊重其合伙协议的约定，在没有约定的情况下，法律规定如下：

（1）普通合伙人财产份额的出质。

普通合伙人以其在合伙企业中的财产份额出质的，须经其他合伙人一致同意；未经其他合伙人一致同意，出质行为无效，由此给善意第三人造成损失的，由行为人依法承担赔偿责任。

（2）有限合伙人财产份额的出质。

有限合伙人可以将其在有限合伙企业中的财产份额出质；但是，合伙协议另有约定的除外。

四、合伙企业的事务执行

（一）合伙企业事务的执行形式

合伙企业事务的执行形式可以有以下三种：

1. 全体合伙人共同执行

这是合伙企业事务最基本的执行形式，其法律后果直接由合伙企业及全体合伙人共同承担。

2. 委托一名或数名合伙人执行合伙企业事务

根据合伙协议约定或者全体合伙人决定，委托其中的一名或数名合伙人执行合伙企业事务，对外代表企业。其他合伙人不再执行合伙事务，但不执行合伙事务的合伙人有权监督执行事务合伙人执行合伙事务的情况。

3. 聘任合伙人以外的人执行合伙企业事务

经合伙协议约定或者经过全体合伙人一致同意，合伙企业可以聘任合伙人以外的人担任合伙企业的经营管理人员，执行合伙企业事务。

需要注意的是，合伙企业对合伙人执行合伙事务以及对外代表合伙企业权利的限制，仅在合伙人之间有效，不得对抗善意第三人。

（二）合伙企业事务的决议方法

合伙人对合伙企业有关事项作出决议，按照合伙协议约定的表决办法办理。合伙协议未约定或者约定不明确的，实行合伙人一人一票并经全体合伙人过半数通过的表决办法。

需要注意的是，不是所有的事项都可以过半数表决通过或者可以由合伙人自行约定表决比例，《合伙企业法》对涉及企业的重大事项规定了强制性的表决比例，即除合伙协议另有约定外，合伙企业的下列事项应当经全体合伙人一致同意：（1）改变合伙企业的名称；（2）改变合伙企业的经营范围、主要经营场所的地点；（3）处分合伙企业的不动产；（4）转让或者处分合伙企业的知识产权和其他财产权利；（5）以合伙企业名义为他人提供担保；（6）聘任合伙人以外的人担任合伙企业的经营管理人员。

（三）合伙企业的损益分配

合伙企业的利润分配、亏损分担，按照合伙协议的约定办理；合伙协议未约定或者约定不明确的，由合伙人协商决定；协商不成的，由合伙人按照实缴出资比例分配、分担；无法确定出资比例的，由合伙人平均分配、分担。合伙协议不得约定将全部利润分配给部分合伙人或者由部分合伙人承担全部亏损。

普通合伙人由于承担无限连带责任，清偿数额超过上述亏损分担比例的，有权向其他合伙人追偿。

（四）合伙人对合伙企业的忠实义务

普通合伙人通常受到竞业禁止和自我交易禁止的限制，即合伙人不得自营或者同他人合作经营与本合伙企业相竞争的业务。除合伙协议另有约定或者经全体合伙人一致同意外，合伙人不得同本合伙企业进行交易。合伙人不得从事损害本合伙企业利益的活动。

（五）合伙人个人债务的清偿规定

合伙人发生与合伙企业无关的债务，相关债权人不得以其债权抵销其对合伙企业的债务，也不得代位行使合伙人在合伙企业中的权利。合伙人的自有财产不足清偿其与合伙企业无关的债务的，该合伙人可以以其从合伙企业中分取的收益用于清偿；债权人也可以依法请求人民法院强制执行该合伙人在合伙企业中的财产份额用于清偿。

（六）有限合伙企业在事务执行中的特殊规定

1. 有限合伙人不执行合伙事务

有限合伙企业由普通合伙人执行合伙事务，有限合伙人不执行合伙事务。因为普通合伙人承担的是无限连带责任，而有限合伙人只承担有限责任，有限合伙人相比普通合伙人责任较轻，因此，赋予普通合伙人以直接经营权，也是对普通合伙人较重责任的一种平衡。

但有限合伙人的下列行为，不视为执行合伙事务：(1) 参与决定普通合伙人入伙、退伙；(2) 对企业的经营管理提出建议；(3) 参与选择承办有限合伙企业审计业务的会计师事务所；(4) 获取经审计的有限合伙企业的财务会计报告；(5) 对涉及自身利益的情况，查阅有限合伙企业财务会计账簿等财务资料；(6) 在有限合伙企业中的利益受到侵害时，向有责任的合伙人主张权利或者提起诉讼；(7) 执行事务合伙人怠于行使权利时，督促其行使权利或者为了本企业的利益以自己的名义提起诉讼；(8) 依法为本企业提供担保。

2. 有限合伙企业的利润分配

有限合伙企业不得将全部利润分配给部分合伙人；但是，合伙协议另有约定的除外。

3. 有限合伙人的权利

有限合伙人可以同本有限合伙企业进行交易，也可以自营或者同他人合作经营与本有限合伙企业相竞争的业务；但是，合伙协议另有约定的除外。

4. 有限合伙人个人债务的清偿规定

有限合伙人的自有财产不足清偿其与合伙企业无关的债务的，该合伙人可以以其从有限合伙企业中分取的收益用于清偿；债权人也可以依法请求人民法院强制执行该合伙人在有限合伙企业中的财产份额用于清偿。

人民法院强制执行有限合伙人的财产份额时，应当通知全体合伙人。在同等条件下，其他合伙人有优先购买权。

五、入伙与退伙

（一）入伙

1. 入伙的概念

入伙是指在合伙企业存续期间，合伙人以外的人加入合伙企业，取得合伙人身份的行为。

2. 入伙的条件

新合伙人入伙，除合伙协议另有约定外，应当经全体合伙人一致同意，并依法订立书面入伙协议。订立入伙协议时，原合伙人应当向新合伙人如实告知原合伙企业的经营状况和财务状况。

入伙的新合伙人与原合伙人享有同等权利，承担同等责任。入伙协议另有约定的，从其约定。新合伙人对入伙前合伙企业的债务承担无限连带责任。

（二）退伙

1. 退伙的概念

退伙是指在合伙企业存续期间，合伙人退出合伙企业，从而丧失其合伙人资格的法律行为。

2. 退伙的种类

退伙包括自愿退伙和法定退伙。自愿退伙是指合伙人基于自愿的意思表示而退伙。自愿退伙包括协议退伙和通知退伙。法定退伙是指合伙人因出现法律规定的事由而退伙。法定退伙包括当然退伙和除名退伙。

（1）协议退伙。

合伙协议约定合伙期限的，在合伙企业存续期间，有下列情形之一的，合伙人可以退伙：1）合伙协议约定的退伙事由出现；2）经全体合伙人一致同意；3）发生合伙人难以继续参加合伙的事由；4）其他合伙人严重违反合伙协议约定的义务。

（2）通知退伙。

在合伙协议未约定合伙期限的情况下，合伙人在不给合伙企业事务执行造成不利影响的情况下，可以退伙，但应当提前三十日通知其他合伙人。

（3）当然退伙。

合伙人有下列情形之一的，当然退伙：1）作为合伙人的自然人死亡或者被依法宣告死亡；2）个人丧失偿债能力；3）作为合伙人的法人或者非法人组织依法被吊销营业执照、责令关闭、撤销，或者被宣告破产；4）法律规定或者合伙协议约定合伙人必须具有相关资格而丧失该资格；5）合伙人在合伙企业中的全部财产份额被人民法院强制执行。

合伙人被依法认定为无民事行为能力人或者限制民事行为能力人的，经其他合伙人一致同意，可以依法转为有限合伙人，普通合伙企业依法转为有限合伙企业。其他合伙人未能一致同意的，该无民事行为能力或者限制民事行为能力的合伙人退伙。退伙事由实际发生之日为退伙生效日。

(4) 除名退伙。

合伙人有下列情形之一的，经其他合伙人一致同意，可以决议将其除名：1）未履行出资义务；2）因故意或者重大过失给合伙企业造成损失；3）执行合伙事务时有不正当行为；4）发生合伙协议约定的事由。

对合伙人的除名决议应当书面通知被除名人。被除名人接到除名通知之日，除名生效，被除名人退伙。

被除名人对除名决议有异议的，可以自接到除名通知之日起三十日内，向人民法院起诉。

3. 退伙的法律效力

(1) 退还财产份额。

合伙人退伙，其他合伙人应当与该退伙人按照退伙时的合伙企业财产状况进行结算，退还退伙人的财产份额。退伙人对给合伙企业造成的损失负有赔偿责任的，相应扣减其应当赔偿的数额。退伙时有未了结的合伙企业事务的，待该事务了结后进行结算。

退伙人在合伙企业中财产份额的退还办法，由合伙协议约定或者由全体合伙人决定，可以退还货币，也可以退还实物。

(2) 退伙的债务承担。

普通退伙人对基于其退伙前的原因发生的合伙企业债务，承担无限连带责任。

普通合伙人退伙时，合伙企业财产少于合伙企业债务的，退伙人应当按约定分担亏损，合伙协议未约定或者约定不明确的，由合伙人协商决定。合伙人之间协商不成的，由合伙人按照实缴出资比例分配、分担；无法确定出资比例的，由合伙人平均分配、分担。

(三) 有限合伙企业入伙与退伙时关于债务承担的特殊规定

由于法律规定有限合伙人对合伙企业的债务仅以认缴的出资额为限承担责任，且不得执行合伙事务和对外代表合伙企业，有限合伙人在合伙企业中资合性的特征比较明显。因此，有限合伙人在入伙和退伙状态下对债务的承担也遵循着有限责任原则。

1. 有限合伙人入伙

新入伙的有限合伙人对入伙前有限合伙企业的债务，以其认缴的出资额为限承担责任。

2. 有限合伙人退伙

有限合伙人退伙后，对基于其退伙前的原因发生的有限合伙企业债务，以其退伙时从有限合伙企业中取回的财产承担责任。

3. 有限合伙人与普通合伙人之间身份发生转换的情形

(1) 有限合伙人转变为普通合伙人的，对其作为有限合伙人期间有限合伙企业发生的债务承担无限连带责任。

(2) 普通合伙人转变为有限合伙人的，对其作为普通合伙人期间合伙企业发生的债务承担无限连带责任。

(四) 合伙人财产份额及资格的继承

在合伙人死亡或依法宣告死亡的情况下，其财产份额及资格的继承也需要依据普通合伙人和有限合伙人的身份不同而加以区分：

1. 普通合伙人

法律规定合伙人死亡或者被依法宣告死亡的，对该合伙人在合伙企业中的财产份额享有合法继承权的继承人，按照合伙协议的约定或者经全体合伙人一致同意，从继承开始之日起，取得该合伙企业的合伙人资格。但是存在下列情形之一的，合伙人的继承人不取得合伙人资格，合伙企业应当向合伙人的继承人退还被继承合伙人的财产份额：

（1）继承人不愿意成为合伙人；

（2）法律规定或者合伙协议约定合伙人必须具有相关资格，而该继承人未取得该资格；

（3）合伙协议约定不能成为合伙人的其他情形。

合伙人的继承人为无民事行为能力人或者限制民事行为能力人的，经全体合伙人一致同意，可以依法成为有限合伙人，普通合伙企业依法转为有限合伙企业。全体合伙人未能一致同意的，合伙企业应当将被继承合伙人的财产份额退还该继承人。

2. 有限合伙人

作为有限合伙人的自然人死亡、被依法宣告死亡或者作为有限合伙人的法人及其他组织终止时，其继承人或者权利承受人可以依法取得该有限合伙人在有限合伙企业中的资格。

六、合伙企业与其他企业形式的比较

（一）合伙企业的优势

1. 合伙人共同合作，有助于企业整合资源、扩大发展

相比个人独资企业的经营者仅能依靠个人与家庭资源开展经营的限制，合伙企业的合伙人数有助于增加企业资源的多样性，例如：扩大资金规模、增加劳务投入、提供商业资源等。

2. 合伙人共享收益的同时也共担了风险

除有限合伙企业中的有限合伙人对企业债务以认缴的出资额为限承担有限责任外，其他普通合伙人均需为合伙企业承担无限连带责任。就合伙人个人来说，即使需要承担无限连带责任，合伙企业的债务共担特点还是有效地分散了个体风险。

3. 合伙企业允许劳务出资，出资方式更灵活

相比公司制企业，合伙企业的出资方式更为灵活。《合伙企业法》允许除有限合伙人外的普通合伙人用劳务出资。这样可以有效吸纳创业初期具有专业性或劳务投入意愿的合伙人加入，合伙人各自发挥所长，共同为企业出力。

4. 合伙企业经营管理的灵活度较高

法律对合伙关系的干预和限制较少，合伙人之间以合伙协议作为合作的基础，管理合伙事务的方式由协议约定，因此，合伙企业在经营管理上具有较大的自主性和灵活性。

5. 无须双重课税，企业成本较低

与公司相比，合伙企业不需要缴纳企业所得税，合伙人缴纳个人所得税即可。

（二）合伙企业的不足

1. 普通合伙人的风险承担责任较高

《合伙企业法》规定，合伙企业不能清偿到期债务的，由普通合伙人承担无限连带责任。因此，普通合伙人的风险是高于有限合伙人和公司股东的。

2. 合伙人退伙难度较高

除合伙协议另有约定外，合伙人向合伙人以外的人转让其在合伙企业中的全部或者部分财产份额时，须经其他合伙人一致同意。由于合伙人的退伙影响到其他合伙人的切身利益，因此法律对此要求较为严格。

3. 企业融资能力有限

合伙企业的人合性决定了合伙人的进入、退出均受限制，合伙企业也不能发行股票和债券，因此合伙企业的融资能力相比公司低，发展规模也受到制约。

4. 企业存续期限不稳定

合伙企业的人合性决定了任何一名合伙人的死亡、退伙都有可能影响合伙企业的存续，因此其存续期限不如公司稳定。

导入案例分析提示

根据《合伙企业法》第39条的规定，合伙企业不能清偿到期债务的，合伙人承担无限连带责任。本案中三人均属于普通合伙人，需要对该普通合伙企业的债务承担无限连带责任。

第四节 公司

导入案例

张某、王某、赵某毕业后创业，拟共同设立一家以动画制作为主营业务的有限责任公司，三人因此签订了《设立协议》。协议约定：公司拟注册资本150万元，张某认缴30万元，以货币出资；王某认缴100万元，以其估价为100万元的房屋出资；赵某认缴20万元，以其享有的知识产权作价20万元出资。

协议签订后，张某将30万元支付至公司账户，但在随后又转回至其个人账户；王某提供了房屋作为办公场所，但房屋未过户至公司名下；赵某用以出资的知识产权已评估并变更至公司名下。

请分析：张某是否有权将出资款转回个人账户？王某能否以房屋作价出资，他是否已经完成出资义务？赵某能否以知识产权作价出资，他是否已经完成出资义务？

一、有限责任公司

（一）有限责任公司的概念与特征

1. 有限责任公司的概念

有限责任公司是指依照《中华人民共和国公司法》[①]（以下简称《公司法》）在中华人民共和国境内设立的企业法人，有独立的法人财产，享有法人财产权，公司以其全部财产对公司的债务承担责任，股东以其认缴的出资额为限承担有限责任的公司。

2. 有限责任公司的法律特征

有限责任公司具有以下法律特征：

（1）有限责任公司的法人性。

有限责任公司属于企业法人，其法人特征主要表现在：公司拥有独立的法人财产、享有法人财产权，设有独立的组织机构；当公司发生债务时，公司以其全部的财产对债务承担无限责任。

（2）有限责任公司的营利性。

根据《民法典》的规定，以取得利润并分配给股东等出资人为目的成立的法人，为营利法人。有限责任公司作为典型的营利法人，以为股东创造可分配利润为目的，进行长期的、持续的、稳定的、有特定范围的营业活动。

（3）股东责任的有限性。

虽然有限责任公司以其全部财产对公司债务承担着无限责任，但公司的股东对公司的债务仅以其认缴的出资额为限承担有限责任。即使公司的全部财产不足以清偿债务，股东也没有义务再为公司清偿超过其认缴的出资额范围的债务。因此“有限责任”指的是股东的有限责任。

（4）公司资本的封闭性。

由于有限责任公司只能采用发起设立，且股权不能自由转让，故公司资本具有封闭性的特点。

（5）资合与人合的统一性。

有限责任公司的资合性主要表现为公司注册资本为全体股东认缴资本的总和，股东间以资本联合为基础组成了有限责任公司；有限责任公司的人合性主要表现为股东一般是在一定了解和信任的基础上进行合作的。

（6）股东人数的限制性。

按照《公司法》的规定，有限责任公司股东人数应为50人以下。这是因为有限责任公司在一定限度上具有人合的特点，股东相互间需有信任关系，这就决定了股东人数不宜过多。

---

① 《中华人民共和国公司法》是一部规范公司的组织和行为，保护公司、股东、职工和债权人的合法权益的法律，自1993年诞生至今，经过了四次修正、两次修订。2023年12月29日，第十四届全国人大常委会第七次会议审议通过了《公司法》修订草案，自2024年7月1日起施行。本次修订后的《公司法》共计15章266条，对公司设立、退出制度，公司组织机构、公司资本制度，加强股东权利保护，强化控股股东、实际控制人和经营管理人员责任等方面均作出了重大修改。

拓展知识

“法人”是否等于“法定代表人”?

现实生活中常常有人把“法人”理解成公司的“法定代表人”的缩写，认为两者是一回事。但从法律角度来看，“法人”与“法定代表人”属于完全不同的两个概念。

法人：公司制企业被称为法人，法人是和自然人相对的概念。虽然法人没有像自然人一样实际存在的人格，但是通过法律赋予其人格而成为民事行为主体，法律层面上法人和自然人一样，可以独立承担责任、履行义务。

法定代表人：虽然公司制企业通过法律赋予了其人格，但由于公司本身并无意识，不可能自行开展经营活动，这就需要法定代表人代替公司执行经营事务。法定代表人一定是自然人。

需要注意的是，《公司法》第10条规定，公司的法定代表人按照公司章程的规定，由代表公司执行公司事务的董事或经理担任。担任法定代表人的董事或者经理辞任的，视为同时辞去法定代表人。法定代表人辞任的，公司应当在法定代表人辞任之日起30日内确定新的法定代表人。

（二）有限责任公司的设立条件

有限责任公司的设立条件包括以下几个方面：

1. 股东符合法定人数

《公司法》第42条规定，有限责任公司由1个以上50个以下股东出资设立。

2. 有符合公司章程规定的全体股东认缴的出资额

股东的出资可以是货币出资，也可以是其他可以用货币估价并可以依法转让的非货币财产。

根据《公司法》第48条的规定，股东可以用货币出资，也可以用实物、知识产权、土地使用权、股权、债权等可以用货币估价并可以依法转让的非货币财产作价出资；但是，法律、行政法规规定不得作为出资的财产除外。对作为出资的非货币财产应当评估作价，核实财产，不得高估或者低估作价。法律、行政法规对评估作价有规定的，从其规定。

此外，《公司法》第47条规定了股东出资的5年最长认缴期限，即全体股东认缴的出资额由股东按照公司章程的规定自公司成立之日起5年内缴足。这是2023年《公司法》修订的比较重要的条款之一。

3. 股东共同制定公司章程

设立有限责任公司，应当由股东共同制定公司章程。公司章程应当包括：公司名称和住所；公司经营范围；公司注册资本；股东的姓名或者名称；股东的出资额、出资方式和出资日期；公司的机构及其产生办法、职权、议事规则；公司法定代表人的产生、变更办法；股东会认为需要规定的其他事项。股东应当在公司章程上签名或者盖章。

公司章程是公司最重要的法律文件，为了弥补设立登记时公司章程相对制式化的不足，《公司法》第43条规定了有限责任公司设立时的股东可以签订设立协议，明确各自在公司设立过程中的权利和义务。

4. 有公司名称及住所

公司应当有自己的名称。公司名称应当符合国家有关规定。公司的名称权受法律保护。依法设立的有限责任公司，应当在公司名称中标明“有限责任公司”或者“有限公司”字样。设立有限责任公司，应当由全体股东指定的代表或者共同委托的代理人向公司登记机关申请名称预先核准。

公司以其主要办事机构所在地为住所。《公司法》第32条也明确规定了住所是公司登记事项之一，也属于国家企业信用信息公示系统向社会公示的公司登记事项之一。

5. 建立符合《公司法》要求的组织机构

有限责任公司的组织机构主要包括股东会、董事会、经理、监事会等，2023年修订后的《公司法》新增了有关审计委员会的规定，即《公司法》第69条规定，有限责任公司可以按照公司章程的规定在董事会中设置由董事组成的审计委员会，行使《公司法》规定的监事会的职权，不设监事会或者监事。公司董事会成员中的职工代表可以成为审计委员会成员。

（三）有限责任公司的股东及股权

1. 股东身份

有限责任公司成立后，应当向股东签发出资证明书，记载下列事项：（1）公司名称；（2）公司成立日期；（3）公司注册资本；（4）股东的姓名或者名称、认缴和实缴的出资额、出资方式和出资日期；（5）出资证明书的编号和核发日期。出资证明书由法定代表人签名，并由公司盖章。

有限责任公司应当置备股东名册，记载下列事项：（1）股东的姓名或者名称及住所；（2）股东认缴和实缴的出资额、出资方式和出资日期；（3）出资证明书编号；（4）取得和丧失股东资格的日期。记载于股东名册的股东，可以依股东名册主张行使股东权利。

有限责任公司应当将股东的姓名或者名称向公司登记机关登记；公司登记事项发生变更的，应当依法办理变更登记。公司登记事项未经登记或者未经变更登记，不得对抗善意相对人。

2. 股东享有的权利

《公司法》第4条第2款明确规定公司股东对公司依法享有资产收益、参与重大决策和选择管理者等权利。就有限责任公司股东享有的主要权利，具体包括以下内容：

（1）资产收益的权利。

它主要是指在公司具有利润时的股权分配请求权和公司终止时的剩余财产分配请求权。

（2）参与重大决策的权利。

它主要是指股东出席股东会的权利、召集股东会的权利、主持股东会的权利，以及股东知情权、提案权、建议权、质询权、表决权等权利。

例如：股东有权查阅、复制公司章程、股东名册、股东会会议记录、董事会会议决议、监事会会议决议和财务会计报告，也可以要求查阅公司会计账簿、会计凭证。

（3）选择管理者的权利。

它主要是指股东通过股东会作出决议的方式选举公司的董事、监事的权利。

（4）决议撤销权。

公司股东会、董事会的会议召集程序、表决方式违反法律、行政法规或公司章程，或者决议内容违反公司章程的，股东自决议作出之日起60日内，可以请求人民法院撤销。但是，股东会、董事会的会议召集程序或者表决方式仅有轻微瑕疵，对决议未产生实质影响的除外。

（5）解散公司请求权。

公司经营管理发生严重困难，继续存续会使股东利益受到重大损失，通过其他途径不能解决的，持有公司10%以上表决权的股东，可以请求人民法院解散公司。

（6）诉讼权和代表诉讼权。

《公司法》在多处赋予了公司股东通过诉讼以维护自己或公司合法权益的权利。例如：股东对失权有异议的，应当自接到失权通知之日起30日内，向人民法院提起诉讼；当公司拒绝为股东提供查阅公司会计账簿、会计凭证的，股东可以向人民法院提起诉讼；异议股东与公司不能达成股权收购协议的，股东可以自股东会决议作出之日起90日内向人民法院提起诉讼；在董事、监事、高级管理人员违反忠实、勤勉义务损害公司权益的情况下，公司股东可以按照《公司法》规定，书面请求监事会或者董事会向人民法院提起诉讼，若监事会或者董事会拒绝提起诉讼，股东有权为公司利益以自己的名义直接向人民法院提起诉讼。

3. 股东应承担的义务

在公司设立过程中以及公司成立后，公司的股东主要应当履行如下义务：

（1）出资义务。

股东应当按期足额缴纳公司章程规定的各自所认缴的出资额。

股东以货币出资的，应当将货币出资足额存入有限责任公司在银行开设的账户；以非货币财产出资的，应当依法办理其财产权的转移手续。

股东未按期足额缴纳出资的，除应当向公司足额缴纳外，还应当对给公司造成的损失承担赔偿责任。

若股东未按照公司章程规定的出资日期缴纳出资，可能面临着股东失权的后果。即，《公司法》第52条规定：“股东未按照公司章程规定的出资日期缴纳出资，公司依照前条第一款规定发出书面催缴书催缴出资的，可以载明缴纳出资的宽限期；宽限期自公司发出催缴书之日起，不得少于六十日。宽限期届满，股东仍未履行出资义务的，公司经董事会决议可以向该股东发出失权通知，通知应当以书面形式发出。自通知发出之日起，该股东丧失其未缴纳出资的股权。依照前款规定丧失的股权应当依法转让，或者相应减少注册资本并注销该股权；六个月内未转让或者注销的，由公司其他股东按照其出资比例足额缴纳相应出资。股东对失权有异议的，应当自接到失权通知之日起三十日内，向人民法院提起诉讼。”

（2）不得抽逃出资的义务。

公司成立后，股东不得抽逃出资，否则股东应当返还抽逃的出资；给公司造成损失的，负有责任的董事、监事、高级管理人员应当与该股东承担连带赔偿责任。

（3）遵守法律、行政法规和公司章程的义务。

公司股东应当遵守法律、行政法规和公司章程，依法行使股东权利，不得滥用股东权利损害公司或者其他股东的利益：1）公司股东滥用股东权利给公司或者其他股东造成损失的，应当承担赔偿责任；2）公司股东滥用公司法人独立地位和股东有限责任，逃避债务，严重损害公司债权人利益的，应当对公司债务承担连带责任；3）公司的控股股东利用其关联关系损害公司利益给公司造成损失的，应当承担赔偿责任。

4. 股权转让

（1）因股东原因引起的股权转让。

有限责任公司的股东之间可以相互转让其全部或者部分股权。

股东向股东以外的人转让股权的，应当将股权转让的数量、价格、支付方式和期限等事项书面通知其他股东，其他股东在同等条件下有优先购买权。股东自接到书面通知之日起 30 日内未答复的，视为放弃优先购买权。两个以上股东行使优先购买权的，协商确定各自的购买比例；协商不成的，按照转让时各自的出资比例行使优先购买权。

公司章程对股权转让另有规定的，从其规定。

（2）因强制执行程序引起的股权转让。

人民法院依照法律规定的强制执行程序转让股东的股权时，应当通知公司及全体股东，其他股东在同等条件下有优先购买权。其他股东自人民法院通知之日起满 20 日不行使优先购买权的，视为放弃优先购买权。

（3）因股权收购的转让。

有下列情形之一的，对股东会该项决议投反对票的股东可以请求公司按照合理的价格收购其股权：1）公司连续 5 年不向股东分配利润，而公司该 5 年连续盈利，并且符合法律规定的分配利润条件；2）公司合并、分立、转让主要财产；3）公司章程规定的营业期限届满或者章程规定的其他解散事由出现，股东会通过决议修改章程使公司存续。

自股东会决议作出之日起 60 日内，股东与公司不能达成股权收购协议的，股东可以自股东会决议作出之日起 90 日内向人民法院提起诉讼。

公司的控股股东滥用股东权利，严重损害公司或者其他股东利益的，其他股东有权请求公司按照合理的价格收购其股权。

（4）因继承导致的转让。

自然人股东死亡后，其合法继承人可以继承股东资格；但是，公司章程另有规定的除外。

（四）有限责任公司的组织机构

有限责任公司的组织机构是公司开展经营活动的基础和条件。公司通过建立法人组织结构，分别履行对公司决策、管理、经营、监督的职责。具体如下：

1. 股东会

股东会是有限责任公司内部由全体股东组成、代表全体股东意志、按照法律和公司章程的规定决策公司的重大事项的机构。股东会是公司的权力机构。

（1）股东会会议的召集与主持。

有限责任公司股东会由全体股东组成。首次股东会会议由出资最多的股东召集和主持，依法行使职权。股东会会议由董事会召集，董事长主持；董事长不能履行职务或者不履行职务的，由副董事长主持；副董事长不能履行职务或者不履行职务的，由过半数的董事共同推举一名董事主持。董事会不能履行或者不履行召集股东会会议职责的，由监事会召集和主持；监事会不召集和主持的，代表 1/10 以上表决权的股东可以自行召集和主持。

股东会会议分为定期会议和临时会议。定期会议应当按照公司章程的规定按时召开。代表 1/10 以上表决权的股东、1/3 以上的董事或者监事会提议召开临时会议的，应当召开临时会议。

（2）股东会的职权。

股东会由全体股东组成，是公司的权力机构，依法行使职权。具体包括：1）选举和更换董事、监事，决定有关董事、监事的报酬事项；2）审议批准董事会的报告；3）审议批准监事会的报告；4）审议批准公司的利润分配方案和弥补亏损方案；5）对公司增加或者减少注册资本作出决议；6）对发行公司债券作出决议；7）对公司合并、分立、解散、清算或者变更公司形式作出决议；8）修改公司章程；9）公司章程规定的其他职权。股东会可以授权董事会对发行公司债券作出决议。对上述事项股东以书面形式一致表示同意的，可以不召开股东会会议，直接作出决定，并由全体股东在决定文件上签名或者盖章。

只有一个股东的有限责任公司不设股东会。股东作出前述事项的决定时，应当采用书面形式，并由股东签名或者盖章后置备于公司。

（3）股东会的决议。

股东会会议由股东按照出资比例行使表决权；但是，公司章程另有规定的除外。

股东会的议事方式和表决程序，除《公司法》有规定的外，由公司章程规定。股东会作出决议，应当经代表过半数表决权的股东通过。股东会作出修改公司章程、增加或者减少注册资本的决议，以及公司合并、分立、解散或者变更公司形式的决议，应当经代表 2/3 以上表决权的股东通过。

召开股东会会议，应当于会议召开 15 日前通知全体股东；但是，公司章程另有规定或者全体股东另有约定的除外。股东会应当将对所议事项的决定作成会议记录，出席会议的股东应当在会议记录上签名或者盖章。

2. 董事会或董事

董事会是指由股东会选举的董事组成的执行股东会决议并经营管理公司的公司常设机构。董事会是公司的执行机构。

（1）董事会的组成。

1）董事会的成员结构：有限责任公司董事会成员为三人以上，其成员中可以有公司职工代表。职工人数 300 人以上的有限责任公司，除依法设监事会并有公司职工代表的外，其董事会成员中应当有公司职工代表。董事会中的职工代表由公司职工通过职工代表大会、职工大会或者其他形式民主选举产生。董事会设董事长一人，可以设副董事长。董事长、副董事长的产生办法由公司章程规定。

2）董事任期及辞任：董事任期由公司章程规定，但每届任期不得超过三年。董事任期届满，连选可以连任。董事任期届满未及时改选，或者董事在任期内辞任导致董事会成员低于法定人数的，在改选出的董事就任前，原董事仍应当依照法律、行政法规和公司章程的规定，履行董事职务。董事辞任的，应当以书面形式通知公司，公司收到通知之日辞任生效，但存在上述规定情形的，董事应当继续履行职务。

3）董事的解任：股东会可以决议解任董事，决议作出之日解任生效。但无正当理由，在任期届满前解任董事的，该董事可以要求公司予以赔偿。

（2）董事会的职权。

董事会行使下列职权：1）召集股东会会议，并向股东会报告工作；2）执行股东会的决议；3）决定公司的经营计划和投资方案；4）制定公司的利润分配方案和弥补亏损方案；5）制定公司增加或者减少注册资本以及发行公司债券的方案；6）制定公司合并、分立、解散或者变更公司形式的方案；7）决定公司内部管理机构的设置；8）决定聘任或者解聘公司经理及其报酬事项，并根据经理的提名决定聘任或者解聘公司副经理、财务负责人及其报酬事项；9）制定公司的基本管理制度；10）公司章程规定或者股东会授予的其他职权。

需要注意的是，公司章程对董事会职权的限制不得对抗善意相对人。

（3）董事会会议。

1）董事会会议的召集与主持：董事会会议由董事长召集和主持；董事长不能履行职务或者不履行职务的，由副董事长召集和主持；副董事长不能履行职务或者不履行职务的，由过半数的董事共同推举一名董事召集和主持。

2）董事会的议事方式和表决程序：董事会的议事方式和表决程序，除法律有规定的外，由公司章程规定。董事会会议应当有过半数的董事出席方可举行。董事会作出决议，应当经全体董事的过半数通过。董事会决议的表决，应当一人一票。董事会应当对所议事项的决定作成会议记录，出席会议的董事应当在会议记录上签名。

（4）不设董事会的情形。

规模较小或者股东人数较少的有限责任公司，可以不设董事会，设一名董事，行使《公司法》规定的董事会的职权。该董事可以兼任公司经理。

（5）审计委员会。

有限责任公司可以按照公司章程的规定在董事会中设置由董事组成的审计委员会，行使法律规定的监事会的职权，不设监事会或者监事。公司董事会成员中的职工代表可以成为审计委员会成员。这是《公司法》2023年修订的新增条文，有限责任公司的监事（会）将不是必须存在的机构，公司可以选择保留监事（会），也可以将其职能进行整合吸收，由董事组成的审计委员会行使有关监事（会）的职权。

（6）经理。

有限责任公司可以设经理，由董事会决定聘任或者解聘。经理对董事会负责，根据公司章程的规定或者董事会的授权行使职权。经理列席董事会会议。

3. 监事会或监事

监事会是公司的监督机构。监事会代表公司监督公司董事会、董事以及经理依法履行职责的情况。

（1）监事会的组成。

1）监事会的成员结构：监事会成员为三人以上。监事会成员应当包括股东代表和适当比例的公司职工代表，其中职工代表的比例不得低于1/3，具体比例由公司章程规定。监事会中的职工代表由公司职工通过职工代表大会、职工大会或者其他形式民主选举产生。监事会设主席一人，由全体监事过半数选举产生。监事会主席召集和主持监事会会议；监事会主席不能履行职务或者不履行职务的，由过半数的监事共同推举一名监事召集和主持监事会会议。董事、高级管理人员不得兼任监事。

2）监事任期：监事的任期每届为三年。监事任期届满，连选可以连任。监事任期届满未及时改选，或者监事在任期内辞任导致监事会成员低于法定人数的，在改选出的监事就任前，原监事仍应当依照法律、行政法规和公司章程的规定，履行监事职务。

（2）监事会的职权。

监事会行使下列职权：1）检查公司财务；2）对董事、高级管理人员执行职务的行为进行监督，对违反法律、行政法规、公司章程或者股东会决议的董事、高级管理人员提出解任的建议；3）当董事、高级管理人员的行为损害公司的利益时，要求董事、高级管理人员予以纠正；4）提议召开临时股东会会议，在董事会不履行法律规定的召集和主持股东会会议职责时召集和主持股东会会议；5）向股东会会议提出提案；6）依照《公司法》第 189 条的规定，对董事、高级管理人员提起诉讼；7）公司章程规定的其他职权。

监事可以列席董事会会议，并对董事会决议事项提出质询或者建议。监事会发现公司经营情况异常，可以进行调查；必要时，可以聘请会计师事务所等协助其工作，费用由公司承担。

监事会也可以要求董事、高级管理人员提交执行职务的报告。董事、高级管理人员应当如实向监事会提供有关情况和资料，不得妨碍监事会或者监事行使职权。

（3）监事会会议。

监事会每年度至少召开一次会议，监事可以提议召开临时监事会会议。监事会的议事方式和表决程序，除法律有规定的外，由公司章程规定。

监事会决议应当经全体监事的过半数通过。监事会决议的表决，应当一人一票。监事会应当对所议事项的决定作成会议记录，出席会议的监事应当在会议记录上签名。

（4）不设监事会的情形。

规模较小或者股东人数较少的有限责任公司，可以不设监事会，设一名监事，行使法律规定的监事会的职权；经全体股东一致同意，也可以不设监事。

（五）有限责任公司与其他企业形式的比较

1. 有限责任公司的优势

（1）股东风险较小，股东仅以认缴的出资额为限承担有限责任。

有限责任公司的法人财产独立，股东承担有限责任是其最重要的优势之一。创业初期的商业活动存在太多的未知风险，如果稍有不慎则可能背负巨额债务。而有限责任公司从法律层面区分了公司财产和股东个人财产，一旦发生债务，作为股东的创业者仅需以认缴的出资额为限承担责任，创业者在设立公司时只需要量力而为地设定出资额即可。因此，相比个体工商户、个人独资企业的投资人、合伙企业中的普通合伙人，有限责任公司的股东的投资风险显著降低。

（2）设立条件低，灵活性强。

有限责任公司采取发起方式设立，注册资本数额由发起人协商确定，并由发起人认缴，设立条件相对较低。公司规模可大可小，股权安排和利润分配等很多方面都可以由股东协商在公司章程中自主确定，灵活性较强。

（3）有利于引入外部资本，成长潜力大。

有限责任公司的股东享有有限责任和获得分红的权利，股东之间具备一定的人合性，公司具有较为完善的组织机构，实现了出资权、经营权和监督权的分立。因此，从投资人的角度来看，相比个体工商户、个人独资企业、合伙企业等组织形式，向有限责任公司投资，其投资权益更能获法律保障。

2. 有限责任公司的不足

（1）综合税负较个体工商户、个人独资企业和合伙企业高。

有限责任公司除缴纳企业所得税外，股东分红时还需缴纳个人所得税。而个体工商户、个人独资企业和合伙企业无须缴纳企业所得税，而是由投资人本人履行纳税义务，如果投资人是自然人，则缴纳个人所得税；如果投资人是法人或非法人组织，需要根据具体情况核定其应纳税额。

（2）综合管理成本较个体工商户、个人独资企业和合伙企业高。

相比个体工商户、个人独资企业和合伙企业，法律对有限责任公司的组织架构规范性要求较多，政府对有限责任公司的监管更为严格，工商登记手续也较前几类创业实体复杂。为达到上述要求，有限责任公司需要支出相应的综合管理成本，导致其管理成本高于前三类创业实体。

（3）有限责任公司投资人的出资义务较个体工商户、个人独资企业和合伙企业高。

2023年修订的《公司法》着重增加了对股东出资义务的规定：新增了全体股东认缴的出资额由股东按照公司章程的规定自公司成立之日起5年内缴足的规定；股东未按期足额缴纳出资对公司的赔偿责任；股东未按照公司章程规定的出资日期缴纳出资面临的股东失权规定；股东出资加速到期制度等内容。同时，完善了抽逃出资责任。相较个体工商户、个人独资企业、合伙企业等组织形式的投资人，出资义务更重。

【案例】

王某毕业后创业，与甲有限责任公司旗下分公司签订了《采购合同》，约定由王某为该分公司提供春节创意产品，合同价款为5万元，无预付款，验收合格后三个工作日内该分公司支付全款。后王某依约交货，该分公司验收合格并签署了验收单。因分公司拖欠货款，王某讨要未果，遂向甲有限责任公司要求偿还欠款。

请分析：甲有限责任公司是否应当承担偿还义务？

分析提示：

根据《公司法》第13条的规定，公司可以设立子公司。子公司具有法人资格，依法独立承担民事责任。公司可以设立分公司。分公司不具有法人资格，其民事责任由公司承担。根据《民法典》第74条的规定，法人可以依法设立分支机构。法律、行政法规规定分支机构应当登记的，依照其规定。分支机构以自己的名义从事民事活动，产生的民事责任由法人承担；也可以先以该分支机构管理的财产承担，不足以承担的，由法人承担。因此，甲有限责任公司应当就其分公司的债务承担偿还义务。

二、股份有限公司

（一）股份有限公司的概念

股份有限公司是指依照《公司法》设立的，全部资本分为等额股份，公司以其全部财产对公司的债务承担责任，股东以其认购的股份为限对公司承担责任的法人企业。

（二）股份有限公司的设立

1. 设立方式

设立股份有限公司，可以采取发起设立或者募集设立两种方式。

（1）发起设立。

发起设立是指由发起人认购公司应发行的全部股份而设立公司。以发起设立的方式设立股份有限公司的，在设立时其股份全部由该公司的发起人认购，此阶段不向发起人之外的社会公众发行股份。

（2）募集设立。

募集设立是指由发起人认购公司应发行股份的一部分，其余股份向特定对象募集或者向社会公开募集而设立公司。以募集设立方式设立股份有限公司的，在其设立时不仅有发起人认购公司应发行的股份，而且有发起人以外的其他人认购公司应发行的股份。

2. 设立条件

设立股份有限公司，应当具备下列条件：

（1）发起人符合法定人数。

设立股份有限公司，应当有1人以上200人以下为发起人，其中应当有半数以上的发起人在中华人民共和国境内有住所。

（2）有符合公司章程规定的全体发起人认购的股本总额或者募集的实收股本总额。

以发起设立方式设立股份有限公司的，发起人应当认足公司章程规定的公司设立时应发行的股份。

以募集设立方式设立股份有限公司的，发起人认购的股份不得少于公司章程规定的公司设立时应发行股份总数的35%；但是，法律、行政法规另有规定的，从其规定。在发起人认购的股份缴足前，不得向他人募集股份。

（3）股份发行、筹办事项符合法律规定。

（4）发起人共同制定公司章程，公司章程需经成立大会通过。

设立股份有限公司，应当由发起人共同制定公司章程。股份有限公司章程应当载明下列事项：1）公司名称和住所；2）公司经营范围；3）公司设立方式；4）公司注册资本、已发行的股份数和设立时发行的股份数，面额股的每股金额；5）发行类别股的，每一类别股的股份数及其权利和义务；6）发起人的姓名或者名称、认购的股份数、出资方式；7）董事会的组成、职权和议事规则；8）公司法定代表人的产生、变更办法；9）监事会的组成、职权和议事规则；10）公司利润分配办法；11）公司的解散事由与清算办法；12）公司的通知和公告办法；13）股东会认为需要规定的其他事项。

募集设立股份有限公司的发起人应当自公司设立时应发行股份的股款缴足之日起30日内召开公司成立大会。发起人应当在成立大会召开15日前将会议日期通知各认股人或者予以公告。成立大会应当有持有表决权过半数的认股人出席，方可举行。以发起设立方式设立股份有限公司成立大会的召开和表决程序由公司章程或者发起人协议规定。成立大会对通过公司章程作出决议，应当经出席会议的认股人所持表决权过半数通过。

(5) 有公司名称，建立符合股份有限公司要求的组织机构。

股份有限公司必须有公司名称，建立由股东会、董事会、经理、监事会组成的组织机构，各机构按照法律法规的规定及公司章程的约定行使其权利。

(6) 有公司住所。

公司以其主要办事机构所在地为住所。

(三) 股份有限公司与其他企业形式的比较

1. 股份有限公司的优势

(1) 公司规模更大，融资能力更强。

股份有限公司突破了有限责任公司50人以下的股东规模限制，在更具竞争规模优势的同时也进一步分散了股东个人风险。

股份有限公司的内部管理比较完善，财务状况和经营信息比较透明，信用度较高，融资能力较强。

(2) 股份转让更加自由高效。

相比有限责任公司，股份有限公司是典型的资合公司，对股份转让的限制主要集中于特定身份的持有人，对一般中小股东转让股份不作限制，股东持有的股份可以向其他股东转让，也可以向股东以外的人转让，股东可以高效地完成股份转让。但公司章程对股份转让有限制的，其转让按照公司章程的规定进行。

(3) 组织机构更加完善。

《公司法》对股份有限公司的组织机构设置及其功能提出了比有限责任公司更高的要求，组织机构议事规则中强制性规定较多，相应地其运行也更加规范。

2. 股份有限公司的不足

(1) 设立程序相对复杂。

相比有限责任公司来说，股份有限公司的设立要求更多，其程序也相应严格、复杂。尤其采用募集方式设立的情况下难度较大。

(2) 中小股东对公司缺乏责任感。

股份有限公司的股权是比较分散的，并且可以自由转让，也就导致大部分的中小股东缺乏对公司的凝聚力和责任感。

(3) 运营成本相对较高。

由于股份有限公司组织机构设置较有限责任公司复杂，管理人员也相对较多，其运营成本远高于有限责任公司。

导入案例分析提示

根据《公司法》第53条的规定，公司成立后，股东不得抽逃出资。违反上述规定的，股东应当返还抽逃的出资；给公司造成损失的，负有责任的董事、监事、高级管理人员应当与该股东承担连带赔偿责任。因此，张某不能将出资款转回自己账户。

根据《公司法》第48条的规定，股东可以用货币出资，也可以用实物、知识产权、土地使用权、股权、债权等可以用货币估价并可以依法转让的非货币财产作价出资；但是，法律、行政法规规定不得作为出资的财产除外。对作为出资的非货币财产应当评估作价，核实财产，不得高估或者低估作价。法律、行政法规对评估作价有规定的，从其规定。因此，王某可以以房屋作价出资，但因为王某尚未将房屋变更至公司名下，因此王某尚未完成出资义务；而赵某用以出资的知识产权已评估并变更至公司名下，因此赵某完成了出资义务。

职业技能训练

1. 请分析个体工商户的法律特征。
2. 请列举个人独资企业的设立条件。
3. 请分析合伙企业的法律特征及设立条件。
4. 请分析普通合伙人和有限合伙人在责任承担方面的区别。
5. 请分析有限责任公司的法律特征及设立条件。
6. 请分析个体工商户、个人独资企业、合伙企业、有限责任公司的优势与不足。

案例一：

庄某与张某二人毕业后共同创业，设立了一家普通合伙企业。两人签署的《合伙协议》约定，由庄某出资5.5万元、张某出资4.5万元，并约定风险、利润由合伙人共担，但未做明确约定。该企业设立时已实缴全部出资。后该合伙企业出现了运营亏损，以企业全部资产偿还后仍负债20万元。庄某以个人财产偿还了该20万元负债，随后找张某要求分担债务，但遭到张某拒绝。庄某遂将张某起诉至法院。

请小组讨论，根据所学知识试分析以下问题并说明理由：

（1）庄某是否有权向张某追偿超过他应承担的部分？

（2）如果庄某有权追偿，张某应承担多少债务？

【分析提示】根据《合伙企业法》第33条的规定，合伙企业的利润分配、亏损分担，按照合伙协议的约定办理；合伙协议未约定或者约定不明确的，由合伙人协商决定；协商不成的，由合伙人按照实缴出资比例分配、分担；无法确定出资比例的，由合伙人平均分配、分担。根据《合伙企业法》第40条的规定，合伙人由于承担无限连带责任，清偿数额超过《合伙企业法》第33条第1款规定的其亏损分担比例的，有权向其他合伙人追偿。本案中，在合伙协议没有约定亏损承担比例的情况下，庄某又与张某协商不成，依法由合伙人按照实缴的比例承担。因此庄某有权向张某追偿超过他分担比例的部分，张某应向庄某偿还9万元。

案例二：

张某、王某、赵某毕业后创业。三人拟启动创意型工艺产品设计销售项目，经初步评估，项目需要启动资金50万元。三人具体情况如下：张某具备一定的经济实力，有能力承担主要的出资义务；王某具备一定的销售渠道，也有能力承担出资义务；赵某因资金短缺，希望以劳务出资，且团队中主要由赵某负责产品设计开发业务。目前团队没有未来引入投资并上市的打算。

请小组讨论，根据所学知识试分析以下问题并说明理由：

上述情况应采用哪类创业实体较为合适？

【分析提示】根据《合伙企业法》第16条的规定，合伙人可以用货币、实物、知识产权、土地使用权或者其他财产权利出资，也可以用劳务出资。鉴于三人的创业项目主要依靠赵某的专业技能，且未来没有引入投资并上市的打算，建议采用设立合伙企业的方式来吸纳赵某的出资。

需要说明的是，以上列举了较为简单的情况，目的是引导创业者根据自己的创业项目和团队现状思考可能的创业实体。从实践经验来看，一个创业项目在选择合适的实体时，需要充分结合具体情况包括经营规模、经营方式、经营主体人数、经营固定成本、税负筹划、投入要素、创业者个人风险承受能力、创业者之间的信任程度、创业者对于决策权的想法等因素多维度综合考虑。因此建议在了解初步知识背景的情况下，聘请法律及财务专业人员以获得专业建议。

第七章 创业实体合同管理法律实务

学习目标

知识目标

1. 掌握合同订立的程序。
2. 理解合同的形式与内容的基本理论。
3. 理解合同效力的基本理论。
4. 理解合同的履行、变更、转让及终止的基本理论。
5. 掌握违约责任的承担方式。

能力目标

1. 能够判断合同是否成立，以及合同成立的时间、地点。
2. 能够审查合同，学会签署一份完备的合同以维护自身合法权益。
3. 能够正确分析合同的效力，保证签署有效的合同并全面履行。
4. 能够正确选择合适的违约责任承担方式。

素养目标

1. 树立契约精神，培育契约意识。
2. 培养诚信意识，能根据合同的性质、目的和交易习惯履行通知、协助、保密等义务，还应当避免浪费资源、污染环境和破坏生态，履行相应的社会责任。

第一节 合同的订立

导入案例

王某毕业后，计划在工作所在地的城市购入一套住宅，遂在目标区域考察了几处楼盘。由于王某的存款仅够支付购房首付款，且没有买车计划，因此对楼盘的交通便利性要求较高。当王某看到某楼盘销售顾问给他的预售宣传手册中关于“楼盘周边即将建设地铁8号线、小区至地铁口步行5分钟可达”时非常心动，且销售顾问重点宣传了该条地铁线路的便捷性，虽然该楼盘价格高于附近其他楼盘，王某仍然认为物有所值，遂签署了《商品房买卖合同》。但两年后王某收房时却发现该楼盘建成后与地铁8号线相距甚远，步行至少需要半小时，于是拒绝收房，双方发生纠纷。

请分析：开发商的虚假宣传行为是否构成违约？

一、合同概述

（一）合同的概念

《民法典》所规定的合同，是民事主体之间设立、变更、终止民事法律关系的协议。对于现代企业和组织来说，合同是其正规运营的基础，是维护其合法权益的重要手段。尤其是在创业初期，一份合格的合同具有明确各方的权利义务、防止经济损失、展现实力和诚信等功能，从而达到保障创业者及其创业实体合法权益的目的。

（二）合同应当遵循的原则

合同作为一种典型的民事法律行为，遵循《民法典》规定的民事主体从事民事活动应当遵循的各种原则，主要包括：其一，平等原则。即民事主体在民事活动中的法律地位一律平等。其二，自愿原则。即民事主体从事民事活动，应当遵循自愿原则，按照自己的意思设立、变更、终止民事法律关系。其三，公平原则。即民事主体从事民事活动，应当以公平的原则合理确定各方的权利和义务。其四，诚信原则。即民事主体从事民事活动，应当遵循诚信原则，秉持诚实，恪守承诺。其五，守法与公序良俗原则。即民事主体从事民事活动，不得违反法律，不得违背公序良俗。其六，绿色原则。即民事主体从事民事活动，应当有利于节约资源、保护生态环境。

二、合同订立的程序

合同订立是指缔约人为意思表示并达成合意的状态，包括缔约各方的接触和洽商、最后直至达成协议的整个过程，其中包含要约、承诺等意思表示。《民法典》第471条规定，当事人订立合同，可以采取要约、承诺方式或者其他方式。

（一）要约

1. 要约的概念和构成条件

要约是希望与他人订立合同的意思表示。在商业活动中，要约常常被称作发盘、报价等。发出要约的人称为“要约人”，接受要约的人称为“受要约人”。

要约应当具备下列条件：

（1）要约的内容必须具体确定。

要约内容要明确、全面、具体、清楚，不仅要使受要约人明白地了解要约人的真实意思，还要知道未来订立的合同的主要条款。

（2）要约必须表明要约人受该意思表示约束的意愿。

要约必须明确表达要约人订立合同的意愿及愿受该意思表示约束的意愿。

（3）要约应向特定的相对人发出。

要约一般应向特定的相对人发出，这样对方一旦承诺，合同即告成立。如果相对人不确定，则无法作为合同另一方当事人。在相对人不确定的情况下，要约人发出的订立要约的意思表示就不能视为一个要约，只能视为一个要约邀请。

2. 要约的生效

根据《民法典》第137条的规定，要约的生效时间分为两类：

第一，以对话方式作出的要约，相对人知道其内容时生效。

第二，以非对话方式作出的要约，到达相对人时生效。以非对话方式作出的采用数据电文形式的要约，相对人指定特定系统接收数据电文的，该数据电文进入该特定系统时生效；未指定特定系统的，相对人知道或者应当知道该数据电文进入其系统时生效。当事人对采用数据电文形式的要约的生效时间另有约定的，按照其约定。

3. 要约的撤回

要约的撤回是指要约人在要约生效之前，使要约不发生法律效力的行为。撤回要约的通知应当在要约到达相对人前或者与要约同时到达相对人，才可以发生要约撤回的效力。但是在当今普遍使用数据电文的场合，要约的撤回从技术上基本难以达到，因此要约应当谨慎作出。

4. 要约的撤销

要约的撤销是指要约人在要约生效后，受要约人作出承诺之前，将该要约取消，使要约的法律效力归于消灭的意思表示。

由于要约的撤销往往不利于受要约人，只有在符合一定条件下才被允许。《民法典》规定了要约在以下两种情形下不得撤销的情况：

（1）要约人以确定承诺期限或者其他形式明示要约不可撤销。

（2）受要约人有理由认为要约是不可撤销的，并已经为履行合同做了合理准备工作。

同时，《民法典》对撤销要约的时间也作出了规定：撤销要约的意思表示以对话方式作出的，该意思表示的内容应当在受要约人作出承诺之前为受要约人所知道；撤销要约的意思表示以非对话方式作出的，应当在受要约人作出承诺之前到达受要约人。

5. 要约的失效

要约的失效主要是指要约丧失法律效力，要约人与受要约人均不再受其约束。根据《民法典》第478条的规定，有下列情形之一的，要约失效：（1）要约被拒绝；（2）要约被依法撤销；（3）承诺期限届满，受要约人未作出承诺；（4）受要约人对要约的内容作出实质性变更。

拓展知识

什么是要约邀请？

要约邀请是希望他人向自己发出要约的表示。例如：拍卖公告、招标公告、招股说明书、债券募集办法、基金招募说明书、商业广告和宣传、寄送的价目表等为要约邀请。总之，要约邀请的目的是邀请相对人向自己发出要约，是当事人订立合同的预备行为。

但需要注意的是，《民法典》规定商业广告和宣传的内容符合要约条件的，构成要约。《最高人民法院关于审理商品房买卖合同纠纷案件适用法律若干问题的解释》第3条规定，商品房的销售广告和宣传资料为要约邀请，但是出卖人就商品房开发规划范围内的房屋及相关设施所作的说明和允诺具体确定，并对商品房买卖合同的订立以及房屋价格的确定有重大影响的，构成要约。该说明和允诺即使未载入商品房买卖合同，亦应当为合同内容，当事人违反的，应当承担违约责任。

（二）承诺

1. 承诺的概念和构成条件

承诺是指受要约人同意接受要约的全部条件以缔结合同的意思表示。

承诺应当同时具备以下条件：

（1）承诺必须是由受要约人向要约人作出。

要约是要约人向特定的受要约人发出的，因此只有受要约人才具有作出承诺的资格，除此之外任何第三方不具有承诺的资格。承诺是受要约人收到要约后，意在接受要约并与要约人订立合同的意思表示，因此受要约人必须向要约人作出承诺，而不是向任何第三方。

（2）承诺必须在合理的期限内作出。

承诺应当在要约确定的期限内到达要约人。要约没有确定承诺期限的，承诺应当依照下列规定到达：要约以对话方式作出的，应当即时作出承诺；要约以非对话方式作出的，承诺应当在合理期限内到达。

要约以信件或者电报作出的，承诺期限自信件载明的日期或者电报交发之日开始计算。信件未载明日期的，自投寄该信件的邮戳日期开始计算。要约以电话、传真、电子邮件等快速通信方式作出的，承诺期限自要约到达受要约人时开始计算。

（3）承诺的内容应当与要约的内容保持一致。

受要约人必须使承诺在内容上与要约的内容保持一致。如果受要约人在承诺中对要约的内容作出实质性变更的，便不能构成承诺，而是一个新的要约。

2. 承诺作出的方式

承诺应当以通知的方式作出；但是，根据交易习惯或者要约表明可以通过行为作出承诺的除外。

3. 承诺的生效

承诺生效的时间以是否需要通知分为以下两种情况：

（1）以通知方式作出的承诺，采用承诺到达生效的原则，与要约生效适用相同的规则。

（2）承诺不需要通知的，根据交易习惯或者要约的要求作出承诺的行为时生效。

4. 承诺的撤回

承诺可以撤回。承诺撤回与要约撤回适用相同的规则，即撤回承诺的通知应当在承诺到达相对人前或者与承诺同时到达相对人，才可以发生承诺撤回的效力。

拓展知识

承诺在以下两种情况下会构成新的要约：

1. 受要约人超过承诺期限发出承诺，或者在承诺期限内发出承诺，按照通常情形不能及时到达要约人的，为新要约；但是，要约人及时通知受要约人该承诺有效的除外。

2. 承诺的内容应当与要约的内容一致。受要约人对要约的内容作出实质性变更的，为新要约。有关合同标的、数量、质量、价款或者报酬、履行期限、履行地点和方式、违约责任和解决争议方法等的变更，是对要约内容的实质性变更。

在日常生活及经济往来过程中，要求承诺与要约的内容绝对一致是不现实的，也不利于交易。因此，《民法典》规定，承诺对要约的内容作出非实质性变更的，除要约人及时表示反对或者要约表明承诺不得对要约的内容作出任何变更外，该承诺有效，合同的内容以承诺的内容为准。

（三）合同的成立

1. 合同成立的时间

（1）合同一般自承诺生效时成立，但是法律另有规定或者当事人另有约定的除外。承诺生效的时间如上文所述，因是否需要通知而分为以下两种情况：

第一，以通知方式作出的承诺，生效的时间适用《民法典》第 137 条的规定，即以对话方式作出的承诺，相对人知道其内容时生效。以非对话方式作出的承诺，到达相对人时生效。以非对话方式作出的采用数据电文形式的承诺，相对人指定特定系统接收数据电文的，该数据电文进入该特定系统时生效；未指定特定系统的，相对人知道或者应当知道该数据电文进入其系统时生效。当事人对采用数据电文形式的承诺的生效时间另有约定的，按照其约定。

第二，承诺不需要通知的，根据交易习惯或者要约的要求作出承诺的行为时生效。

（2）当事人采用合同书形式订立合同的，自当事人均签名、盖章或者按指印时合同成立。在签名、盖章或者按指印之前，当事人一方已经履行主要义务，对方接受时，该合同成立。

法律、行政法规规定或者当事人约定合同应当采用书面形式订立，当事人未采用书面形式但是一方已经履行主要义务，对方接受时，该合同成立。

（3）当事人采用信件、数据电文等形式订立合同要求签订确认书的，签订确认书时合同成立。

当事人一方通过互联网等信息网络发布的商品或者服务信息符合要约条件的，对方选择该商品或者服务并提交订单成功时合同成立，但是当事人另有约定的除外。

【案例】

王某毕业后以个人身份从事剧本写作工作。2024 年 8 月，某影视公司的项目负责人致电王某，要求其写一个关于都市职场剧主题的剧本，稿酬 10 万元整，最终验收合格后支付全款。随后该负责人将合同邮件发给他，邮件写明："如王某能够接受合同条款，则王某将该合同打印后先行签名，邮寄至该影视公司后按流程履行用印程序，待影视公司用印完毕后将属于王某的一份合同寄回。"王某看到合同认为合同条款可以接受，就在合同上签名并寄至该影视公司，等待该影视公司用印完成后寄回属于他的一份合同。等待期间，王某已经收到了剧本框架，并且已经与该影视项目负责人对接开展了工作，并按照负责人要求完成了几轮修改，最终收到了该影视项目负责人"最终版剧本可以定稿"的邮件。但是，王某交付终稿后，并未收到影视公司的任何稿酬，也未收到影视公司用印后的合同。王某数次沟通，影视公司均以合同尚未成立为由而拖延付款。王某遂将该影视公司作为被告诉至法院，要求其支付稿酬。

请分析：影视公司关于合同尚未成立的理由是否成立？

分析提示：

《民法典》第 490 条规定，当事人采用合同书形式订立合同的，自当事人均签名、盖章或者按指印时合同成立。在签名、盖章或者按指印之前，当事人一方已经履行主要义务，对方接受时，该合同成立。法律、行政法规规定或者当事人约定合同应当采用书面形式订立，当事人未采用书面形式但是一方已经履行主要义务，对方接受时，该合同成立。

王某虽然与影视公司约定以书面形式签署合同。但在影视公司用印之前，王某已经履行了合同的主要义务，并且影视公司已经接受，因此该合同依法已经成立，根据《民法典》502 条关于"依法成立的合同，自成立时生效"的规定，王某有权按约定金额主张其稿酬。

2. 合同成立的地点

（1）承诺生效的地点为合同成立的地点。

（2）采用数据电文形式订立合同的，收件人的主营业地为合同成立的地点；没有主营业地的，其住所地为合同成立的地点。当事人另有约定的，按照其约定。

（3）当事人采用合同书形式订立合同的，最后签名、盖章或者按指印的地点为合同成立的地点，但是当事人另有约定的除外。

拓展知识

骑缝章的作用：

骑缝章是在签署两页以上的合同情况下，将公章或合同章盖在合同的侧边上，确保合同侧边展开后能够还原成一个完整的印章。

虽然骑缝章、骑缝签名或指印不属于法律规定的合同生效要件，是否加盖骑缝章也不影响合同的成立，但是鉴于加盖骑缝章有利于保持合同的完整性，能有效防范合同页被替换、增减的风险，建议在签署多页合同的时候，尽量加盖骑缝章。

三、合同订立的主体

根据《民法典》规定，合同订立的主体主要分为以下三类：

（一）自然人

《民法典》规定，自然人从出生时起到死亡时止，具有民事权利能力，依法享有民事权利，承担民事义务。自然人的民事权利能力一律平等。

根据自然人的不同年龄、状态下展现出的民事行为能力，自然人可以划分为完全民事行为能力人、限制民事行为能力人、无民事行为能力人。详见表 7-1。

表 7-1　自然人民事行为能力的分类

	完全民事行为能力人	限制民事行为能力人	无民事行为能力人
范围	1. 十八周岁以上的自然人为成年人，成年人为完全民事行为能力人； 2. 十六周岁以上的未成年人，以自己的劳动收入为主要生活来源的，视为完全民事行为能力人	1. 八周岁以上的未成年人为限制民事行为能力人； 2. 不能完全辨认自己行为的成年人为限制民事行为能力人	1. 不满八周岁的未成年人为无民事行为能力人； 2. 不能辨认自己行为的成年人为无民事行为能力人
行为效力	可以独立实施民事法律行为	1. 可以独立实施纯获利益的民事法律行为或者与其智力、精神健康状况相适应的民事法律行为； 2. 除上述行为外，限制民事行为能力人实施其他民事法律行为由其法定代理人代理或者经其法定代理人同意、追认	1. 独立实施的民事法律行为无效； 2. 由其法定代理人代理实施民事法律行为； 3. 八周岁以上的未成年人不能辨认自己行为的，适用上述规定

（二）法人

法人是具有民事权利能力和民事行为能力，依法独立享有民事权利和承担民事义务的组织。它具有依法成立，具有自己的名称、组织机构、住所、财产或者经费，并以其全部财产独立承担民事责任等特点。

根据《民法典》的规定，法人主要分为营利法人、非营利法人和特别法人三个类型。

（三）非法人组织

非法人组织是不具有法人资格，但是能够依法以自己的名义从事民事活动的组织。非法人组织包括个人独资企业、合伙企业、不具有法人资格的专业服务机构等。

四、合同的形式

合同的形式是指合同内容的外部表现。当事人订立合同，可以采用书面形式、口头形式或者其他形式。

（一）书面形式

书面形式是合同书、信件、电报、电传、传真等可以有形地表现所载内容的形式。其中合同书是指载有合同内容的文书，合同书必须以文字形式载明各方权利义务，并由当事人或其代理人签字或盖章。

数据电文形式的合同是指以电子数据交换、电子邮件等方式能够有形地表现所载内容，并可以随时调取查用的数据电文，也被视为书面形式。随着数字经济的发展，合同的表现形式也从传统的纸质载体走向了电子化。

书面形式的合同在发生纠纷时能做到有据可查，能够区分各方义务或责任。因此，除小额日常消费外，在合同关系较为复杂、合同标的金额较大的情况下，建议采用书面形式签署合同。

（二）口头形式

口头形式是指合同当事人只通过语言作为其订立合同的意思表示，而不用文字或其他方式作为意思表示的合同形式。

口头形式的合同具有简便易行的特点，尤其适用于即时清结的合同或者标的额比较小的合同，如日常消费项目。口头形式的合同也有可能产生相应的文字凭证，如在商场等消费场所消费，经营者提供的购物小票、发票等凭证，虽然因为欠缺合同的基本构成要件而不能视为合同书，但是可以作为口头合同成立的证明。口头合同的缺点也很明显，一旦发生纠纷很难取证。

（三）其他形式

合同的其他形式也可以理解为合同的推定形式，当事人未以书面形式或口头形式订立合同，但是从双方从事的民事行为能够推定双方有订立合同意愿的，则可以认定是《民法典》规定的“其他形式”订立的合同。其他形式包括推定和沉默等方式。

五、合同的内容

根据《民法典》第470条的规定，合同的内容由当事人约定，一般包括下列条款：

（一）当事人的姓名或者名称和住所

订立合同必须明确合同当事人，当事人写明姓名或者名称和住所，加以特定化、固定化。

（二）标的

标的是合同当事人权利义务所指向的对象。合同标的可以是物，也可以是知识产权、劳务、工作成果等。标的应当在合同中写明并描述清楚、明确。

（三）数量

数量要清楚、准确，计量单位、方法、工具符合国家或者行业规定。

（四）质量

当事人约定的产品质量标准不能低于法律法规规定的强制性标准，要注明准确的标准代号全称，并明确质量检验的方法、责任期限和条件、质量异议期限等。

（五）价款或者报酬

合同应明确规定价款或者报酬的数额、计算标准、结算方式和程序。需要注意的是，在设定价款支付条款时，应把价款支付条件和对方在各阶段应履行的合同义务相联系，通过设定价款支付的时间节点和付款比例来促使合同对方如约履行义务或降低我方履约风险，最大限度发挥付款条件的风险控制作用。

（六）履行期限、地点和方式

它是当事人全面完成自己的合同义务的时间、地点和方式，应当约定得具体、明确。

（七）违约责任

违约责任是指当事人因违反合同义务而应承担的责任。订立违约责任应全面评估合同关系，考虑各种可能的违约假设，并设立相应的违约处理方式。

（八）解决争议的方法

解决争议的方法是指当事人如在合同履行过程中发生争议，通过什么样的途径解决这一争议。合同争议的解决方式有四种：和解、调解、仲裁和诉讼。其中，和解、调解并非解决合同争议必经的程序。

拓展知识

格式条款相关知识：

日常生活中常会遇到经营者提供的制式合同以供签署，或者以通知、声明、店堂告示等方式规定双方权利义务的行为，以上都可以视作经营者向我们提供了具有格式条款内容的合同。

格式条款是当事人为了重复使用而预先拟定，并在订立合同时未与对方协商的条款。根据法律规定，经营者有义务采用公平原则制作合同条款，并且针对需要对方注意免除或者减轻其责任等与对方有重大利害关系的条款，经营者有义务提请注意以及按照对方要求予以说明。如果经营者未履行提示或者说明义务，致使我们没有注意或者理解与其有重大利害关系的条款的，即使合同已经签订，我们也可以主张该条款不成为合同的内容。

在合同履行过程中，如果双方对格式条款的理解发生争议的，应当按照通常理解予以解释。对格式条款有两种以上解释的，应当作出不利于提供格式条款一方的解释。如果合同同时存在格式条款和非格式条款，且两者约定不一致的，应当采用非格式条款。

导入案例分析提示

根据《民法典》第473条的规定，要约邀请是希望他人向自己发出要约的表示。拍卖公告、招标公告、招股说明书、债券募集办法、基金招募说明书、商业广告和宣传、寄送的价目表等为要约邀请。商业广告和宣传的内容符合要约条件的，构成要约。根据《最高人民法院关于审理商品房买卖合同纠纷案件适用法律若干问题的解释》第3条的规定，商品房的销售广告和宣传资料为要约邀请，但是出卖人就商品房开发规划范围内的房屋及相关设施所作的说明和允诺具体确定，并对商品房买卖合同的订立以及房屋价格的确定有重大影响的，构成要约。该说明和允诺即使未载入商品房买卖合同，亦应当为合同内容，当事人违反的，应当承担违约责任。

因此，商品房的销售广告和宣传资料一般情况下属于要约邀请，但对相关设施所作的说明和允诺在一定条件下构成要约。本案中的预售宣传手册的内容完全符合商品房销售广告成为要约的条件，该预售宣传手册中具体确定的说明和允诺即使未载入商品房买卖合同，亦应当为合同内容，当事人违反的，应当承担违约责任。本案中的开发商应当向王某承担违约责任。

第二节 合同的效力

导入案例

请判断以下合同是否属于有效合同？

1. 王某与患有严重精神病的赵某签署的《房屋买卖合同》。

2. 张某为增加其网络店铺的交易量，约定由陈某在其网络店铺刷单，在陈某刷单成功后，张某需按照交易订单金额退还货款，并支付刷单报酬。

3. 贾某为逃避债务，假意将其名下房屋出售给朋友吕某，双方签订了《房屋买卖合同》。

合同的效力是指已经成立的合同在当事人之间产生的法律约束力，即通常所说的合同的法律效力。合同成立是合同生效的前提，但成立后的合同未必都会有效，不一定能产生当事人所追求的法律效果。合同成立只是代表当事人之间达成合意的事实，法律对其进行怎样的评价，就是合同的效力问题。

一、有效合同

有效合同是指具备了《民法典》规定的合同有效的要件，能够产生合同当事人预期的法律效果的合同。

（一）合同的有效要件

根据《民法典》第 143 条的相关规定，合同有效必须同时满足以下的三个条件：

1. 行为人具有相应的民事行为能力

当行为人为自然人时，自然人签订合同，原则上必须具有完全民事行为能力。限制民事行为能力人签订的合同则效力待定，要由其法定代理人代理签订或者经其法定代理人同意、追认合同才有效，但限制民事行为能力人可以独立签订纯获利益的合同或者与其年龄、智力、精神健康状况相适应的合同，该合同有效。无民事行为能力人签订的合同是无效的合同，应由其法定代理人代理签订合同。

当行为人为法人、非法人组织时，依法有资格独立签订合同，法人的分支机构在得到法人的书面授权后，可以以自己的名义签订合同。

2. 意思表示真实

意思表示真实是指行为人的表示行为应真实地反映其内心的效果意思。签订合同的时候不能存在欺诈、胁迫、重大误解或者乘人之危的情况，否则会影响合同的有效性。

3. 不违反法律、行政法规的强制性规定，不违背公序良俗

需要注意的是，与法律、行政法规不同，“公序良俗”是一个不确定的概念，通常是指不特定多数人的利益，凡是我国社会生活的政治基础、公共秩序、道德准则和风俗习惯等，均可列入其中。

（二）合同的生效

一般情况下，合同有效了，就是合同生效了，但有些情况下，合同有效并不一定生效，有时还需要履行一定条件，合同才能生效。比如某些合同需要行政主管机关审批才能生效，即使合同有效，没有经过审批，也尚未生效。

1. 合同的生效时间

依法成立的合同，自成立时生效，但是法律另有规定或者当事人另有约定的除外。

依照法律、行政法规的规定，合同应当办理批准等手续的，依照其规定。未办理批准等手续影响合同生效的，不影响合同中履行报批等义务条款以及相关条款的效力。应当办理申请批准等手续的当事人未履行义务的，对方可以请求其承担违反该义务的责任。

2. 附条件生效的合同

当事人对合同的效力可以约定附条件。附生效条件的合同，自条件成就时生效；附解除条件的合同，自条件成就时失效。当事人为自己的利益不当地阻止条件成就的，视为条件已成就；不正当地促成条件成就的，视为条件不成就。

3. 附期限生效的合同

当事人对合同的效力可以约定附期限。附生效期限的合同，自期限届至时生效；附终止期限的合同，自期限届满时失效。

二、合同无效

（一）合同无效概述

合同无效是指合同虽然已经成立，但因其欠缺有效要件，在法律上自始、当然、完全不发生行为人预期的效力。无效的合同自始没有法律约束力。有的合同只是部分无效，如该部分无效不影响其余部分效力时，其余部分仍然有效。

（二）合同无效的情形

有下列情形之一的，合同无效：（1）无民事行为能力人订立的合同；（2）行为人与相对人以虚假的意思表示订立的合同；（3）违反法律、行政法规的强制性规定的合同，但该强制性规定不导致该合同无效的除外；（4）违背公序良俗的合同；（5）行为人与相对人恶意串通，损害他人合法权益的合同。

三、可撤销合同

（一）可撤销合同概述

可撤销合同是指欠缺生效要件，一方当事人可依照自己的意思使合同效力归于消灭的合同。如果合同存在法定的意思表示不真实的情况，则撤销权人有权通过行使撤销权，使已经生效的合同效力予以消灭。

（二）可撤销合同的情形

根据《民法典》的相关规定，具备如下情形之一的，属于可撤销合同：

（1）基于重大误解订立的合同。

重大误解是指误解人作出意思表示时，对涉及合同法律效果的重要事项存在认识上的显著缺陷，其后果是使误解人受到较大损失，以至于根本达不到缔约目的。

（2）一方以欺诈手段，使对方在违背真实意思的情况下订立的合同。

（3）第三人实施欺诈行为，使一方在违背真实意思的情况下订立合同，对方知道或者应当知道该欺诈行为的情形。

（4）一方或者第三人以胁迫手段，使对方在违背真实意思的情况下订立的合同。

（5）一方利用对方处于危困状态、缺乏判断能力等情形，致使合同成立时显失公平的。

根据《最高人民法院关于适用〈中华人民共和国民法典〉合同编通则若干问题的解释》第11条的规定，当事人一方是自然人，根据该当事人的年龄、智力、知识、经验并结合交易的复杂程度，能够认定其对合同的性质、合同订立的法律后果或者交易中存在的特定风险缺乏应有的认知能力的，人民法院可以认定该情形构成《民法典》规定的“缺乏判断能力”。

（三）撤销权

撤销权是指法律赋予撤销权人在符合法定条件下，按其单方意思表示使合同民事法律行为失去其约束力的权利。

1. 撤销权人的范围

撤销权人的范围主要包括：基于重大误解订立合同的误解人；基于欺诈情形下订立合同的受欺诈人；基于胁迫的手段订立合同的受胁迫人；在显失公平的合同关系中处于危困状态或缺乏判断力状态，以致被乘人之危或承受合同重大不利后果的人。

2. 撤销权的行使

在符合法定的情形下，撤销权人有权请求人民法院或者仲裁机构予以撤销。

3. 撤销权的消灭

根据《民法典》的规定，有下列情形之一的，撤销权消灭：

（1）当事人自知道或者应当知道撤销事由之日起1年内、重大误解的当事人自知道或者应当知道撤销事由之日起90日内没有行使撤销权；

（2）当事人受胁迫，自胁迫行为终止之日起1年内没有行使撤销权；

（3）当事人知道撤销事由后明确表示或者以自己的行为表明放弃撤销权。

当事人自合同订立之日起5年内没有行使撤销权的，撤销权消灭。

四、效力待定的合同

（一）效力待定的合同概述

效力待定的合同是指由于合同缺乏有效要件，订立时尚不能确定合同能否发生当事人预期的法律效力，只有经过法律规定的相关权利人的追认，才能将欠缺的有效要件弥补为符合法律规定的有效要件，此时合同才能发生当事人预期的法律效力；如果相关权利人在法定时间内不予追认，合同就会因为欠缺有效要件而归于无效。因为合同的效力是基于相关权利人的是否追认而确定，因此这一类的合同被称为效力待定的合同。

（二）效力待定的合同类型

1. 限制民事行为能力人订立的合同

限制民事行为能力人订立的纯获利益的合同或者与其年龄、智力、精神健康状况相适应的合同有效；订立的其他超越其认知和能力的合同应经法定代理人同意或者追认后有效。

相对人可以催告法定代理人自收到通知之日起 30 日内予以追认。法定代理人未作表示的，视为拒绝追认。合同被追认前，善意相对人有撤销的权利。撤销应当以通知的方式作出。

2. 无权代理人订立的合同

行为人没有代理权、超越代理权或者代理权终止后以被代理人名义订立的合同，未经被代理人追认的，对被代理人不发生效力。被代理人已经开始履行合同义务或者接受相对人履行的，视为对合同的追认。

相对人可以催告被代理人自收到通知之日起 30 日内予以追认。被代理人未作表示的，视为拒绝追认。合同被追认之前，善意相对人有撤销的权利。撤销应当以通知的方式作出。

五、合同无效、被撤销或者确定不发生效力的法律后果

（一）返还财产或者折价补偿

合同无效、被撤销，则合同自始不发生法律效力，因此，当事人一方基于合同所取得的财产则丧失了法律依据。合同无效、被撤销或者确定不发生效力后，当事人因该合同取得的财产，应当予以返还，返还的范围应当包括原物及有关收益；如果不能返还原物或者没有必要返还的，具有返还义务的当事人应当向对方当事人履行折价补偿的义务，以尽量使合同当事人权益回归至未签署时的状态。

（二）赔偿损失

合同无效、被撤销或者确定不发生效力后，有过错的一方应当赔偿对方因此所受到的损失；各方都有过错的，应当各自承担相应的责任。法律另有规定的，依照其规定。当事人请求赔偿损失的，人民法院应当结合财产返还或者折价补偿的情况，综合考虑财产增值收益和贬值损失、交易成本的支出等事实，按照双方当事人的过错程度及原因力大小，根据诚信原则和公平原则，合理确定损失赔偿额。

导入案例分析提示

在第 1 种情况下，赵某是不能辨认自己行为的成年人，依法属于无民事行为能力人，他签署的合同属于无效合同。

在第 2 种情况下，双方在没有真实的买卖意思的情况下，以刷单为目的而订立的买卖合同属于以虚假意思表示订立的合同，应属于无效合同。

在第 3 种情况下，贾某为逃避债务恶意串通吕某出卖房屋，损害了其债权人的利益，该合同因此而无效。

第三节　合同的履行、变更、转让及终止

导入案例

王某毕业后开了一家咖啡馆，并与供货商B公司签署了一份《供货协议》，约定由B公司定期按合同清单向王某供应各类食材，B公司负责将货物送至咖啡馆，双方以清单列明价格按实结算。在该协议履行过程中，王某发现B公司送来的部分食材是临期食品，担心会影响咖啡馆的食物品质，因此拒绝签收；而B公司认为虽然属于临期食品，但送货时食材仍然处在标注的保质期内，且合同并未对临期食品有特别约定，王某应当予以结算。

请分析：王某如果拒绝结算，是否构成违约？王某可以采取什么方法补救？

一、合同的履行

合同的履行是指债务人全面地、适当地完成其合同义务，使债权人的合同债权得到完全实现。

（一）合同履行的原则

1. 全面履行原则

当事人应当按照合同约定的标的及其数量、质量等，由适当的主体在采用适当的履行方式，在适当的时间、地点全面履行自己的义务。例如，买卖合同的出卖人应当按照约定的履行期限、履行地点和方式，将符合约定的数量、质量要求的标的物交付于买受人，买受人应当按照约定的价款金额、结算方式支付价款。

2. 诚信履行原则

当事人应当遵循诚信原则，根据合同的性质、目的和交易习惯履行通知、协助、保密等义务。

3. 经济环保原则

要求当事人在履行合同过程中，应当讲求经济效益，选择最经济合理的履行方式，避免浪费资源、污染环境和破坏生态。

（二）合同约定不明的履行规则

考虑到日常交易过程中，常见签署的合同条款存在不完备、不明确的情况，导致合同无法履行或无法正常履行。因此《民法典》规定了在合同内容约定不明确的情况下如何处

理的规则：

1. 协议补充

合同生效后，当事人就质量、价款或者报酬、履行地点等内容没有约定或者约定不明确的，可以协议补充。

2. 按照合同相关条款或者交易习惯确定

如果当事人之间不能达成补充协议的，就按照合同相关条款或者交易习惯确定。

3. 法定处理方式

当事人就有关合同内容约定不明确，依据以上规定仍不能确定的，适用下列规定：

（1）质量要求不明确的，按照强制性国家标准履行；没有强制性国家标准的，按照推荐性国家标准履行；没有推荐性国家标准的，按照行业标准履行；没有国家标准、行业标准的，按照通常标准或者符合合同目的的特定标准履行。

（2）价款或者报酬不明确的，按照订立合同时履行地的市场价格履行；依法应当执行政府定价或者政府指导价的，依照规定履行。

（3）履行地点不明确，给付货币的，在接受货币一方所在地履行；交付不动产的，在不动产所在地履行；其他标的，在履行义务一方所在地履行。

（4）履行期限不明确的，债务人可以随时履行，债权人也可以随时请求履行，但是应当给对方必要的准备时间。

（5）履行方式不明确的，按照有利于实现合同目的的方式履行。

（6）履行费用的负担不明确的，由履行义务一方负担；因债权人原因增加的履行费用，由债权人负担。

（三）双务合同履行中的抗辩权

双务合同履行中的抗辩权是指在符合法定条件时，当事人一方对抗相对人的履行请求权，暂时拒绝履行其债务的权利。双务合同履行中的抗辩权包括同时履行抗辩权、先履行抗辩权和不安抗辩权。

1. 同时履行抗辩权

同时履行抗辩权是基于合同履行的诚信原则的要求而赋予合同当事人的权利。根据《民法典》的规定，同时履行抗辩权是指合同的当事人互负债务没有先后履行顺序的，应当同时履行。一方在对方履行之前有权拒绝对方的履行请求。一方在对方履行债务不符合约定时，也有权拒绝其相应的履行请求。根据《最高人民法院关于适用〈中华人民共和国民法典〉合同编通则若干问题的解释》的相关规定，仅在当事人一方未履行主要债务时，对方才能行使同时履行抗辩权。如果仅仅是非主要债务没有履行，除非影响合同目的的实现，否则对方不能行使同时履行抗辩权。

例如，买卖双方签署了一份《货物买卖合同》，约定一手交钱一手交货。买方可以在卖方不交付货物的情况下拒绝向卖方支付货款；买方也有权利在卖方交付的货物不符合合同约定的情况下拒绝卖方要求支付全款的要求。相应地，卖方有权在买方不支付货款的情况下拒绝交付货物，也有权在买方未按合同约定的方式和金额足额支付货款的情况下拒绝买方要求交付全部货物的请求。

2. 先履行抗辩权

先履行抗辩权是指当事人互负债务，有先后履行顺序，应当先履行债务一方未履行的，后履行一方有权拒绝其履行请求。先履行一方履行债务不符合约定的，后履行一方有权拒绝其相应的履行请求。

例如，买卖双方签署了一份《货物买卖合同》，约定货到验收合格后支付全款。则买方可以在未收到货物或者卖方交付的货物不符合合同约定的情况下，有权拒绝支付相应的合同价款。

3. 不安抗辩权

不安抗辩权是指先履行方有确切证据证明后履行方有丧失或可能丧失履行能力的情形时中止履行合同的权利，并在后履行方于合理期限内未恢复履行能力且未提供适当担保时解除合同的权利。

根据《民法典》规定，应当先履行债务的当事人，有确切证据证明对方有下列情形之一的，可以中止履行：（1）经营状况严重恶化；（2）转移财产、抽逃资金，以逃避债务；（3）丧失商业信誉；（4）有丧失或者可能丧失履行债务能力的其他情形。

先履行方依据法律规定中止履行的，应当及时通知后履行方。后履行方提供适当担保的，应当恢复履行。中止履行后，后履行方在合理期限内未恢复履行能力且未提供适当担保的，视为以自己的行为表明不履行主要债务，先履行方可以解除合同并可以请求对方承担违约责任。

仍以《货物买卖合同》为例，合同约定货到验收合格后支付全款，但是卖方在发货前有确切证据证明买方经营状况严重恶化已无力支付货款，则此时卖方可以选择中止发货。中止履行后，如果买方提供了足额担保，卖方就必须恢复发货。但是，如果卖方在没有确切证据的情况下即拒绝按合同约定发货，此时卖方应对买方承担相应的违约责任。

二、合同的变更

法律赋予了合同当事人在合同订立后变更合同的权利。合同的变更有广义和狭义之分。广义上的合同变更包括合同主体和合同内容的变更。合同主体的变更主要是指通过转移合同权利义务的方式变更合同的主体；合同内容的变更则是指不更换当事人的前提下，仅就合同内容予以改变。狭义上的合同变更仅指合同内容的变更，而合同主体的变更称为合同的转让。

（一）合同订立后的变更

《民法典》赋予了双方当事人协商一致便可以变更合同的权利。但是，当事人对变更内容应当予以明确约定，如果当事人对合同变更的内容约定不明确的，法律则推定为未变更。

（二）合同变更应符合的条件

（1）合同关系已经存在，没有合同无效、被撤销、效力待定的情形。

（2）合同的内容发生变化。合同的内容变化主要包括：合同标的物的质量、数量，合同履行期限、履行地点、履行方式、价款、结算方式、担保、违约责任等主要条款的变化。

（3）合同各方就合同的变更已经协商一致。

（4）如法律对合同的变更有要求的，必须遵守法律规定的形式。法律、行政法规规定变更合同应当办理批准、登记等手续的，依照其规定，否则合同变更不发生效力。

（三）合同变更的后果

在合同发生变更后，即视为合同当事人对原合同内容通过约定达成了新的合意，此时当事人应按照变更后的合同作为履行内容，任何一方违反变更后的合同内容也会构成违约。

三、合同的转让

合同的转让是指在不改变合同内容的前提下，合同当事人一方依法将其合同的权利和义务的全部或部分转让给第三人的行为。合同的转让可以分为债权转让、债务转移、合同权利义务的概括转让。

（一）债权转让

债权转让是指债权人通过协议将其债权全部或部分转让给第三人的行为。这里的债权人又叫让与人，第三人又叫受让人。

1. 债权转让的有效要件

债权转让的有效要件包括以下几个方面：

（1）须有有效存在的债权。

（2）债权人与受让人之间就债权转让达成合意。

（3）被转让的债权应该具有可让与性。

（4）债权转让须通知债务人。债权人转让债权，未通知债务人的，该转让对债务人不发生效力。债权转让的通知不得撤销，但是经受让人同意的除外。

根据《最高人民法院关于适用〈中华人民共和国民法典〉合同编通则若干问题的解释》第48条的规定，受让人可以以诉讼的方式向债务人进行债权转让通知。即让与人未通知债务人，受让人直接起诉债务人请求履行债务，人民法院经审理确认债权转让事实的，应当认定债权转让自起诉状副本送达时对债务人发生效力。债务人主张因未通知而给其增加的费用或者造成的损失从认定的债权数额中扣除的，人民法院依法予以支持。

2. 债权转让的限制

债权人可以将债权的全部或者部分转让给第三人，但是有下列情形之一的除外：（1）根据债权性质不得转让；（2）按照当事人约定不得转让；（3）依照法律规定不得转让。

当事人约定非金钱债权不得转让的，不得对抗善意第三人。当事人约定金钱债权不得转让的，不得对抗第三人。

3. 债权转让的效力

（1）债权人转让债权的，受让人取得与债权有关的从权利，但是该从权利专属于债权人自身的除外。

（2）债务人接到债权转让通知后，债务人对让与人的抗辩，可以向受让人主张。

（3）债务人接到债权转让通知时，债务人对让与人享有债权，并且债务人的债权先于转让的债权到期或者同时到期的，或者债务人的债权与转让的债权是基于同一合同产生的，债务人可以向受让人主张抵销。

（二）债务转移

债务转移是指债务人将合同的义务全部或部分转移给第三人的行为。债务人将债务的全部或者部分转移给第三人的，应当经债权人同意。因为债务的履行直接关系到债权人的债权能否实现，债权人对第三人的履行能力等情况需要有充分的了解和信任。

债务转移的效力包括以下几个方面：

（1）债务人转移债务的，新债务人可以主张原债务人对债权人的抗辩；原债务人对债权人享有债权的，新债务人不得向债权人主张抵销。

（2）债务人转移债务的，新债务人应当承担与主债务有关的从债务，但是该从债务专属于原债务人自身的除外。

（三）合同权利义务的概括转让

合同权利义务的概括转让是当事人一方经对方同意，可以将自己在合同中的权利和义务一并转让给第三人。这种转让既可以是全部债权债务的转让，也可以是部分债权债务的转让。常见的合同权利义务的概括转让主要有因转让协议的概括转让，因企业合并、分立的概括转让。

四、合同的终止

合同的终止是指出于某种原因而引起合同债权债务关系的消灭。合同终止的原因主要有以下三种情形。

（一）合同因下列债权债务的终止而终止

根据《民法典》第557条的规定，有下列情形之一的，债权债务终止：

（1）债务已经履行。例如买卖合同因买受人受领出卖人的交付并全额支付价款后终止。

（2）债务相互抵销。例如合同双方当事人互负同等金额的债务，均已届清偿期，合同因债权债务的互相抵销而终止。

（3）债务人依法将标的物提存。提存是指由于债权人的原因导致债务人无法向其交付合同标的物时，债务人将该标的物交付给提存部门，自交付之日起，债权债务终止。

（4）债权人免除债务。

（5）债权债务同归于一人。该情形属债务混同，例如乙公司是甲公司的债务人，但因乙公司被甲公司合并，双方债权债务关系随之消灭。

（6）法律规定或者当事人约定终止的其他情形。

（二）合同因当事人约定解除而终止

法律保护合同当事人的意思自治权，当事人可以在不违反法律、法规的强制性规定的前提下约定合同解除条件。当约定的解除条件成就时，解除权人可以根据合同约定行使解除权，从而解除合同。

《民法典》第 562 条规定，当事人协商一致，可以解除合同。当事人可以约定一方解除合同的事由。解除合同的事由发生时，解除权人可以解除合同。例如：在房屋租赁合同中，可以约定承租方逾期 15 日未支付房租的，出租方有权单方解除租赁合同。因此，当租客超过 15 日还没有支付房租的解除条件成就时，房东是可以根据约定行使单方解除权的。

（三）合同因法定解除条件成就而终止

法定解除是指法律直接规定了解除合同的条件，当条件成就时，即使当事人之间没有约定，解除权人也可以直接行使法律规定的解除权而将合同解除。

《民法典》第 563 条规定，有下列情形之一的，当事人可以解除合同：（1）因不可抗力致使不能实现合同目的；（2）在履行期限届满前，当事人一方明确表示或者以自己的行为表明不履行主要债务；（3）当事人一方迟延履行主要债务，经催告后在合理期限内仍未履行；（4）当事人一方迟延履行债务或者有其他违约行为致使不能实现合同目的；（5）法律规定的其他情形。

以持续履行的债务为内容的不定期合同，当事人可以随时解除合同，但是应当在合理期限之前通知对方。

拓展知识

合同解除权行使期限的规定：

1. 法律规定或者当事人约定解除权行使期限，期限届满当事人不行使的，该权利消灭。

2. 法律没有规定或者当事人没有约定解除权行使期限，自解除权人知道或者应当知道解除事由之日起一年内不行使，或者经对方催告后在合理期限内不行使的，该权利消灭。

导入案例分析提示

鉴于本案中供货商 B 公司提供的货物并未超出保质期，且双方签署的合同并未明确对临期食材作出约定，因此供货商 B 公司尽管履约存在瑕疵，但尚未构成违约，不属于合同目的不能实现的情形，王某应当履行付款义务。随后王某可以与供货商 B 公司协商变更合同，增加临期食材的相关条款，如果供货商 B 公司不同意变更合同，王某可以在衡量违约责任的基础上解除合同。

第四节　违约责任

导入案例

唐某毕业后拟从事直播工作，于2022年10月20日与A经纪公司签订《独家全约经纪协议》，协议确定了双方的合作关系，并约定唐某单次直播时长不少于4小时，若唐某未按约执行公司指示、安排的直播任务的，该公司有权选择单方解除协议并要求唐某赔偿因违约所造成的全部损失。

协议签订后，自2023年5月起唐某开始不能按约定完成当日直播任务。2023年7月25日，A经纪公司向唐某发送书面通知，敦促其履行合同义务。但唐某仍未按约定完成每次的直播任务。2023年12月30日，A经纪公司以唐某履约过程中多次出现违约情形且经提醒后仍不改正为由，向唐某发送解除协议通知书，并将唐某诉至法院要求其承担赔偿责任。

请分析：A经纪公司的诉请是否能获得法院支持?

一、违约责任概述

违约责任作为民事责任的一种，是指在合同关系中，违约方应向守约方承担的具有惩罚性及补偿性的财产性责任。不同于侵权责任等由法律直接加以规定的责任，合同当事人可以在法律允许的范围内，自行约定什么情况下应当承担违约责任，也可以约定违约金、损失赔偿额或其计算方法，还可以约定具体违约责任的承担方式，这样在发生违约的情形下，当事人之间就有了相应的处理依据。如果当事人之间没有约定或约定不明，则依据《民法典》相关规定承担违约责任，包括继续履行、采取补救措施、损害赔偿、支付违约金、定金责任等方式。

二、违约行为

（一）违约行为概述

违约行为是指违反合同债务的行为，又称为不履行合同债务。这里的合同债务，既包括当事人在合同中约定的义务，又包括法律直接规定的义务。

（二）违约行为的形态

1. 拒绝履行

拒绝履行是指当事人一方明确表示或者以自己的行为表明不履行合同义务的情形。

2. 不能履行

不能履行是指当事人客观上或事实上已经没有了履约能力。例如：交付的物品灭失了，或者交付的物品已经归其他人所有，导致履约已经不可能。

3. 迟延履行

迟延履行是指当事人一方迟延履行主要债务，经催告后在合理期限内仍未履行。

4. 不完全履行

不完全履行是指当事人一方履行合同义务不符合约定。例如：交付的物品存在数量短缺、质量不达标等情况。

5. 拒绝受领和受领迟延

如果债务人按照约定履行债务，但债权人无正当理由拒绝受领的，债务人可以请求债权人赔偿增加的费用。在债权人受领迟延期间，债务人无须支付利息。

三、违约责任的承担方式

（一）继续履行

继续履行是指违反合同的当事人不论是否已经承担赔偿金或者违约金责任都必须根据对方的要求，在能够且应当履行的情况下，对合同未履行的部分进行履行。

1. 金钱债务中的继续履行

当事人一方未支付价款、报酬、租金、利息，或者不履行其他金钱债务的，对方可以请求其支付。

2. 非金钱债务中的继续履行

在当事人一方不履行的是非金钱债务的或履行非金钱债务不符合约定的情形下，法律规定对方当事人可以请求履行。

但有下列情形之一的，不能要求继续履行：(1) 法律上或者事实上不能履行；(2) 债务的标的不适于强制履行或者履行费用过高；(3) 债权人在合理期限内未请求履行。符合上述三种情形之一导致不能实现合同目的的，人民法院或者仲裁机构可以根据当事人的请求终止合同权利义务关系，但是不影响违约责任的承担。

（二）采取补救措施

债务人履行合同义务不符合约定的，应当按照当事人的约定承担违约责任。对违约责任没有约定或者约定不明确，依法仍不能确定的，受损害方根据标的的性质以及损失的大小，可以合理选择请求对方承担修理、重作、更换、退货、减少价款或者报酬等违约责任。

（三）损害赔偿

当事人一方不履行合同义务或者履行合同义务不符合约定，造成对方损失的，损失赔偿额应当相当于因违约所造成的损失，包括合同履行后可以获得的利益；但是，不得超过违约一方订立合同时预见到或者应当预见到的因违约可能造成的损失。

非违约方在合同履行后可以获得的利益难以根据相关规定予以确定的，人民法院可以综合考虑违约方因违约获得的利益、违约方的过错程度、其他违约情节等因素，遵循公平原则和诚信原则确定。

在认定“违约一方订立合同时预见到或者应当预见到的因违约可能造成的损失”时，人民法院应当根据当事人订立合同的目的，综合考虑合同主体、合同内容、交易类型、交易习惯、磋商过程等因素，按照与违约方处于相同或者类似情况的民事主体在订立合同时预见到或者应当预见到的损失予以确定。

（四）违约金

违约金是由当事人约定或法律直接规定的，在一方当事人不履行或者不完全履行合同时向另一方当事人支付的一定数额的货币。当事人可以约定一方违约时应当根据违约情况向对方支付一定数额的违约金，也可以约定因违约产生的损失赔偿额的计算方法。

如果当事人约定的违约金低于造成的损失的，人民法院或者仲裁机构可以根据当事人的请求予以增加；约定的违约金过分高于造成的损失的，人民法院或者仲裁机构可以根据当事人的请求予以适当减少。

当事人就迟延履行约定违约金的，违约方支付违约金后，还应当履行债务。

根据《最高人民法院关于适用〈中华人民共和国民法典〉合同编通则若干问题的解释》的相关规定，违约方主张约定的违约金过分高于违约造成的损失，请求予以适当减少的，应当承担举证责任。非违约方主张约定的违约金合理的，也应当提供相应的证据。当事人仅以合同约定不得对违约金进行调整为由主张不予调整违约金的，人民法院不予支持。

（五）定金责任

定金是当事人约定的，一方向另一方给付的一定数额的货币作为债权的担保。定金合同自实际交付定金时成立。

定金的数额由当事人约定；但是，不得超过主合同标的额的20%，超过部分不产生定金的效力。实际交付的定金数额多于或者少于约定数额的，视为变更约定的定金数额。

债务人履行债务的，定金应当抵作价款或者收回。给付定金的一方不履行债务或者履行债务不符合约定，致使不能实现合同目的的，无权请求返还定金；收受定金的一方不履行债务或者履行债务不符合约定，致使不能实现合同目的的，应当双倍返还定金。

当事人既约定违约金，又约定定金的，一方违约时，对方可以选择适用违约金或者定金条款。定金不足以弥补一方违约造成的损失的，对方可以请求赔偿超过定金数额的损失。

根据《最高人民法院关于适用〈中华人民共和国民法典〉合同编通则若干问题的解释》的相关规定，当事人交付留置金、担保金、保证金、订约金、押金或者订金等，但是没有约定定金性质，一方主张适用《民法典》规定的定金罚则的，人民法院不予支持。当事人约定了定金性质，但是未约定定金类型或者约定不明，一方主张为违约定金的，人民法院应予支持。由此可见，定金的性质，一般应当由当事人明确约定。当事人交付留置金、担保金、保证金、订约金、押金或者订金等，但没有约定定金性质的，不构成定金合同，不适用定金罚则。

拓展知识

定金和订金是一回事吗？

与定金不同，订金并不是标准的法律概念，是一种不太规范的表述，因此它在法律效果上是不明确的。在司法实践中，“订金”往往被视为“预付款”，并不产生“定金”的惩罚性效果。合同中，如果写的是“订金”，则相当于预付款性质，在一方违约的情况下，另一方无权要求其双倍返还。

因此在签约中要注意将“定金”写成“订金”的风险。

四、违约责任的法定免责事由

违约责任的法定免责事由是指法律明文规定的当事人对其不履行合同不承担违约责任的事由。

违约责任的法定免责事由主要是指不可抗力。不可抗力是不能预见、不能避免且不能克服的客观情况，通常包括自然灾害、政府行为、战争、罢工、骚乱等社会异常事件。

当事人一方因不可抗力不能履行合同的，根据不可抗力的影响，部分或者全部免除责任，但是法律另有规定的除外。因不可抗力不能履行合同的，应当及时通知对方，以减轻可能给对方造成的损失，并应当在合理期限内提供证明。当事人迟延履行后发生不可抗力的，不免除其违约责任。

导入案例分析提示

《民法典》第563条第1款规定：“有下列情形之一的，当事人可以解除合同：……（二）在履行期限届满前，当事人一方明确表示或者以自己的行为表明不履行主要债务……”第578条规定：“当事人一方明确表示或者以自己的行为表明不履行合同义务的，对方可以在履行期限届满前请求其承担违约责任。”

在本案例中，唐某履行协议的过程中不能按协议的约定完成直播任务，在该公司明确书面告知后唐某仍然继续违约，可见其拒绝履行协议义务的意图较为明显，且对损害后果的发生主观上存在故意，其行为已构成根本违约，因此该公司有权依法解除合同并向其要求承担违约责任。

职业技能训练

1. 请阐述合同订立的程序以及合同订立的主体。
2. 请分析具体合同的效力，试着拟订一份有效的合同。
3. 违约责任的承担方式有哪些？
4. 请运用所学知识分析以下案例。

案例一：

王某毕业后创业，承租商业中心二层商铺，用于经营现代乐器商行（音乐培训机构）。同时，王某与物业服务公司签订《商业用房物业服务协议》，协议约定：物业服务公司为王某所在小区提供物业服务，王某应按月向物业服务公司交纳物业服务费，商业电费由物业服务公司代当地电力公司收取（依据物业通知单按照时间、电量、金额缴纳）。其后，王某因欠缴电费，屡次被物业服务公司下发催缴电费通知单，在欠缴电费达半年后，物业服务公司对王某承租的商铺进行断电，直到20天后王某补缴了电费当天才恢复通电。随后王某将物业服务公司起诉至法院要求其赔偿断电造成的经营损失。

请小组讨论，根据所学知识试分析以下问题并说明理由：

物业服务公司是否需要向王某赔偿因断电造成的经营损失？

【分析提示】本案中，物业服务公司虽然与王某签署了《商业用房物业服务协议》并约定了物业服务公司代为收取电费，但并未约定王某授权物业服务公司在租户欠缴电费时自行采取断电行为。物业服务公司作为王某经营场所的物业服务管理单位，双方在履行物业服务合同过程中发生争议，应依法通过协商或法律途径解决，物业服务公司对王某经营场所进行非法断电行为侵害了王某的合法权益，对王某造成的经营损失，依法应承担赔偿责任。

案例二：

赵某毕业后创业，成立了A公司，主营业务为广告装饰设计。A公司与B公司签署了《墨香世家项目VI采购合同》，约定由A公司向B公司提供VI项目整体服务，并约定：合同暂定价款85 000元，无预付款，A公司在3个月内完成该项目并交付B公司验收合格后，双方办理结算，结算结束30日内B公司支付结算金额的100%。合同签订后，A公司按约定将项目成果交付至50%后，通过裁判文书网查询到B公司作为多起执行案件的被执行人，因拒不履行生效法律文书，被法院强制执行了巨额财产后仍有大量债务尚未执行。A公司因此书面通知B公司，鉴于B公司经营状况恶化，支付能力存疑，暂中止履行合同，希望B公司就合同金额提供相应的担保。B公司收到后回复A公司，虽然公司目前涉诉，但因本合同金额仅85 000元，B公司有充分的履行能力，要求A公司继续履行合同，否则将依法追究A公司的违约责任。双方因此协商未果，半年后A公司将B公司起诉至法院要求解除合同并要求B公司承担违约责任。

请小组讨论，根据所学知识试分析以下问题并说明理由：

A公司是否有权单方面解除合同并要求B公司承担违约责任？

【分析提示】首先，A公司与B公司签署的双务合同中，约定由A公司交付全部工作成果后B公司才履行付款义务，因此，本案中A公司是先履行义务人，B公司是后履行义务人；其次，A公司查询到B公司的涉诉信息和巨额执行信息，可以认为A公司已掌握了确切的证据，证明B公司经营状况严重恶化、存在丧失履行债务能力的可能；再次，A公司依法行使了不安抗辩权，及时通知B公司中止履行合同事宜并要求其提供担保，但B公司并未恢复履行能力且未提供担保，可以视为B公司以自己的行为表明不履行主要债务，此时A公司有权要求法院解除合同并且要求B公司承担违约责任。

第八章 创业实体融资与担保法律实务

学习目标

知识目标

1. 熟悉创业中涉及的融资渠道、融资方法。

2. 掌握保证、抵押、质押、留置和定金五种担保方式。

能力目标

1. 能够在创业过程中选择合适的融资渠道、融资方法，能够识别和避免融资过程中可能涉及的法律风险。

2. 能够熟练运用保证、抵押、质押、留置、定金等担保方式，能够识别和避免担保过程中可能涉及的法律风险。

素养目标

1. 培养创业者诚实守信的经营理念，合法合规地选择适当的融资方式筹集创业资金。

2. 培养创业者的法治观念，在融资和担保过程中按照法律规定、合同约定尽职尽责履行自身义务，保护自身合法权益。

第一节 创业实体融资

导入案例

黄某因缺乏创业资金，向朋友刘某借款2万元。刘某通过微信转账方式将借款转给了黄某，黄某收款后微信向刘某表示了感谢，并表示一旦有钱随时偿还。刘某回复："不着急，你先用，我最近不用钱。"一年后，刘某给黄某发微信："最近生病急需用钱，请尽快还款，顺便结算利息，按5个点算就行。"黄某回复："最近生意不好，无力还款，可否再等等，等公司回款后一定还。"刘某敦促两个月后未果，便将黄某诉至法院，要求其偿还借款及利息。审理过程中，黄某认可双方存在借贷关系，但双方并未约定还款时间，也未约定借款利息，因此主张根据其还款能力另行商定还款时间。

请分析：黄某的主张能否获得法院支持？刘某能否向黄某主张借款利息？

创业初期，首先面临的就是启动资金问题。目前，主要的创业融资渠道可以归为两类：股权融资和债权融资。

股权融资主要包括股权质押、股权转让、增资扩股、私募股权融资、上市融资等。但从普遍情况来看，大学生创业初期基本都是小微企业，且经营风险较大，股权价值较低，通常很难获得股权融资。

债权融资主要包括银行贷款、民间借贷、融资租赁、资本市场债券融资等。在创业前期，创业者主要能够接触的是银行贷款和民间借贷。

一、银行贷款

为鼓励创业，我国在放宽金融政策、金融创新、支持创业型经济发展方面出台了很多扶持性政策和指导意见，因此只要符合贷款条件和贷款程序要求，通过银行贷款基本上都能够获得成本相对低的资金而无须担心过多的法律风险。在创业初期需要项目资金时，银行贷款或创业担保贷款可以作为创业者首选的方式。

（一）贷款种类

（1）信用贷款，指以借款人的信誉发放的贷款。

（2）担保贷款，指保证贷款、抵押贷款、质押贷款等以担保方式取得的贷款。

（3）票据贴现，指贷款人以购买借款人未到期商业票据的方式发放的贷款。

（二）贷款期限

（1）短期贷款，指贷款期限在 1 年以内（含 1 年）的贷款。

（2）中期贷款，指贷款期限在 1 年以上（不含 1 年）5 年以下（含 5 年）的贷款。

（3）长期贷款，指贷款期限在 5 年（不含 5 年）以上的贷款。

（三）贷款利率

银行和借款人应当按借款合同和中国人民银行有关计息规定按期计收或交付利息。

（四）贷款程序

1. 贷款申请

借款人应当填写包括借款金额、借款用途、偿还能力及还款方式等主要内容的《借款申请书》，并提供以下资料：借款人及保证人的基本情况；财政部门或会计（审计）事务所核准的上年度财务报告，以及申请借款前一期的财务报告；抵押物、质物清单和有处分权人的同意抵押、质押的证明及保证人拟同意保证的有关证明文件；项目建议书和可行性报告；贷款人认为需要提供的其他有关资料等。

2. 信用等级评估

银行应当根据借款人的领导者素质、经济实力、资金结构、履约情况、经营效益和发展前景等因素，评定借款人的信用等级。评级可由银行独立进行，内部掌握，也可由有权部门批准的评估机构进行。

3. 贷款调查

银行受理借款人申请后，应当对借款人的信用等级以及借款的合法性、安全性、营利性等情况进行调查，核实抵押物、质物、保证人情况，测定贷款的风险度。

4. 贷款审批

银行建立审贷分离、分级审批的贷款管理制度。审查人员应当对调查人员提供的资料进行核实、评定，复测贷款风险度，提出意见，按规定权限报批。

5. 签订借款合同

所有贷款应当由银行与借款人签订借款合同。借款合同应当约定借款种类，借款用途、金额、利率，借款期限，还款方式，借、贷双方的权利、义务，违约责任和双方认为需要约定的其他事项。

涉及担保贷款的，还应当按银行要求的方式签署担保文件、履行担保程序。

6. 贷款发放

借款合同生效后，银行要按借款合同规定按期发放贷款。

7. 贷后检查

贷款发放后，银行会对借款人执行借款合同情况及借款人的经营情况进行追踪调查和检查。

8. 贷款归还

借款人应当按照借款合同规定按时足额归还贷款本息。如果打算提前归还贷款，应当与银行协商一致后方可提前归还。

（五）创业担保贷款

创业担保贷款，是由政府出资设立担保金，担保机构提供担保，由经办此项贷款业务的银行业金融机构（以下简称“经办银行”）发放，财政部门给予部分贴息，用于支持个人创业或小微企业吸纳就业的贷款业务，帮助申请人创业的流动资金周转、技术改造以及扩大再生产等生产经营活动，使其实现自主创业，并带动更多人员就业的一项扶持性政策。

创业担保贷款贴息，是指对符合条件的创业者个人或者吸纳重点群体就业的小微企业申请的贷款，由财政部门给予部分或全额贴息，用于支持重点就业群体创业就业。按照相关文件规定，高校毕业生（含大学生村官和留学回国学生）也属于重点就业群体范围。

为充分发挥创业担保贷款促进就业作用，各省市均在国家金融政策允许范围内针对各地具体情况制定了相应的创业担保贷款政策，创业者在申请贷款时可以向当地主管部门了解当时最新贷款政策。

申请创业担保贷款的个人和企业需要先向当地人力资源和社会保障部门申请审核，审核通过后向当地创业担保贷款担保基金运营管理机构和经办银行提交担保和贷款申请。对经审核符合条件的创业担保贷款，财政部门将向经办银行拨付贴息资金。

二、民间借贷

民间借贷是指自然人、法人和非法人组织之间进行资金融通的行为，是民间资本的一种投资渠道，是民间金融的一种形式。需要注意的是，经金融监管部门批准设立的从事贷款业务的金融机构及其分支机构，因发放贷款等相关金融业务，不属于民间借贷范畴。

民间借贷具有灵活、方便、融资快的特点，借贷双方往往较为熟悉，信用程度较高，对社会游资有较大吸引力，可吸收大量社会闲置资金，充分发挥资金的效用。但同时，因为民间借贷较为随意，通常借贷手续较为简单，缺乏必要的担保，极易引发纠纷。因此，在使用民间借贷作为创业融资渠道时，还是需要规范运作，降低风险。

（一）借款合同

1. 借款合同的形式与内容

民间借贷的借款合同应当采用书面形式，但是自然人之间借款另有约定的除外。借款合同的内容一般包括借款种类、币种、用途、数额、利率、期限和还款方式等条款。

2. 借款合同的成立

《民法典》第679条规定：“自然人之间的借款合同，自贷款人提供借款时成立。”这里的贷款人就是出借人。具体来讲，自然人之间的借款合同具有下列情形之一的，可以视为合同成立：(1) 以现金支付的，自借款人收到借款时；(2) 以银行转账、网上电子汇款等形式支付的，自资金到达借款人账户时；(3) 以票据交付的，自借款人依法取得票据权利时；(4) 出借人将特定资金账户支配权授权给借款人的，自借款人取得对该账户实际支配权时；(5) 出借人以与借款人约定的其他方式提供借款并实际履行完成时。

（二）借款利息

对于民间借贷中的借款利息的约定，需要注意以下几点：

1. 明确约定借款利息

在民间借贷中，需要明确约定借款利息。在借贷双方没有约定利息的情形下，出借人如果起诉到法院主张支付借期内利息，法院不予支持。如果借贷双方对利息约定得不够明确，则根据借款主体进行区分：

（1）如果自然人之间借贷对利息约定不明，出借人主张支付利息的而起诉到法院的，法院不予支持。

（2）除自然人之间借贷的外，比如企业之间借贷、自然人和企业之间的借贷等情形，如果借贷双方对借贷利息约定不明，而出借人向法院主张利息的，法院会结合民间借贷合同的内容，并根据当地或者当事人的交易方式、交易习惯、市场报价利率等因素确定一个较为公允的利息。

还需注意的是，借款的利息不得预先在本金中扣除。利息预先在本金中扣除的，应当按照实际借款数额返还借款并计算利息。

2. 借款利率约定应约束在法定上限范围内

法律对民间借贷的利率严格规定了上限，即不得超过借款合同成立时一年期贷款市场报价利率的四倍。如果合同约定的利率超过了这个上限，此时出借人请求借款人按合同约定利率支付利息的，法院不会支持超过部分。

3. 明确约定借款利息返还时间

借款人应当按照约定的期限支付利息。对支付利息的期限没有约定或者约定不明确，依据《民法典》第 510 条的规定仍不能确定，借款期间不满一年的，应当在返还借款时一并支付；借款期间一年以上的，应当在每届满一年时支付，剩余期间不满一年的，应当在返还借款时一并支付。

《民法典》第 510 条规定："合同生效后，当事人就质量、价款或者报酬、履行地点等内容没有约定或者约定不明确的，可以协议补充；不能达成补充协议的，按照合同相关条款或者交易习惯确定。"

【案例】

徐某毕业后创业，因缺乏创业资金遂向张某借款 10 万元，双方约定借款期限一年，年息为 10%。随后张某向徐某转账 9 万元，预先扣除 1 万元利息，徐某向张某出具借条，载明借款金额为 10 万元。

请分析：借款期满，徐某应向张某偿还多少钱的本金?

分析提示：

《最高人民法院关于审理民间借贷案件适用法律若干问题的规定》第 26 条规定，借据、收据、欠条等债权凭证载明的借款金额，一般认定为本金。预先在本金中扣除利息的，人民法院应当将实际出借的金额认定为本金。

因此，上述 10 万元借款中有 1 万元是利息，鉴于该款项张某并未实际支付给徐某，因此实际借款本金应认定为 9 万元，借款期满，徐某应向张某偿还 9 万元本金。

（三）借款期限

借款人应当按照约定的期限返还借款。对借款期限没有约定或者约定不明确，依据

《民法典》的相关规定仍不能确定的，借款人可以随时返还；贷款人（即出借人）可以催告借款人在合理期限内返还。所谓的“合理期限”，就是要根据借款金额的大小、借款人的偿还能力给借款人一个相对合理的准备时间。

借款人可以在还款期限届满前向贷款人申请展期；贷款人同意的，可以展期。

拓展知识

如何写借条？

借条是在借贷关系中借款人向出借人出具的表明借款人有到期还款付息义务的借款凭证，是证明借贷关系的重要证据，因此，写一份具有法律效力的借条就显得尤为重要。

写一份具有法律效力的借条时需要注意以下问题：

1. 抬头应写明“借款合同”或“借条”字样，不要写成“欠条”，也绝对不能写成“收条”。

2. 双方信息应写明全名、身份证号码、住址等信息，建议核实身份证件。

3. 借款用途应写明其合法用途，确保借款行为的有效。

4. 需同时以大小写写明借款金额、借款方式、借款期限、利息、逾期利息、实现债权的费用、送达条款等内容。

5. 如果有保证人提供保证的，应写明是一般保证还是连带保证，写明保证人的身份信息，并由保证人签字。

6. 如果借款人有配偶且借款金额较大的，则建议配偶以借款人身份签字。

7. 建议借款人、保证人都在其签名处捺指印，同时最好将借款人、保证人的身份证复印件作为附件。

8. 鉴于微信在社交生活中的普及，微信的聊天记录、转账记录都会成为诉讼证据，应该妥善保存，以便发生纠纷时作为证据使用。

9. 在借条中约定本合同载明的地址是双方法律文书送达地址。

以下为借款合同（借条）参考模板：

借款合同

为××用途，今通过银行转账向×××借到人民币××元整（￥0.00 元），月利率×%，于××××年××月××日到期时还本付息。逾期未还，则按当期一年期贷款市场报价利率（LPR）的 4 倍计付逾期利息。

如借款人违约，则出借人为维护权益向违约方追偿的一切费用（包括但不限于律师费、诉讼费、保全费、交通费、差旅费、鉴定费等）均由借款人承担。

本借款合同附件双方身份证复印件所载明的地址可作为送达催款函、对账单，人民法院送达诉讼文书的地址，任何一方因未及时告知变更后的地址，导致相关文书及诉讼文书未能实际被接收的、邮寄送达的，相关文书及诉讼文书退回之日即视为送达之日。

借款人：×××

身份证号：×××××××××××

借款人微信号：××××××

借款人地址：×××××××××××

××年××月××日

拓展知识

什么是套路贷？

套路贷是对以非法占有为目的，假借民间借贷之名，诱使或迫使被害人签订“借贷”或变相“借贷”“抵押”“担保”等相关协议，通过虚增借贷金额、恶意制造违约、肆意认定违约、毁匿还款证据等方式形成虚假债权债务，并借助诉讼、仲裁、公证或者采用暴力、威胁以及其他手段非法占有被害人财物的相关违法犯罪活动的概括性称谓。

套路贷常见犯罪手法和步骤主要包括以下五类：制造民间借贷假象、制造资金走账流水等虚假给付事实、故意制造违约或者肆意认定违约、恶意垒高借款金额、软硬兼施“索债”等。

因此，创业者在选择民间借贷时，审慎程度应大于银行贷款，尤其需要警惕“套路贷”。对于没有经验识别贷款风险的，建议请专业人士协助，避免遭受损失。

三、风险投资

风险投资是一种以股权投资的方式专门投资于未上市的新兴中小型企业的投资行为，在此过程中通过投资和提供增值服务扶植企业成长壮大，然后以公开上市（IPO）、兼并收购等股权流转中实现投资回报。

因此，如果在创业早期能够获得风险资本的青睐，并以一种相对公允的条件获得投资，就可以在风险投资企业的帮助下以更高的维度在激烈的行业竞争中取得相对的先机。

（一）风险投资的特征

风险投资本质上是一种金融中介，通过成立有限合伙、风投基金等方式从其他资方募集资金用以投资。风险投资青睐高成长性、未来可能会有高收益的项目，关注的产业通常是高新技术产业。

风险投资虽然以股权投资方式进入公司，但并不以取得股东分红为最终目的，而是待企业成长至一定规模后，通过二级市场退出企业，通过股权流转方式实现投资回报。风险投资不仅能够给企业资金支持，通常还能够为企业提供拓展客户、整合资源及团队、引入人才等全方位增值辅导服务。企业准备进入资本市场时，风险投资不仅能够用自己丰富的经验和资源帮助企业选择券商等合作伙伴，还可以用自己的信用为企业背书，增加市场及投资人的信心。

（二）与风险投资合作需要注意的事项

风险投资的进入必然会造成公司股权的稀释，稀释到《公司法》及公司章程的规定限度后，原始股东存在丧失表决权乃至控制权的风险。同时，风险投资为了自身风险控制，参与公司管理的程度可能会到干涉的程度。风险投资为了自身的盈利要求，会谋求公司尽快成长并上市，如果上市的时机过早，对公司乃至原始股东不一定是好事。

初创公司与风险投资的利益诉求既有共性，又有差异性，而风险投资高度的专业性决定了它一定会在这段合作关系中寻求相对的自身利益最大化和风险最小化，因此为了最大限度地维护自身利益，初创公司非常有必要在引入风险投资时聘请专业的律师团队参与谈判。

四、寻找合伙人

作为创业者来说，个人的能力、资源、资金乃至精力的局限性，决定了创业者依靠一己之力解决项目乃至团队的全部问题会比较困难，而绝大部分初创项目最大的问题就是缺钱、缺平台、缺资源，大概率没有足够的条件吸引有能力的员工通过建立劳动关系或聘用关系加入。因此，有必要寻找志同道合的合伙人，以“共启未来”的信心和“共担风险”的决心共同合作。

（一）合伙人的素质

在寻找合伙人的过程中，建议从以下几个角度考察意向合伙人：

1. 是否人品过硬、价值观趋同

创业前期的困难和风险较大，如果没有共同的价值观和彼此足以信赖的人品，就不能在遇到困难的时候充分地协作、体谅、信任，企业很难在激烈的市场竞争中存活下来。

2. 是否具备强大的心理素质和风险承受能力

合伙人的本质是命运共同体，创业前期合伙人很可能拿不到多少分红，必要时还要追加投资乃至承担债务。因此，合伙人必须具有强大的心理素质和较强的风险承受能力。

3. 是否具备创业所需的资源和能力，团队成员之间是否能够互补

合伙人具备的资源和能力，应当在合伙人之间形成互补效应，合伙人能够在各自精通的领域内发挥所长，而不会有过于明显的短板影响团队竞争力。

4. 是否符合当前项目管理构架

一个创业公司在初创期、成长期乃至成熟期，各阶段所需要的管理架构和资源是不同的。而股权作为相对稀缺的资源，是初创人员能够与合伙人分享的最为核心的资源，应当用在刀刃上，不宜搭建脱离公司当前发展阶段的构架，过早稀释股份的后果很可能是未来在吸引人才和资本的时候没有足够的资源可以用。

（二）寻找合伙人的途径

首先，可以从身边入手，考察身边彼此了解、熟识的朋友、同事或者同学。熟人之间因为交往圈层重叠，违约成本会更高，因此合作和守约的概率较大，可以大幅降低合作风险。其次，可以从成熟企业寻找。如果有渠道接触初创项目领域内的大公司，可以争取该公司有丰富工作经验的人才加入。因为大公司的工作经验可以给创业团队带来成熟的管理运作经验，大幅降低公司的试错成本。再次，可以请投资人推荐。如果创业初期即有资本介入，也可以请投资人推荐合适的人才。最后，可以从网络途径寻找。网络途径可以比较迅速地筛选出相关人选，但是在决定邀请其加入合伙人之前，一定要线下充分沟通、了解对方。通过相当一段时间的密切接触考察，对其能力、人品产生充分的确认后，方可建立合作关系，建议考虑在协议中设置股权兑现制度或退出机制等容错制度。

（三）与合伙人建立合作关系的方式

良好的合作关系可以产生合力，而良好的合作关系必然是合作共赢的关系，每一个参与者都在这段关系里有大致满意感受，才能让初创公司在激烈的市场竞争中生存并发展。这就需要合伙人之间对项目发展方向、运营管理模式、融资模式、表决及分红机制以及每个合作伙伴的个体利益诉求都必须充分达成共识。

无论起草公司章程还是合伙人协议，都是一项非常专业的工作。实践中，常常发生几名合伙人一拍即合，在没有签订任何协议或文件的情况下就开始了合作；也常常发生合伙人之间的协议约定得比较草率或者不明确的情况，以至于后期产生很多的冲突或问题而导致业务停滞，这也是创业失败的主要因素之一。建议聘请业务熟练的律师在充分评估公司情况及合伙人利益诉求、合作意愿的基础上，拟定较为完善的合作协议或文件，为创业项目的发展保驾护航。

五、商业特许经营

根据《商业特许经营管理条例》的规定，商业特许经营是指拥有注册商标、企业标志、专利、专有技术等经营资源的企业（通常称为特许人），以合同形式将其拥有的经营资源许可其他经营者（通常称为被特许人）使用，被特许人按照合同约定在统一的经营模式下开展经营，并向特许人支付特许经营费用的经营活动。

（一）商业特许经营的优势

1. 可以降低创业风险

在当今激烈的市场竞争环境下，对于一个没有经验和商誉的初创企业来说，市场机会是微乎其微的。如果能够选择一家拥有经营状况良好、商誉较高、市场占有率较高的特许经营企业，加盟到其连锁经营的网络中，在成熟的运营体系下经营并享受其业务指导和配套服务，则能够有效降低创业的失败风险。

2. 可以使用已经成熟的驰名商标或服务

一般初创企业的资金比较有限，想开创自己的品牌并达到一定的知名度是非常难的。而成熟的品牌在消费者心目中已经与高品质的商品或服务进行了绑定，购买成熟品牌的货物或服务是降低试错成本的首选。因此，加盟到一个优质的连锁企业，共享其驰名品牌，能够有效吸引认可该品牌的消费者前来消费并增加复购率。

3. 可以获得系统的培训以及营业支持

很多创业企业是因为管理经验不足而失败的。而当今大多数特许经营企业为了保证其品牌美誉度，对加盟的连锁企业的服务和管理都会进行充分的培训和协助，包括但不限于店址选择、装修辅助、人员培训、指定设备等。因此如果创业者加入特许经营企业，共享其专业知识和管理经验，则可以迅速掌握一套规范化的管理系统和服务标准。

4. 可以增加银行贷款或其他融资的概率

对一个初创企业来说，资金问题是首先需要解决的问题。虽然特许经营企业没有义务为加盟者贷款，但是其市场占有率、品牌美誉度可以为加盟者提供隐性背书，使经营者在融资时相比普通初创企业享有一定的比较优势，增加成功概率。

（二）加盟特许经营需要注意的事项

1. 特许人应当符合法定的条件

（1）特许人应当具备特许经营资质。特许人如不具备相关资质，则商业特许经营合同可能存在因违反法律法规强制性规定而无效的风险。

（2）特许人应当符合“二店一年”的条件。特许人从事特许经营活动应当拥有至少2个直营店，并且经营时间超过1年。

（3）特许人应当向商务主管部门备案。法律规定特许人应当自首次订立特许经营合同之日起15日内，依照规定向商务主管部门备案。

（4）特许人从事特许经营活动时应当拥有成熟的经营模式，并具备为被特许人持续提供经营指导、技术支持和业务培训等服务的能力。

（5）特许人应当依法进行信息披露。特许人应当确保提供的信息真实、准确、完整，不得隐瞒有关信息，或者提供虚假信息。如果特许人向被特许人提供的信息发生重大变更的，应当及时通知被特许人。

（6）特许人应当以书面形式对涉及的全部收费项目进行逐项详细说明，对退还费用的条件、方式进行说明。

2. 应当采用书面形式订立特许经营合同

从事特许经营活动，特许人和被特许人应当采用书面形式订立特许经营合同。特许经营合同应当包括下列主要内容：特许人、被特许人的基本情况；特许经营的内容、期限；特许经营费用的种类、金额及其支付方式；经营指导、技术支持以及业务培训等服务的具体内容和提供方式；产品或者服务的质量、标准要求和保证措施；产品或者服务的促销与广告宣传；特许经营中的消费者权益保护和赔偿责任的承担；特许经营合同的变更、解除和终止；违约责任；争议的解决方式；特许人与被特许人约定的其他事项。

由于市场信息不对称，特许人掌握的信息情况往往优于被特许人，因此法律规定特许人和被特许人应当在特许经营合同中约定，被特许人在特许经营合同订立后一定期限内，可以单方解除合同。

法律为保障被特许人的权益，规定特许经营合同约定的特许经营期限应当不少于3年，但也存在以下两点例外情形：第一，被特许人同意的情况下，特许经营期限也可以少于3年；第二，特许人和被特许人续签特许经营合同的，不适用经营期限不少于3年的规定。

3. 订立特许经营合同前支付费用的情况

法律规定，如果特许人要求被特许人在订立特许经营合同前支付费用的，应当以书面形式向被特许人说明该部分费用的用途以及退还的条件、方式。

4. 特许人应当如实完整提供信息

特许人应当向被特许人按照《商业特许经营管理条例》的规定提供完整信息，并且确保提供的信息真实、准确、完整，不得隐瞒有关信息，或者提供虚假信息。如果特许人向被特许人提供的信息发生重大变更的，应当及时通知被特许人。特许人隐瞒有关信息或者提供虚假信息的，被特许人有权解除特许经营合同。

根据《商业特许经营管理条例》第22条的规定，特许人应当向被特许人提供的信息如下：

（1）特许人的名称、住所、法定代表人、注册资本额、经营范围以及从事特许经营活动的基本情况。

（2）特许人的注册商标、企业标志、专利、专有技术和经营模式的基本情况。

（3）特许经营费用的种类、金额和支付方式（包括是否收取保证金以及保证金的返还条件和返还方式）。

（4）向被特许人提供产品、服务、设备的价格和条件。

（5）为被特许人持续提供经营指导、技术支持、业务培训等服务的具体内容、提供方式和实施计划。

（6）对被特许人的经营活动进行指导、监督的具体办法。

（7）特许经营网点投资预算。

（8）在中国境内现有的被特许人的数量、分布地域以及经营状况评估。

（9）最近2年的经会计师事务所审计的财务会计报告摘要和审计报告摘要。

（10）最近5年内与特许经营相关的诉讼和仲裁情况。

（11）特许人及其法定代表人是否有重大违法经营记录。

（12）国务院商务主管部门规定的其他信息。

拓展知识

商业特许经营合同的常见风险：

1. 特许人可能会夸大商业宣传或承诺收益，这也是近年来被商务主管部门处罚最多的案例，应当注意。被特许人应当做好市场的分析研判，在加盟前慎重考察真实市场行情、发展前景、同业竞争情况以及投资回报率，形成自己的判断。

2. 特许人未能履行如实披露义务，对注册商标、专利、著作权、商业秘密、运营方式等关键核心信息的披露不尽、不实。

3. 特许人未对涉及的全部收费项目以及退费条件进行书面逐项详细说明。

4. 被特许人拟选址区域内特许经营是否过于密集，可能影响自己的客流或营收。

5. 出现选址问题而导致合同无法继续履行的情况，合同能否解除，责任承担方式约定不明。

6. 特许人是否开展技术培训以及培训的时间、地点、方式、培训后达到的技术服务标准不明。

7. 特许经营的产品或物资的供应价格是否公允、配送时间是否及时、质量条款是否明确、结算方式是否公平等。

8. 被特许人应慎重考察特许项目、运营模式以及产品、服务是否可能涉及非法吸收公众存款，生产、销售有毒有害食品，诈骗，挪用资金，传销活动等刑事问题。

以上只是实践中商业特许经营中较为常见的几类问题。实践中商业特许经营合同一般都是特许人提供的制式合同，倾向于保护特许人的利益，因此对被特许人的义务规定得较多，违约责任较细，违约金也相对较高，且修改余地较小。建议在签约前聘请专业律师进行尽职调查和协助谈判。如果特许人不允许修改合同或存在其他固有风险，则需要律师对合同风险进行综合评估，创业者在考虑自身风险承受能力的基础上决定是否签约。

导入案例分析提示

法律规定如果自然人之间借贷对利息的约定不明，出借人主张支付利息的而起诉到法院的，法院不予支持。因此在双方对利息没有约定的情况下，刘某不能向黄某主张利息。

法律规定对借款期限没有约定或者约定不明确，依据《民法典》的相关规定仍不能确定的，借款人可以随时返还；出借人可以催告借款人在合理期限内返还。因此，法院会根据借款金额的大小、借款人的偿还能力给借款人一个相对合理的准备时间，黄某应当在合理时间内返还借款。

第二节 创业涉及的担保

导入案例

因创业资金周转需要，刘某向张某借款 10 万元，约定 2024 年 4 月 15 日还清欠款。刘某和宋某系朋友，于是找到宋某请求帮忙担保，并承诺只是签个字，无须宋某担责，宋某碍于情面出具了承诺书，载明宋某为刘某的债务提供保证直至清偿本息为止。后刘某未能按期还款。张某于是诉至法院要求刘某和宋某偿还欠款。宋某称：虽然为刘某的债务提供了保证承诺，但实际情况系碍于情面出具的承诺书，并未签署保证合同。

请分析：宋某的主张是否成立？如果需要宋某承担保证责任，他承担的是一般保证还是连带责任保证？如果宋某履行了保证责任，法律如何保护宋某的利益呢？

创业的过程中，不可避免地要面对各种担保法律关系，担保的目的是确保特定的债权人实现债权，以债务人或第三人的信用或者特定财产来督促债务人履行债务。担保从广义上分为人的担保、物的担保和金钱担保。人的担保是以保证人（包括自然人、法人、非法人组织）的信用和不特定的财产来担保债务的履行，它的典型形式为保证；物的担保是以特定物来担保债务的履行，其主要形式包括抵押权、质权、留置权；金钱担保是以一定数额的货币来担保债务的履行，其主要形式为定金。

一、保证

（一）保证的概念

保证是为保障债权的实现，保证人和债权人约定，当债务人不履行到期债务或者发生当事人约定的情形时，由保证人履行债务或者承担责任的方式。

（二）保证合同

1. 保证人的资格

保证人是保证合同的当事人之一。《民法典》对保证人的资格作出了例外的规定：一是机关法人不得为保证人，但是经国务院批准为使用外国政府或者国际经济组织贷款进行转贷的除外；二是以公益为目的的非营利法人、非法人组织不得为保证人。

2. 保证合同的内容

保证合同的内容一般包括被保证的主债权的种类、数额、债务人履行债务的期限，保证的方式、范围和期间等条款。

3. 保证合同的形式

保证合同应以书面形式订立，既可以是单独订立的书面合同，也可以是主债权债务合同中的保证条款。但如果第三人单方以书面形式向债权人作出保证，债权人接收且未提出异议的，保证合同也是成立的。

4. 保证合同的从属性

保证合同是主债权债务合同的从合同。主债权债务合同无效的，保证合同无效，但是法律另有规定的除外。

保证合同被确认无效后，债务人、保证人、债权人有过错的，应当根据其过错各自承担相应的民事责任。

（三）保证的方式

保证的方式包括一般保证和连带责任保证。

1. 一般保证

一般保证是指当事人在保证合同中约定，债务人不能履行债务时，由保证人承担保证责任的保证。

一般保证的保证人在主合同纠纷未经审判或者仲裁，并就债务人财产依法强制执行仍不能履行债务前，有权拒绝向债权人承担保证责任，即在一般保证的情况下，保证人享有先诉抗辩权。在一般保证中，债务人是债务履行的第一顺序人，保证人则是债务履行的第二顺序人，保证人在债务人履行不能或者不能完全承担责任时，对债务承担补充责任。

但是，保证人的先诉抗辩权在下列四种情况下不得行使：（1）债务人下落不明，且无财产可供执行；（2）人民法院已经受理债务人破产案件；（3）债权人有证据证明债务人的财产不足以履行全部债务或者丧失履行债务能力；（4）保证人书面表示放弃先诉抗辩权。

2. 连带责任保证

连带责任保证是指当事人在保证合同中约定保证人和债务人对债务承担连带责任的保证。

连带责任保证的债务人不履行到期债务或者发生当事人约定的情形时，债权人可以请求债务人履行债务，也可以请求保证人在其保证范围内承担保证责任。即在连带责任保证的情况下，保证人不享有先诉抗辩权，赋予了债权人自主选择偿债主体的权利，更有利于保护债权人的利益，但对保证人而言风险较大，有可能先于债务人承担全部责任。

在实践中，债权人和保证人可以根据自己的需要自由选择保证的方式，并明确约定在保证合同中。需要注意的是，如果当事人在保证合同中对保证方式没有约定或者约定不明确的，依照《民法典》的规定，要按照一般保证承担保证责任，保证人的利益得到了更大的维护。

（四）保证责任

1. 保证范围

保证的范围包括主债权及其利息、违约金、损害赔偿金和实现债权的费用。但如果当事人另有约定的，按照其约定。

2. 保证期间

保证期间是确定保证人承担保证责任的期间，不发生中止、中断和延长。债权人与保证人可以约定保证期间，只要该约定不违反法律的强制性规定，该约定就是有效的，应当成为保证合同的重要组成部分。

如果当事人之间约定的保证期间早于主债务履行期限或者与主债务履行期限同时届满的，视为没有约定。没有约定或者约定不明确的，保证期间依法被确定为主债务履行期限届满之日起六个月。如果债权人与债务人对主债务履行期限没有约定或者约定不明确的，保证期间自债权人请求债务人履行债务的宽限期届满之日起计算。

一般保证的债权人未在保证期间对债务人提起诉讼或者申请仲裁的，保证人不再承担保证责任。连带责任保证的债权人未在保证期间请求保证人承担保证责任的，保证人不再承担保证责任。

3. 共同保证的保证责任

同一债务有两个以上保证人的，保证人应当按照保证合同约定的保证份额，承担保证责任；没有约定保证份额的，债权人可以请求任何一个保证人在其保证范围内承担保证责任。

4. 保证人的追偿权

保证人承担保证责任后，除当事人另有约定外，有权在其承担保证责任的范围内向债务人追偿，享有债权人对债务人的权利，但是不得损害债权人的利益。

拓展知识

在承担保证责任之前，需要注意的问题：

1. 充分认识保证的法律后果，一般情况下建议不要轻易为他人出具保证承诺。

2. 如果要作为保证人签字，必须在协议内明确约定主债权内容，约定明确的保证方式、保证期间和保证范围。

3. 尽量选择一般保证方式，慎用连带责任保证，同时在合同中明确约定保证方式。

4. 尽量在提供保证的同时，要求债务人提供反担保措施，确保承担保证责任后有效追偿债权。

二、抵押权

（一）抵押权的概念

抵押权是指为担保债务的履行，债务人或者第三人不转移财产的占有，将该财产抵押给债权人，债务人不履行到期债务或者发生当事人约定的实现抵押权的情形，债权人有权就该财产优先受偿的权利。

在抵押关系中，债务人或者第三人为抵押人，债权人为抵押权人，提供担保的财产为抵押财产。当发生了债务人不履行到期债务或者发生当事人约定的实现抵押权的情形，抵押权人则依法享有就该抵押财产的变价处分权和优先受偿权。

（二）抵押财产

1. 可以设定抵押的财产

根据《民法典》的规定，债务人或者第三人有权处分的下列财产可以抵押：（1）建筑物和其他土地附着物；（2）建设用地使用权；（3）海域使用权；（4）生产设备、原材料、半成品、产品；（5）正在建造的建筑物、船舶、航空器；（6）交通运输工具；（7）法律、行政法规未禁止抵押的其他财产。抵押人可以将上述所列财产一并抵押。

以建筑物抵押的，该建筑物占用范围内的建设用地使用权一并抵押。以建设用地使用权抵押的，该土地上的建筑物一并抵押。抵押人未一并抵押的，未抵押的财产视为一并抵押。乡镇、村企业的建设用地使用权不得单独抵押，以乡镇、村企业的厂房等建筑物抵押的，其占用范围内的建设用地使用权一并抵押。

2. 不得设定抵押的财产

根据《民法典》的规定，下列财产不得抵押：（1）土地所有权；（2）宅基地、自留

地、自留山等集体所有土地的使用权，但是法律规定可以抵押的除外；（3）学校、幼儿园、医疗机构等为公益目的成立的非营利法人的教育设施、医疗卫生设施和其他公益设施；（4）所有权、使用权不明或者有争议的财产；（5）依法被查封、扣押、监管的财产；（6）法律、行政法规规定不得抵押的其他财产。

（三）抵押合同的形式与内容

设立抵押权，当事人应当采用书面形式订立抵押合同。

抵押合同一般包括下列条款：（1）被担保债权的种类和数额；（2）债务人履行债务的期限；（3）抵押财产的名称、数量等情况；（4）担保的范围。

（四）抵押权的设立时间

抵押合同的订立并不等于抵押权的设立，有些抵押物除了签订抵押合同，还必须履行登记程序才能设立抵押权。

以建筑物和其他土地附着物、建设用地使用权、海域使用权、正在建造的建筑物抵押的，应当办理抵押登记，抵押权自登记时设立。因为不动产价值较高，抵押人可能会在一项财产上设立多个抵押权，强制登记可以使抵押权人了解在抵押财产上设立抵押的情况，更好地保护债权人的利益。

以动产抵押的，抵押权自抵押合同生效时设立；未经登记，不得对抗善意第三人。所谓不能对抗善意第三人，是指未经抵押登记的动产转让或再设定抵押的，未登记抵押权人不得对受让人或者已登记抵押权人主张抵押权。因此，虽然动产抵押不以登记为生效条件，而是自抵押合同生效时设立，但办理与不办理抵押登记的法律后果是不同的。

在实务中，债权人务必牢记法律强制规定需要办理抵押登记的抵押财产种类，在签订了抵押合同后尽快办理抵押登记，确保抵押权设立；对于以动产财产设定抵押的，也尽量办理抵押登记，使自己的抵押权可以对抗可能出现的善意第三人。

（五）抵押权的实现

发生债务人不履行到期债务或者发生当事人约定的实现抵押权的情形，则抵押权人可以主张实现抵押权。

1. 抵押权实现的方式

抵押人和抵押权人可以协议实现抵押权，包括以抵押财产折价或者以拍卖、变卖该抵押财产所得的价款优先受偿等方式实现抵押权。但是该协议不能损害其他债权人的利益，否则其他债权人可以请求人民法院撤销该协议。

抵押权人与抵押人未就抵押权实现方式达成协议的，抵押权人可以请求人民法院拍卖、变卖抵押财产。

抵押财产折价或者变卖的，应当参照市场价格。

2. 抵押权实现应注意的问题

（1）抵押财产折价或者拍卖、变卖后，其价款超过债权数额的部分归抵押人所有，折价或者拍卖、变卖后的价款不足清偿债务的，不足的部分由债务人清偿。

（2）同一财产向两个以上债权人抵押的，拍卖、变卖抵押财产所得的价款依照下列规定清偿：抵押权已经登记的，按照登记的时间先后确定清偿顺序；抵押权已经登记的先于未登记的受偿；抵押权未登记的，按照债权比例清偿，即未登记的抵押权之间不存在清偿的先后顺序。

（3）同一财产既设立抵押权又设立质权的，拍卖、变卖该财产所得的价款按照登记、交付的时间先后确定清偿顺序。

（4）建设用地使用权抵押后，该土地上新增的建筑物不属于抵押财产。该建设用地使用权实现抵押权时，应当将该土地上新增的建筑物与建设用地使用权一并处分。但是，新增建筑物所得的价款，抵押权人无权优先受偿。

（5）以集体所有土地的使用权依法抵押的，实现抵押权后，未经法定程序，不得改变土地所有权的性质和土地用途。

（6）应注意行使抵押权的时间：抵押权人应当在主债权诉讼时效期间行使抵押权；未行使的，人民法院不予保护。

拓展知识

抵押期间，抵押人能否转让抵押财产？

抵押期间，抵押人可以转让抵押财产。当事人另有约定的，按照其约定。抵押财产转让的，抵押权不受影响。

抵押人转让抵押财产的，应当及时通知抵押权人。抵押权人能够证明抵押财产转让可能损害抵押权的，可以请求抵押人将转让所得的价款向抵押权人提前清偿债务或者提存。转让的价款超过债权数额的部分归抵押人所有，不足部分由债务人清偿。

三、质权

（一）质权的概念

质权是指为了担保债权的实现，债务人或者第三人将其动产或者财产权利移交债权人占有，当债务人不履行到期债务或者发生当事人约定的实现质权的情形时，债权人享有就其占有的财产优先受偿的权利。其中，债务人或者第三人为出质人，债权人为质权人，交付的动产或者权利为质押财产。

质权分为动产质权和权利质权。

（二）动产质权

1. 可以设定质权的动产范围

依法可以转让的动产均可以设定动产质权。只要是动产，不属于法律行政法规禁止转让的范围，都可以作为质押财产。法律、行政法规禁止转让的动产不得出质。

2. 质押合同的形式与内容

设立质权，当事人应当采用书面形式订立质押合同。质押合同一般包括下列条款：

(1) 被担保债权的种类和数额；(2) 债务人履行债务的期限；(3) 质押财产的名称、数量等情况；(4) 担保的范围；(5) 质押财产交付的时间、方式。

质权人在债务履行期限届满前，与出质人约定债务人不履行到期债务时质押财产归债权人所有的，只能依法就质押财产优先受偿。

质权自出质人交付质押财产时设立。

3. 质权人的权利和义务

(1) 质权人的权利。

质权人的权利主要表现在：1) 占有质物。在债务未受清偿前，质权人有权占有质押财产，拒绝出质人返还质押财产的请求。2) 收取孳息。质权人有权收取质押财产的孳息，但是合同另有约定的除外。前款规定的孳息应当先充抵收取孳息的费用。3) 质权的保全。因不可归责于质权人的事由可能使质押财产毁损或者价值明显减少，足以危害质权人权利的，质权人有权请求出质人提供相应的担保；出质人不提供的，质权人可以拍卖、变卖质押财产，并与出质人协议将拍卖、变卖所得的价款提前清偿债务或者提存。4) 质权的处分权。质权人可以放弃质权。债务人以自己的财产出质，质权人放弃该质权的，其他担保人在质权人丧失优先受偿权益的范围内免除担保责任，但是其他担保人承诺仍然提供担保的除外。

(2) 质权人的义务。

质权人的义务主要表现在：1) 不得擅自使用、处分质押财产。质权人在质权存续期间，未经出质人同意，擅自使用、处分质押财产，造成出质人损害的，应当承担赔偿责任。2) 质物保管义务。质权人负有妥善保管质押财产的义务；因保管不善致使质押财产毁损、灭失的，应当承担赔偿责任。质权人的行为可能使质押财产毁损、灭失的，出质人可以请求质权人将质押财产提存，或者请求提前清偿债务并返还质押财产。3) 返还质押财产的义务。债务人履行债务或者出质人提前清偿所担保的债权的，质权人应当返还质押财产。

4. 动产质权实现的方式

(1) 债务人不履行到期债务或者发生当事人约定的实现质权的情形，质权人可以与出质人协议以质押财产折价，也可以就拍卖、变卖质押财产所得的价款优先受偿。质押财产折价或者变卖的，应当参照市场价格。

(2) 出质人可以请求质权人在债务履行期限届满后及时行使质权；质权人不行使的，出质人可以请求人民法院拍卖、变卖质押财产。出质人请求质权人及时行使质权，因质权人怠于行使权利造成出质人损害的，由质权人承担赔偿责任。

(3) 质押财产折价或者拍卖、变卖后，其价款超过债权数额的部分归出质人所有，不足部分由债务人清偿。

(三) 权利质权

1. 权利质权的概念

为担保债务的履行，债务人或第三人将其拥有的财产权利凭证交由债权人或者通过登记制度将该权利出质给债权人，当债务人不履行债务时，债权人就该财产权利依法享有优先受偿的权利。

2. 可以出质的权利范围

债务人或者第三人有权处分的下列权利可以出质：（1）汇票、本票、支票；（2）债券、存款单；（3）仓单、提单；（4）可以转让的基金份额、股权；（5）可以转让的注册商标专用权、专利权、著作权等知识产权中的财产权；（6）现有的以及将有的应收账款；（7）法律、行政法规规定可以出质的其他财产权利。

3. 权利质权的设立时间

（1）以汇票、本票、支票、债券、存款单、仓单、提单出质的，质权自权利凭证交付质权人时设立；没有权利凭证的，质权自办理出质登记时设立。法律另有规定的，依照其规定。汇票、本票、支票、债券、存款单、仓单、提单的兑现日期或者提货日期先于主债权到期的，质权人可以兑现或者提货，并与出质人协议将兑现的价款或者提取的货物提前清偿债务或者提存。

（2）以基金份额、股权出质的，质权自办理出质登记时设立。基金份额、股权出质后，不得转让，但是出质人与质权人协商同意的除外。出质人转让基金份额、股权所得的价款，应当向质权人提前清偿债务或者提存。

（3）以注册商标专用权、专利权、著作权等知识产权中的财产权出质的，质权自办理出质登记时设立。知识产权中的财产权出质后，出质人不得转让或者许可他人使用，但是出质人与质权人协商同意的除外。出质人转让或者许可他人使用出质的知识产权中的财产权所得的价款，应当向质权人提前清偿债务或者提存。

（4）以应收账款出质的，质权自办理出质登记时设立。应收账款出质后，不得转让，但是出质人与质权人协商同意的除外。出质人转让应收账款所得的价款，应当向质权人提前清偿债务或者提存。

拓展知识

抵押权和质权的区别：

1. 标的物不同。抵押权的标的物主要包括不动产、不动产用益物权和动产，实践中以不动产居多；质权的标的物通常是动产和财产性权利，比如债权、股权、知识产权等财产权利。

2. 占有方式不同。抵押不转移对抵押物的占管形态，仍由抵押人占有；而质押则要转移占有的动产及有关权利，由质权人占有质押物。

3. 登记手续不同。抵押权中不动产及不动产用益物权需要登记才能设立抵押权；质押权中，除法律规定必须办理出质登记的项目，其他质权自出质人交付质押财产时设立，一般不需要登记。

四、留置权

（一）留置权的概念

留置权是指债务人不履行到期债务，债权人可以留置已经合法占有的债务人的动产，并有权就该动产优先受偿的权利。其中，债权人为留置权人，占有的动产为留置财产。

债权人留置的动产，应当与债权属于同一法律关系，但是企业之间留置的除外。

留置权是法定的担保物权，其成立的条件是由法律直接规定的，不需要当事人事先在合同中约定，这是不同于抵押权和质权的地方。

（二）行使留置权需要注意的问题

1. 不能超额留置

如果留置财产为可分物的，则留置财产的价值应当相当于债务的金额。

2. 留置权人的义务

留置权人负有妥善保管留置财产的义务；因保管不善致使留置财产毁损、灭失的，应当承担赔偿责任。

3. 留置的时间

留置权人与债务人应当约定留置财产后的债务履行期限；没有约定或者约定不明确的，留置权人应当给债务人 60 日以上履行债务的期限，但是鲜活易腐等不易保管的动产除外。

4. 留置权的消灭

留置权人对留置财产丧失占有（例如，留置权人自愿返还留置物或抛弃留置物的行为）或者留置权人接受债务人另行提供担保的，留置权消灭。

（三）留置权的实现

债务人逾期未履行债务的，留置权人可以与债务人协议以留置财产折价，也可以就拍卖、变卖留置财产所得的价款优先受偿。留置财产折价或者变卖的，应当参照市场价格。

债务人可以请求留置权人在债务履行期限届满后行使留置权；留置权人不行使的，债务人可以请求人民法院拍卖、变卖留置财产。

留置财产折价或者拍卖、变卖后，其价款超过债权数额的部分归债务人所有，不足部分由债务人清偿。

（四）留置权优先

同一动产上已经设立抵押权或者质权，该动产又被留置的，留置权人优先受偿。也就是说，即使留置的是一个已经设定了抵押权或者质权的动产，留置权人依然可以优先于抵押权人或者质权人受偿。

五、定金

定金是指以担保债权实现为目的，当事人可以约定由一方在合同订立时或订立后至合同履行之前，按照合同标的额的一定比例，预先给付对方的一定数额货币的担保形式。定金合同自实际交付定金时成立。①

---

① 定金既是一种违约责任的承担方式，又是担保的一种方式。有关定金的具体规定详见第七章第四节违约责任之定金责任部分。

导入案例分析提示

在本案中，宋某虽未签订保证合同，但以书面形式出具了承诺书，债权人接受并且未提出异议，保证合同成立。但因为承诺书中并未明确承担何种保证责任，按《民法典》第686条第2款的规定，当事人在保证合同中对保证方式没有约定或者约定不明确的，按照一般保证承担保证责任。因此，宋某应按一般保证承担责任。宋某在履行保证责任后，有权在其承担保证责任的范围内向刘某追偿。

职业技能训练

1. 请阐述银行贷款的流程。
2. 请分析民间借贷中借款利息的相关规定。
3. 请试着写一份具有法律效力的规范的借条。
4. 请分析加盟特许经营需要注意的事项。
5. 请列举保证的两种方式以及两者的区别。
6. 请分析抵押权、质权的区别。
7. 请阐述定金罚则的内容。
8. 请运用所学知识分析以下案例。

案例一：

2024年2月26日，王某（被特许人）与B公司（特许人）签订《服务合同书》与《品牌授权使用许可合同》，并支付第一期合作费用25 000元，双方之间成立特许经营合同关系。一段时间后，双方未进行店铺选址。2024年6月起，王某无法再联系到B公司且办公场所人去楼空。合同签订后，B公司并未履行合同提供任何服务，故王某于2024年8月以“冷静期”为由向法院起诉，要求解除合同、返还合作费用。

请小组讨论，根据所学知识试分析以下问题并说明理由：

王某的主张能否获得法院支持？

【分析提示】根据《商业特许经营管理条例》第12条的规定，特许人和被特许人应当在合同中约定，被特许人在特许经营合同订立后一定期限内，可以单方解除合同。即使合同中未约定“冷静期”，也允许被特许人在合理期限内反悔，而“合理期限”，一般理解为距签订合同时间不久，且经营资源尚未被掌握时。本案中王某于2024年2月26日签订合同后，未实际使用B公司的主要特许经营资源，而且B公司客观上无法取得联系，无法履行合同约定的义务，故王某行使单方解除权具有法律和相关事实的依据，法院应予以支持。

案例二：

2024 年 9 月 28 日，甲方 A 公司与乙方 B 公司签订了《机械购销合同》《双头数控车床技术协议》，《机械购销合同》主要约定："乙方向甲方购买双头数控车床两台，交货时间为合同生效后 30 天，付款方式：机床总价 14 万元，定金是总价款的 50%，定金全额支付后合同生效，本合同所剩余款在安装调试完毕后乙方在半个月内付清所有款项……"合同签订后 B 公司依约向 A 公司支付了 7 万元。后因 A 公司一直未交货，B 公司多次催促未果，遂将 A 公司诉至法院，要求解除合同并双倍返还定金共计 14 万元整。

请小组讨论，根据所学知识试分析以下问题并说明理由：

B 公司的诉讼请求能否获得法院支持?

【分析提示】根据《民法典》第 586 条的规定，当事人可以约定一方向对方给付定金作为债权的担保。定金合同自实际交付定金时成立。定金的数额由当事人约定；但是，不得超过主合同标的额的 20%，超过部分不产生定金的效力。《民法典》第 587 条规定："债务人履行债务的，定金应当抵作价款或者收回。给付定金的一方不履行债务或者履行债务不符合约定，致使不能实现合同目的的，无权请求返还定金；收受定金的一方不履行债务或者履行债务不符合约定，致使不能实现合同目的的，应当双倍返还定金。"本案中，B 公司向 A 公司支付了定金，但 A 公司迟延履行主要债务，B 公司有权要求双倍返还定金。虽双方约定的定金为合同价款的 50%，但根据法律规定，超过主合同标的额的 20%，超过部分不产生定金的效力，故法院支持 B 公司双倍返还的金额为合同金额的 20%，即 2.8 万元，因此 A 公司应总计返还 B 公司 9.8 万元，对于超过部分，法院不予支持。

第九章 创业实体知识产权法律实务

学习目标

知识目标

1. 熟悉三大知识产权（著作权、专利权、商标权）的权利内容和范围。

2. 熟悉三大知识产权（著作权、专利权、商标权）的侵权构成和免责事由。

能力目标

1. 能够根据所学知识在企业运行过程中准确识别知识产权，合理使用知识产权，避免造成知识产权的侵权。

2. 具备构建企业知识产权体系的基本思路，能够通过商标注册、专利申请等方式有效保护企业发展过程中形成的知识产权成果。

素养目标

1. 增强知识产权意识，在社会中形成以“尊重知识、崇尚创新、诚信守法”为核心的知识产权文化氛围。

2. 树立正确发展理念，自觉合规经营，有效保护自主知识产权成果，培养知识产权保护意识。

知识产权的内容非常丰富，其中最广为人知的“三大支柱”是专利权、商标权和著作权，分别指向发明创造人或单位依法享有的对发明创造成果的专有权利、商标注册人及利害关系人依法享有的对商业标识的专有权利和著作权人依法享有的对所创作或取得的文学、艺术、自然科学、工程技术等作品的专有权利。

知识产权是国之重器，自主知识产权的水平和拥有量决定着能否支撑创新性国家的建设，对经济发展、文化繁荣、社会建设有着深远的影响。随着社会经济的不断发展、科学技术的不断进步，知识产权也日益成为企业最重要的智力资产，成为促进企业创新、提升核心竞争力的源泉。与此同时，知识产权不仅关乎社会的创造力和企业的竞争力，加大知识产权保护力度同样也在维护着每一个消费者的合法权利。以打击假冒注册商标为例，对“山寨品牌”的严惩，不仅有效保护了投入大量成本进行研发、宣传、品牌维护的合法经营者，同时也净化了市场，保护了消费者的知情权、选择权和生命健康权。

知识产权常常被人们称作无形产权，由于“无形”这一概念带给人们的不可感知性，许多读者可能无法像对有形的财产权利一样对知识产权权利形成一个确切的印象。因此在进入具体课程内容学习前，先理清以下两个概念。

一、知识产权的权利客体

知识产权的客体，无论是一套技术方案还是一本小说，究其本质都是一组连续、基于一定逻辑组成的信息。虽然信息仍有必要依赖于一定的物质载体才能够传达给他人，为他人所感知，正如我们需要已经出版发行的小说的文本或是听书软件的朗读，才能够了解小说的内容，但知识产权权利指向的客体并不是小说的文本（物权载体），而是这组信息本身。了解这一本质意义在于提示知识产权权利人如何用权。

我们来看这样一个例子。某甲创作了一副美术作品，存于家中，尚未发表。某乙以秘密窃取的方式获得该画作，并将画作拍摄为照片、上传于互联网络，使得不特定公众可以在其选定的时间和地点获得该作品。某甲发现后欲追究某乙的责任。某甲来到法院声称某乙窃取其作品，那么他一定会面临法院工作人员这样的问题：“你主张什么权利?”或者，换言之：“你要基于什么法律关系起诉?”某甲当然可以仅就某乙的窃取行为主张某乙侵害了某甲的物权（即针对画作的物质载体被窃取的事实），但如果某甲有一定的知识产权法律知识，就会意识到，制止画作在互联网络的传播，并基于侵权行为获得赔偿是更为迫切的，基于此，某甲应当积极主张其作品的发表权、署名权、复制权和信息网络传播权被某乙侵害。

二、知识产权的权利内容

知识产权的权利内容具有双重属性：专用权和禁用权。人们对权利的普遍认识是：权利人享有的某种利益。进一步来看，权利人可以实施某些行为以实现该利益。知识产权的权利人当然也享有这样的利益。著作权人可以决定是否出版自己的作品换取收益，商标权人可以决定是否在某种商品或服务上标识自己的商标，专利权人也可以决定是否实施或许可他人实施自己的专利技术。然而，这些并不是知识产权权利的全貌，甚至可以说，这些并不是知识产权权利在社会实践中的主要表现方式。无须讳言，很多企业第一次处理知识产权争议，可能就是某一天在市场上发现使用了与该企业注册商标相同或近似商标的商品。制止此类行为就需要谈到知识产权的禁用权能，而禁用权的产生与知识产权的特性密不可分。

一般而言，知识产权成果的公开性较强。譬如，专利权的实质就是以公开换保护，社会公众完全可以通过公开渠道获取到专利相关的技术信息。该领域的普通技术人员通过公开信息即可以取得实施该专利的技术条件。著作权人虽可以选择不发表作品，但如果一个作者想要通过小说将他的思想传达给他人，这部文字作品就必然需要被公开的发表、发行，而一旦发行，利用现有技术大量复制文本的成本是极低的。从这个角度看，知识产权权利有着明显的脆弱性，容易受到不法侵害。设置一套有效又便于操作的法律系统，以确保权利人对其知识产权成果的控制，保障其智力劳动能够得到相应的对价，而不是被侵权者攫取劳动果实，是知识产权法律体系的重要任务。

通过探索，现代法律制度最终采取了为权利人设置专用权的方式构建知识产权法律体系。即在一定的时间、地域范围内对智力成果的某些利用行为仅限于其权利人实施，作为专用权的相对面，他人未经许可的实施行为都会被视为侵权，落入权利人禁用权的范围。例如，小说的复制权、发行权是作者的专用权，他人未经许可，不得复制、发行该作品。为生产经营目的制造、销售发明专利产品的权利是发明人的专用权，他人未经许可，不得实施上述行为。在社会实践中，相较于权利人的“可以为”，他人的“不得为”直接赋予的权利人侵权诉讼的法律基础，为权利人打击侵权的行为提供了有效保障。

接下来我们就开始对具体的法律制度进行学习。

第一节 著作权

导入案例

甲公司在该公司主办的财经网首次发表标题为“5.30 财经早报”的文章（以下简称“涉案文章”），该文系由甲公司经授权使用的软件 Dreamwriter 自动撰写的一篇财经新闻综述类文章。后乙公司在其主办的“财经评论”网站上发布了同名文章。经比对，乙公司发布的该文章与涉案文章的内容完全一致。

请分析：乙公司发布相同文章的行为是否构成著作权的侵权？

一、著作权概述

著作权是指自然人、法人或者非法人组织对文学、艺术和科学作品享有的财产权利和精神权利的总称。

初次接触著作权的读者可能会有这样的疑问：著作权和版权有什么区别吗？从两者的概念来源来看，它们是有一定区别的。版权（copyright）源自英美法系，最初的意思就是复制权。英美法系传统上更注重作品的财产权。著作权（author's right）源自大陆法系。大陆法系长期视作品为作者人格的延伸，更强调著作人身权。随着国际交往的增加和《保护文学和艺术作品伯尔尼公约》（简称《伯尔尼公约》）的签订，两者之间的差别越来越小。《中华人民共和国著作权法》（以下简称《著作权法》）第62条直接规定，“本法所称的著作权即版权”，故在我国无特别区分两者的必要。这也是我们在生活中常见“著作权”“版权”同时或交替使用的原因。

早期著作权法设置的权利内容主要是复制权、发行权等。随着历史的发展，著作权权利格局的演变揭示了这样一个规律，每一次科技的重大变革都会催生新的作品创作方式和传播方式，进而催生新的著作权客体和专有权利。如信息网络传播权的产生就与网络逐步成为人们消费文化产品的主要方式之一密不可分。

二、作品和作者

理解著作权，首先需要了解的一对概念就是作品和作者，分别对应权利的客体和主体。

（一）作品的概念和构成条件

1. 作品的概念

依照《著作权法》的规定，作品是指文学、艺术和科学领域内具有独创性并能以一定形式表现的智力成果。

《著作权法》采取自动保护的原则，既包括对本国自然人、法人和非法人组织的作品的自动保护，也包括根据作品发表地对外国人、无国籍人的作品提供的保护和根据国际条约、协议对外国人、无国籍人的作品提供的保护。

2. 作品的构成要件

一定的智力成果能够被《著作权法》视为作品需要达到一定的门槛，也就是构成作品的要件，一般认为有以下三个要件：

（1）作品是人类智力劳动的成果。

人工智能生成的作品是否受《著作权法》的保护仍在讨论中，但须注意到目前类似新闻编辑软件等通过主动抓取信息并编辑形成的文字作品并未从根本上排除人类的智力劳动，其本质仍是在执行人类编写代码时为其指定的流程，仍属于人类智力劳动的结果。

（2）作品通过一定的能够被感知的方式被表达出来。

无论是口头表达还是书面表达，或是绘画、雕塑等，总之作品不能只停留在创作者内心思考的阶段，而需呈现在一定的物质载体上。

（3）作品具有一定的独创性，这是作品区别于其他智力成果的核心特征。

独创性的“独”，强调作品的表达源自作者的独立工作。独创性的“创”则要求作品体现了作者的创造性劳动。需要注意的是，在司法实践层面对作品创造性的要求并不高，通常只要具备一定的智力创造成分即可，不需要体现非凡的艺术技巧。

例如，在网络上流传的一些照片，也许并不满足部分公众的审美趣味，但它们也体现了拍摄者对拍摄客体、环境、角度、光线或拍摄时机等的个人选择，融入了相应的智力劳动，因此这些照片仍是受《著作权法》保护的对象。

3. 法定作品类型

上述构成要件是从理论角度梳理的、成为《著作权法》意义上的作品所需要的必要条件，尚非充分条件。知识产权权利体现了更多的拟制性特征，未经一国著作权法确认的作品类型是不能成为该国著作权法保护的客体的，此即作品类型法定原则。《著作权法》通过例举加兜底条款的方式明确了依法保护的作品类型，详见表 9－1。

表 9－1 《著作权法》保护的作品

<table>
<tr><th>依法保护的作品类型</th><th>排除保护的智力成果</th><th>另行保护的智力成果</th></tr>
<tr><td>文字作品、口述作品</td><td rowspan="2">法律、法规，国家机关的决议、决定、命令和其他具有立法、行政、司法性质的文件，及其官方正式译文</td><td rowspan="9">民间文学艺术作品</td></tr>
<tr><td>音乐、戏剧、曲艺、舞蹈、杂技艺术作品</td></tr>
<tr><td>美术、建筑作品</td><td>单纯事实消息</td></tr>
<tr><td>摄影作品</td><td rowspan="6">历法、通用数表、通用表格和公式</td></tr>
<tr><td>视听作品</td></tr>
<tr><td>工程设计图、产品设计图、地图、示意图等图形作品和模型作品</td></tr>
<tr><td>计算机软件</td></tr>
<tr><td>符合作品特征的其他智力成果</td></tr>
</table>

需注意的是，此处兜底条款的设置看似放弃了作品类型法定的《著作权法》基本原则，但事实上我国在司法实践中并未有过创新作品类型、扩张著作权保护范围的先例。

（二）作者和著作权归属

通常情况下，创作作品的自然人是作者，对作品享有完整的著作权，但作者和著作权人之间并不能必然画上等号。一方面，著作权中的财产性权利既可以转让，也可以继承；另一方面，《著作权法》上的一些制度安排也使得法人或非法人组织在一定情况下可以成为著作权人。

1. 法人作品

法人作品是指由法人或者非法人组织主持，代表法人或者非法人组织意志创作，并由法人或者非法人组织承担责任的作品。一旦确定为法人作品，上述法人或者非法人组织视为作者。

2. 合作作品

合作作品是指两人以上合作创作的作品。合作作品的著作权由合作作者共同享有。没有参加创作的人，不能成为合作作者。

合作作品的著作权由合作作者通过协商一致行使；不能协商一致，又无正当理由的，任何一方不得阻止他方行使除转让、许可他人专有使用、出质以外的其他权利，但是所得收益应当合理分配给所有合作作者。

合作作品可以分割使用的，作者对各自创作的部分可以单独享有著作权，但行使著作权时不得侵犯合作作品整体的著作权。

3. 职务作品

自然人为完成法人或者非法人组织工作任务所创作的作品是职务作品，著作权由作者享有，法人或者非法人组织有权在其业务范围内优先使用。作品完成两年内，未经单位同意，作者不得许可第三人以与单位使用的相同方式使用该作品。

有下列情形之一的职务作品，作者只享有署名权，著作权的其他权利由法人或者非法人组织享有，法人或者非法人组织可以给予作者奖励：

（1）主要是利用法人或者非法人组织的物质技术条件创作，并由法人或者非法人组织承担责任的工程设计图、产品设计图、地图、示意图、计算机软件等职务作品。

（2）报社、期刊社、通讯社、广播电台、电视台的工作人员创作的职务作品。

（3）法律、行政法规规定或者合同约定著作权由法人或者非法人组织享有的职务作品。

4. 委托作品

受委托创作的作品，著作权的归属由委托人和受托人通过合同约定。合同未作明确约定或者没有订立合同的，著作权属于受托人。

5. 改编、汇编作品

改编、翻译、注释、整理已有作品而产生的作品，其著作权由改编、翻译、注释、整理人享有，但行使著作权时不得侵犯原作品的著作权。

汇编若干作品、作品的片段或者不构成作品的数据或其他材料，对其内容的选择或者编排体现独创性的作品，为汇编作品，其著作权由汇编人享有，但行使著作权时，不得侵犯原作品的著作权。

使用改编、翻译、注释、整理、汇编已有作品而产生的作品进行出版、演出和制作录音录像制品，应当取得该作品的著作权人和原作品的著作权人许可，并支付报酬。

6. 视听作品

视听作品中的电影作品、电视剧作品的著作权由制作者享有，但编剧、导演、摄影、作词、作曲等作者享有署名权，并有权按照与制作者签订的合同获得报酬。

除此以外的视听作品的著作权归属由当事人约定；没有约定或者约定不明确的，由制作者享有，但作者享有署名权和获得报酬的权利。

视听作品中的剧本、音乐等可以单独使用的作品的作者有权单独行使其著作权。

三、著作权的权利内容和受保护的期限

作为拟制性权利，不仅作品的类型由法律规定，著作权的权利内容也由法律直接规定。著作权的权利内容是著作权人享有的专有权的总和，著作权人依法在此范围内排除他人未经许可对作品的利用行为。

（一）著作权的权利内容

著作权的权利内容包括人身权和财产权，其中人身权部分与其他人格性、身份性权利

类似，是不可转让、继承和受遗赠的；而对于财产权部分，既可以转让，也可以许可他人使用并获得报酬。著作权的权利内容详见表 9－2。

表 9－2 著作权的权利内容

财产权（经济权利）		人身权（精神权利）	
名称	权利内容	名称	权利内容
复制权	以印刷、复印、拓印、录音、录像、翻录、翻拍、数字化等方式将作品制作一份或者多份	发表权	决定作品是否公之于众
发行权	以出售或者赠与方式向公众提供作品的原件或者复制件	署名权	表明作者身份，在作品上署名
出租权	有偿许可他人临时使用视听作品、计算机软件的原件或者复制件，计算机软件不是出租的主要标的的除外	修改权	修改或者授权他人修改作品
展览权	公开陈列美术作品、摄影作品的原件或者复制件	保护作品完整权	保护作品不受歪曲、篡改的权利
表演权	公开表演作品，以及用各种手段公开播送作品的表演		
放映权	通过放映机、幻灯机等技术设备公开再现美术、摄影、视听作品等		
广播权	以有线或者无线方式公开传播或者转播作品，以及通过扩音器或者其他传送符号、声音、图像的类似工具向公众传播广播的作品的权利		
信息网络传播权	以有线或者无线方式向公众提供，使公众可以在其选定的时间和地点获得作品的权利		
摄制权	以摄制视听作品的方法将作品固定在载体上		
改编权	改变作品，创作出具有独创性的新作品		
翻译权	将作品从一种语言文字转换成另一种语言文字		
汇编权	将作品或者作品的片段通过选择或者编排，汇集成新作品		
应当由著作权人享有的其他权利			

（二）著作权受保护的期限

作者的署名权、修改权、保护作品完整权的保护期不受限制。

自然人作品的发表权和财产性权利的保护期为作者终生及其死亡后五十年，截止于作者死亡后第五十年的 12 月 31 日；如果是合作作品，截止于最后死亡的作者死亡后第五十年的 12 月 31 日。

法人或者非法人组织的作品、著作权（署名权除外）由法人或者非法人组织享有的职务作品、视听作品，其发表权的保护期为五十年，截止于作品创作完成后第五十年的 12 月 31 日；财产性权利的保护期为五十年，截止于作品首次发表后第五十年的 12 月 31 日，但作品自创作完成后五十年内未发表的，不再保护。

四、对著作权的限制

前述人身权和财产权是《著作权法》给予著作权人一系列的专有权利，仅限著作权人或被许可人（在许可范围内）行使，未经许可的使用将构成著作权侵权行为。

拟制著作权的目的是刺激相关公众创作的积极性，但设置过多且未加以限制的垄断性权利，也会在无形中限制信息的流通和知识的传播，不利于社会文化的蓬勃发展。一方面要加强权利保护，另一方面要考虑社会公众对知识和信息的需求，著作权法律制度一直在著作权人利益和社会公共利益之间寻找平衡点，逐步探索出法定许可和合理使用两类对著作权加以限制的机制。

（一）合理使用

1. 合理使用的概念

合理使用是指行为人在法律明确规定的某些情况下使用作品，可以不经著作权人许可，也不向其支付报酬，但应尊重作者的身份性权利，如应当指明作者姓名或者名称、作品名称，并且不得影响该作品的正常使用，也不得不合理地损害著作权人的合法权益。《著作权法》不是通过规定合理使用的概念、构成要件或其检验方法这种归纳、概括的方式来设置合理使用制度，而是通过例举的方式加以规定。

2. 合理使用的类型

《著作权法》共例举了 12 种情形作为对已发表作品的合理使用的正当理由，并设置了兜底条款。

（1）为个人学习、研究或者欣赏，使用他人已经发表的作品。

（2）为介绍、评论某一作品或者说明某一问题，在作品中适当引用他人已经发表的作品。

（3）为报道新闻，在报纸、期刊、广播电台、电视台等媒体中不可避免地再现或者引用已经发表的作品。

（4）报纸、期刊、广播电台、电视台等媒体刊登或者播放其他报纸、期刊、广播电台、电视台等媒体已经发表的关于政治、经济、宗教问题的时事性文章，但著作权人声明不许刊登、播放的除外。

（5）报纸、期刊、广播电台、电视台等媒体刊登或者播放在公众集会上发表的讲话，但作者声明不许刊登、播放的除外。

（6）为学校课堂教学或者科学研究，翻译、改编、汇编、播放或者少量复制已经发表的作品，供教学或者科研人员使用，但不得出版发行。

（7）国家机关为执行公务在合理范围内使用已经发表的作品。

（8）图书馆、档案馆、纪念馆、博物馆、美术馆、文化馆等为陈列或者保存版本的需要，复制本馆收藏的作品。

（9）免费表演已经发表的作品，该表演未向公众收取费用，也未向表演者支付报酬，且不以营利为目的。

（10）对设置或者陈列在公共场所的艺术作品进行临摹、绘画、摄影、录像。

（11）将中国公民、法人或者非法人组织已经发表的以国家通用语言文字创作的作品翻译成少数民族语言文字作品在国内出版发行。

（12）以阅读障碍者能够感知的无障碍方式向其提供已经发表的作品。

同时我国《信息网络传播权保护条例》对合理使用原则在网络环境中的应用也进行了列举。通过信息网络提供他人作品，属于下列情形的，可以不经著作权人许可，不向其支付报酬：

（1）为介绍、评论某一作品或者说明某一问题，在向公众提供的作品中适当引用已经发表的作品。

（2）为报道时事新闻，在向公众提供的作品中不可避免地再现或者引用已经发表的作品。

（3）为学校课堂教学或者科学研究，向少数教学、科研人员提供少量已经发表的作品。

（4）国家机关为执行公务，在合理范围内向公众提供已经发表的作品。

（5）将中国公民、法人或者非法人组织已经发表的、以汉语言文字创作的作品翻译成的少数民族语言文字作品，向中国境内少数民族提供。

（6）不以营利为目的，以盲人能够感知的独特方式向盲人提供已经发表的文字作品。

（7）向公众提供在信息网络上已经发表的关于政治、经济问题的时事性文章。

（8）向公众提供在公众集会上发表的讲话。

以上合理使用规定只是针对信息网络这一新兴作品传播方式而作出的表述上的调整，并未脱离传统合理使用规定的基本内容。在信息网络传播领域有一类特殊的合理使用情形。

（9）公共图书馆合理使用数字作品。

除当事人另有约定的，图书馆、档案馆、纪念馆、博物馆、美术馆等可以不经著作权人许可，通过信息网络向本馆馆舍内服务对象提供本馆收藏的合法出版的数字作品和依法为陈列或者保存版本的需要以数字化形式复制的作品，不向其支付报酬，但不得直接或者间接获得经济利益。

为陈列或者保存版本需要以数字化形式复制的作品，应当是已经损毁或者濒临损毁、丢失或者失窃，或其存储格式已经过时，并且在市场上无法购买或者只能以明显高于标定的价格购买的作品。

（二）法定许可

1. 法定许可的概念

法定许可是指经由法律规定对一些原本受著作权专有权利控制的行为进行限制，使得使用无须以著作权人的许可为前提，而是依据法律自动发放许可，但使用需要支付报酬且不得侵害著作权人的其他专有权利。

2. 法定许可的类型

《著作权法》规定的法定许可主要包括以下几类：

（1）报刊转载的法定许可。

该许可是对文字作品著作权人的复制权的限制。作品刊登后，除著作权人声明不得转载、摘编的外，其他报刊可以转载或者作为文摘、资料刊登，但应当按照规定向著作权人支付报酬。该许可仅限于传统媒体报刊之间的转载行为，各种形式的网络媒体，包括但不限于网页、论坛、流媒体平台未经许可对已经发表作品的转载行为仍构成侵权。

（2）制作录音制品的法定许可。

该许可是对音乐作品著作权人的复制权和发行权的限制。录音制作者使用他人已经合法录制为录音制品的音乐作品制作录音制品，可以不经著作权人许可，但应当按照规定支付报酬；著作权人声明不许使用的不得使用。

该许可的适用范围也仅限于已经被他人合法录制为录音制品的音乐作品。现阶段，很多音乐人会率先通过网络发表音乐作品，在这些作品合法录制为录音制品前，使用者是不能援引制作录音制品的法定许可的。

（3）播放作品的法定许可。

该许可是对著作权人广播权的限制。广播电台、电视台播放他人已发表的作品，可以不经著作权人许可，但应当按照规定支付报酬。

（4）编写教科书的法定许可。

为实施义务教育和国家教育规划而编写出版教科书，可以不经著作权人许可，在教科书中汇编已经发表的作品片段或者短小的文字作品、音乐作品或者单幅的美术作品、摄影作品、图形作品，但应当按照规定向著作权人支付报酬，指明作者姓名或者名称、作品名称，并且不得侵犯著作权人享有的其他权利。

还有两类法定许可规定在《信息网络传播权保护条例》中。

（5）制作并通过网络向注册学生提供教育课件的许可。

为通过信息网络实施九年制义务教育或者国家教育规划，可以不经著作权人许可，使用其已经发表作品的片段或者短小的文字作品、音乐作品或者单幅的美术作品、摄影作品制作课件，由制作课件或者依法取得课件的远程教育机构通过信息网络向注册学生提供，但应当向著作权人支付报酬。

（6）通过网络向农村地区提供特定作品的许可。

通过信息网络向农村地区的公众免费提供中国公民、法人或者非法人组织已经发表的种植养殖、防病治病、防灾减灾等与扶助贫困有关的作品和适应基本文化需求的作品，网络服务提供者应当在提供前公告拟提供的作品及其作者、拟支付报酬的标准。

自公告之日起30日内，著作权人不同意提供的，网络服务提供者不得提供其作品；自公告之日起满30日，著作权人没有异议的，网络服务提供者可以提供其作品，并按照公告的标准向著作权人支付报酬。

网络服务提供者提供著作权人的作品后，著作权人不同意提供的，网络服务提供者应当立即删除著作权人的作品，并按照公告的标准向著作权人支付提供作品期间的报酬。

实施通过网络向农村地区提供特定作品的许可，不得直接或者间接获得经济利益。

（三）复制品发行者、出租者的合法来源抗辩

除合理使用和法定许可得以适用的情形外，行为人未经许可使用作品的行为（即行使著作权人专用权的行为）或者明知他人的行为会构成侵权，但仍然提供实质性帮助的，均

会构成著作权侵权，根据具体行为的不同分别引发侵害作品复制权、发行权、信息网络传播权等纠纷。

企业在经营过程中必然会使用新媒体工具进行宣传或引流，此时应尽量使用自主创作的内容，谨慎使用可以通过互联网获取的来源不明的素材，并充分注意在企业主页或社交账户中转发他人文字、美术或视听作品的风险，对确有必要使用的作品应在事前取得许可、协商并支付报酬。

复制品发行者、出租者的合法来源抗辩相关法律条款的设置不是对著作权权利的限制性规定，该抗辩也不属于不侵权抗辩，而是作品的发行者、出租者在特定情况下享有的不承担侵权责任的抗辩。该抗辩的法律基础来源于《著作权法》第 59 条第 1 款的规定，复制品的发行者或者视听作品、计算机软件、录音录像制品的复制品的出租者不能证明其发行、出租的复制品有合法来源的，应当承担法律责任。

援引该抗辩时，一是要注意针对援引主体的限制；二是要注意复制品的发行者或者视听作品、计算机软件、录音录像制品的复制品的出租者对其发行、出租的复制品的来源和来源的合法性负有举证责任。

拓展知识

同一权利人拥有的各项知识产权之间不存在相互排斥的关系。如，同一个图案设计，在符合独创性要求时成为《著作权法》保护的美术作品。经法定注册程序，在不存在不予注册事由的情形下，该图案也可以注册成为商标。同时，该图案也可能通过审查被宣告为外观设计专利。一旦发生了未经授权的使用行为，就同一事实，权利人得以不同的法律基础主张权利。虽然法院就同一事实不会重复判处禁令，也会避免判决赔偿金额的堆叠，但由于存在较大的法律风险，企业在使用他人智力成果时应始终保持善意并尽到审慎之注意义务。

五、邻接权

邻接权是指法律明确规定由作品传播者所享有的权利，为作品传播者对其传播作品过程中所作出的创造性劳动和付出的投资等成本提供法律保护。

（一）表演者权

1. 表演者权的主体和客体

表演者权的主体是表演者，指演员、演出单位或者其他表演文学、艺术作品的人。

表演者权的客体是表演活动，即表演者依照自己对作品的解读，通过声音、形体、器具、道具等多种表现形式表现作品的内容。

2. 表演者权的权利内容

表演者对其表演享有人身权和财产权。

人身权利包括：(1) 表明表演者身份的权利；(2) 保护表演形象不受歪曲的权利。

财产权利包括：(1) 现场表演权，即许可他人从现场直播和公开传送其现场表演，并获得报酬的权利；(2) 首次固定权，即许可他人录音录像，并获得报酬的权利；(3) 复制发行权，即许可他人复制、发行、出租录有其表演的录音录像制品，并获得报酬的权利；(4) 信息网络传播权，即许可他人通过信息网络向公众传播其表演，并获得报酬的权利。

其中人身权利的保护期不受限制。财产权利的保护期为五十年，截止于该表演发生后第五十年的 12 月 31 日。

3. 表演者的义务

作品的表演权归属著作权人所有，因此使用他人作品演出，表演者应当取得著作权人许可，并支付报酬。演出组织者组织演出的，由该组织者取得著作权人许可，并支付报酬。

就被许可人而言，其欲以表演者权中财产权利规定的方式使用作品的，除获得表演者授权外，还应当取得著作权人许可并支付报酬。

4. 职务表演

演员为完成所在演出单位的演出任务进行的表演为职务表演。表明身份和保护表演形象不受歪曲的权利由演员享有，其他权利归属由当事人约定。

当事人没有约定或者约定不明确的，职务表演的权利由演出单位享有。

职务表演的权利由演员享有的，演出单位可以在其业务范围内免费使用该表演。

（二）录音录像制作者权

1. 录音录像制作者权的权利主体和客体

录音录像制作者权的主体是首次制作录音、录像制品的人。

录音录像制作者权的客体是录音制品与录像制品中的录音和录像。具体而言，录音制品，是指任何对表演的声音和其他声音的录制品；录像制品，是指视听作品以外的任何有伴音或者无伴音的连续相关形象、图像的录制品。

2. 录音录像制作者权的权利内容

录音录像制作者对其制作的录音录像制品，享有许可他人复制、发行、出租、通过信息网络向公众传播并获得报酬的权利；权利的保护期为五十年，截止于该制品首次制作完成后第五十年的 12 月 31 日。

将录音制品用于有线或者无线公开传播，或者通过传送声音的技术设备向公众公开播送的，应当向录音制作者支付报酬。

3. 录音录像制作者的义务

由于录音录像属于典型的复制行为，既是对表演活动的复制，也是对被表演的作品的复制，而复制权和首次固定权分别由著作权人和表演者控制，因此录音录像制作者使用他人作品制作录音录像制品，应当取得著作权人许可，同表演者订立合同，并分别支付报酬。

就被许可人而言，其欲实施复制、发行、通过信息网络向公众传播录音录像制品的行为的，除获得录音录像制品制作者的许可外，应当同时取得著作权人、表演者许可，并支付报酬；被许可人出租录音录像制品，除获得录音录像制品制作者的许可外，也应当取得表演者许可，并支付报酬。

录音制作者使用他人已经合法录制为录音制品的音乐作品制作录音制品，见前文介绍的法定许可内容。

（三）广播组织权

1. 广播组织权的主体和客体

广播组织权的主体是广播电视组织，包括广播电台和电视台。广播组织权的客体是广播组织播放的节目信号。

2. 广播组织权的权利内容

（1）转播权，即将其播放的广播、电视以有线或者无线方式转播的权利；（2）录制复制权，即将其播放的广播、电视录制以及复制的权利；（3）信息网络传播权，即将其播放的广播、电视通过信息网络向公众传播的权利。权利保护期为五十年，截止于该广播、电视首次播放后第五十年的 12 月 31 日。

3. 广播组织的义务

广播电台、电视台播放他人未发表的作品，应当取得著作权人许可，并支付报酬；播放他人已发表的作品，可以不经著作权人许可，但应当按照规定支付报酬。

电视台播放他人的视听作品、录像制品，应当取得视听作品著作权人或者录像制作者许可，并支付报酬；播放他人的录像制品，还应当取得著作权人许可，并支付报酬。

（四）版式设计权

出版者有权许可或者禁止他人使用其出版的图书、期刊的版式设计。

版式设计保护期为十年，截止于使用该版式设计的图书、期刊首次出版后第十年的 12 月 31 日。

需注意作为以邻接权提供保护的版式设计单纯指向版本格式的设计，不包括针对出版物外观的装帧设计，装帧设计是可以作为美术作品受著作权保护的。

六、认识著作权的侵权判定

利用各类网络媒体进行矩阵式推广是当代企业营销的一大特点，同时也是知识产权侵权纠纷的重灾区。近年来，大量侵害作品复制权、发行权或信息网络传播权的案件进入司法程序，相关案件甚至占到法院知识产权类民事案件总数的 50%以上。很多经营者在事发前并未意识到自己的行为涉嫌侵犯知识产权，往往自认为使用了网络上的“免费”图片（文字、音乐片段）放到自己的宣传文案、产品造型、网页装饰中，为什么就涉嫌侵权了呢?

在著作权领域，除了权利人明确表示放弃权利以及合理使用规定的情形，没有什么作品是免费的。即便是法定许可，也仅仅实现了使用许可的自动发放，使用者仍要付费使用。在企业经营过程中，未经许可，完整使用他人作品是显而易见的侵权行为。于是，一些行为人开始采取“打擦边球”的方式，对他人作品进行裁剪，仅对部分进行使用或是再编辑后使用。更“谨慎”的行为人，不再直接使用他人作品，而是将他人作品作为“参考”，进行模仿。

具备朴素正义感的公众通常将前者——直接使用他人作品的行为——视为“盗用”，

将后者——转用行为或是参考行为——视为“抄袭”。“抄袭”是著作权侵权纠纷中较为复杂的一种情况，是否构成侵权不能一概而论。

总体原则是，如果被诉侵权人接触了（含接触可能）权利作品，同时权利作品的独创性部分与被诉侵权作品的对应部分在表达上构成实质相同，则足以构成侵权。完成上述判断前需要拆分权利作品的思想和表达、提炼表达中的独创性部分并与被诉侵权作品的对应部分进行比对。

（一）拆分作品的思想和表达

1. 思想和表达的分界

从《与贸易有关的知识产权协定》（以下简称《TRIPs 协定》）第 9 条第 2 款的规定“版权保护应延及表达，而不延及思想、工艺、操作方法或数学概念之类”，可以看出著作权法并不保护抽象的思想、思路、观念、理论、构思、创意、概念、工艺、系统、操作方法、技术方案，而只是保护以文字、音乐、美术等各种有形的方式对思想的具体表达。

以文学作品为例，将一部文学作品中的内容比作一个金字塔，金字塔的底层是最具体的表达，而金字塔的顶层是最概括的思想，从具体到抽象层层叠加。好的文学作品，每个情节的设计都服务于作者想要传达的思想。作者的思想又从来不是以概括的表达和简单的叙事来表现，而是需要读者通过阅读具体的情节描写、理清情节间的衔接和逻辑、明晰故事架构和人物设置，最终才到达作者的思想深处。

在优秀的文学作品中，我们不仅能从全文的层面找到这种金字塔结构，也可能在每一篇章、每一小节乃至每一段落中的每一情节里找到这样的金字塔结构。一旦某一情节摆脱了概括的叙事，具体到了足以产生来源于特定作品的欣赏体验的程度，就越过了思想与表达的临界点，成为表达。

2. 思想和表达的区分原则

在理解思想和表达的分野问题上，有两个重要原则：混同原则与场景原则。

（1）混同原则。

混同原则是指对某一思想，在某些情况下只有唯一或极其有限的表达方式，此时表达与思想“混同”了，这种唯一或有限的表达不能成为著作权保护的客体。这一问题在游戏领域比较常见。以消除类电子游戏为例，其基础规则都是将若干相同的图标连成一线，连线成功的图标被消除，从而获得分数或游戏道具等奖励。此类游戏的具体操作规则也十分简单，连线的方式包括横向、竖向、T 形和十字交叉等，连线图标的数量自三个起，上限实际上也受到硬件（手机、平板等）显示屏主流尺寸的限制，使得表达方式十分有限。如果允许此类游戏的基础规则和简单的具体规则本身可以作为表达被著作权法保护，则会导致一种游戏类别被垄断的后果。

（2）场景原则。

场景原则指向的是在某一类主题中不可避免需要安排的场景。这在历史题材的文学作品中特别常见。比如，不少小说将故事背景设置在清代，帝王将相、八旗子弟、旗袍旗头等设定是还原当时风土人情、历史背景所难以回避的场景，新作作者仍然可以以这些在先作品中反复出现的场景为基础，经独立创作，形成新的作品内容。

当我们利用以上思维工具和方法排除了权利作品中属于思想的部分，剩下的来源于作者自身的智力劳动成果就是侵权比对所需要的材料。

（二）侵权比对的过程

著作权侵权最核心的判断是被诉侵权作品的对应部分与权利作品的独创性部分之间是否构成实质相似。在实践中，进行“实质相似”判断的方法有多种，我们主要介绍在我国现阶段较常使用的抽象分析法，也称抽象测试法、三步法标准。

其中前两步的目的是将原作品的独创性部分剥离出来，我们不再重复。

最后一步也就是比对环节。还是以文字作品为例，在故事情节、语句表述层面上明显的、大量的相似并不难观察，也属于“抄袭”案件中较为清晰的情形，如法院经审理认为构成相似的情节和语句的数量已经远远超出了可以用“巧合”来解释的程度，就会判定侵权成立。

在略为复杂的情形中，相似性可能反映在人物设定、人物关系、情节创编及其串联逻辑等作品表达层面上，而这种相似在被诉侵权作品中达到一定的数量和比例，能够使得受众感知到这些情节和设定是来源于特定作品的，也足以构成实质相似。

对被指称“抄袭”的作品进行侵权判断是著作权侵权纠纷中的热点和难点，涉及大量相关法律专业知识和背景知识，对初学者有一定难度。本书仍花费一定篇幅做粗浅介绍的主要目的是提示企业及其经营者，不仅对他人作品的直接使用行为会构成侵权，对在先作品的不适当“引用”“转用”以及“参考”“借鉴”，一旦触及了在先作品的独创性部分，也可能构成侵权。反之，对企业原创作品的保护思路也是如此。

导入案例分析提示

侵权人未经著作权人许可，在其经营的网站上向公众提供被诉侵权文章内容，供公众在选定的时间、选定的地点获得，侵害了著作权人享有的信息网络传播权，应承担相应的民事责任。

第二节 专利权

导入案例

ZL202020443××××.×号名称为“包装机”实用新型专利的申请日为 2022 年 8 月 6 日，授权公告日为 2023 年 1 月 21 日，专利权人是甲公司。年费已缴纳。实用新型专利权评价报告显示，该专利全部权利要求 1～10 未发现存在不符合授予专利权条件的缺陷。国家知识产权局于 2023 年 11 月 30 日作出的无效宣告请求审查决定书，决定维持专利权有效。在市场调查过程中，甲公司发现乙公司在生产经营过程中使用的包装机所包含的技术特征与上述专利权利要求1的记载完全相同，遂将乙公司诉至法院。审理过程中乙公司披露，被诉侵权的包装机采购自丙公司，并提供相关采购合同和付款凭证。

请分析：乙公司在本案中如何承担责任?

一、专利权概述

在实行专利保护制度的国家，“专利”一词通常指向“一项发明创造的首创者所拥有的受保护的独享权益”，一般以专利法来规范，即专利申请人以向社会公开技术（设计）方案为前提，经专利主管部门审查后，依照法定程序授权申请人在一定时间和地域范围内的排他性权利。

就世界范围而言，发明是各国现代专利制度的核心内容，但各国对实用新型和外观设计的制度设计以及具体规定存在较大的差异。我国是用一部专利法囊括了发明、实用新型和外观设计三种类型的专利。《中华人民共和国专利法》（以下简称《专利法》）自颁布以来虽经历修订，但基本类别格局没有变化。

（一）专利权的类型

1. 发明专利

《专利法》保护的发明，是指对产品、方法或者其改进所提出的新的技术方案。发明根据其最终呈现的形态可以分为产品发明和方法发明。产品发明可以是一个独立、完整的制造品，如机器、设备，或是一个设备或仪器中的零部件，也可以是材料本身，如具有新用途的化学物质、组合物等。方法发明是用于制造产品或者解决技术问题的制造方法、操作方法以及工艺流程等。作为方法发明的技术方案既可以是由一系列步骤构成的完成操作过程，也可以是其中的一个步骤。

2. 实用新型专利

《保护工业产权巴黎公约》（以下简称《巴黎公约》）中对实施实用新型没有强制规定。各国的实用新型制度设计即便在逻辑上存在较强的一致性，保护范围也不尽相同。《专利法》保护的实用新型，是指对产品的形状、构造或者其结合所提出的适于实用的新的技术方案，但对其创造性的要求比发明专利低。在这个意义上，实用新型有时会被人们称作小发明或小专利。设置实用新型专利保护制度的主要目的在于鼓励相对投入成本低、研发周期短的小发明、小创造，虽然这类成果往往创造性较低，但实用性较强、转化周期快，更能适应经济的快速发展和不断扩大的市场需要。实用新型专利保护的是产品，更进一步来讲，指向具有空间形状的构造物，如改进的刀具形状、改进的线路结构。

3. 外观设计专利

19世纪末，《巴黎公约》明文将外观设计确定为工业产权的一种，即工业品外观设计，公约签订国必须对外观设计进行保护，此举加速了外观设计保护制度在世界范围内的推行。《专利法》保护的外观设计，是指对产品的整体或者局部的形状、图案或者其结合以及色彩与形状、图案的结合所作出的富有美感并适于工业应用的新设计。

外观设计专利保护的是工业品的外观设计，可以理解为工业品的式样，如一种套装门的式样、一种床头的式样等。外观设计专利的申请量在全部专利申请中占有较大比例。在新修订的《专利法》中，我国延长了外观设计专利的保护期限至 15 年，以适应加入关于外观设计保护的《工业品外观设计国际注册海牙协定》(简称《海牙协定》) 的需要。

(二) 专利授权的实质要件

并非所有的技术方案、产品构造或产品外观都能取得专利权。申请专利的技术方案或设计应满足一定条件，方能获得专利权授予。

授予发明、实用新型专利应当具备新颖性、创造性和实用性。外观设计专利权的授予则应当具备新颖性、区别性，并不得与他人在先取得的合法权益相冲突。专利授权条件详见表 9-3。

表 9-3　专利授权条件

<table>
<tr><th>类型</th><th colspan="3">授权实质条件</th><th>审查</th><th>保护期限</th></tr>
<tr><td rowspan="2">发明</td><td>新颖性</td><td>创造性</td><td>实用性</td><td rowspan="2">初步审查和实质审查</td><td rowspan="2">自申请日起 20 年</td></tr>
<tr><td rowspan="2">不属于现有技术，也没有任何单位或者个人就同样的发明或者实用新型在申请日以前向国务院专利行政部门提出过申请，并记载在申请日以后公布的专利申请文件或者公告的专利文件中</td><td>与现有技术相比，具有突出的实质性特点和显著的进步</td><td rowspan="2">能够制造或者使用，并且能够产生积极效果</td></tr>
<tr><td>实用新型</td><td>与现有技术相比，具有实质性特点和进步</td><td rowspan="3">初步审查</td><td>自申请日起 10 年</td></tr>
<tr><td rowspan="2">外观设计</td><td>新颖性</td><td>区别性</td><td>无权利冲突</td><td rowspan="2">自申请日起 15 年</td></tr>
<tr><td>不属于现有设计，也没有任何单位或者个人就同样的外观设计在申请日以前向国务院专利行政部门提出过申请，并记载在申请日以后公告的专利文件中</td><td>与现有设计或者现有设计特征的组合相比，应当具有明显区别</td><td>不得与他人在申请日以前已经取得的合法权利相冲突</td></tr>
</table>

新颖性对于专利申请具有重大意义。部分企业没有充分注意新颖性授权要件，在未申请专利的情况下就将产品上市，原则上公开在先是导致新颖性丧失的行为。考虑到有些公开存在合理原因或是不宜归责于专利申请人的事由，为此《专利法》特别就一些情况作出了宽限期规定。

申请专利的发明创造在申请日以前六个月内，存在下列情形之一的，不丧失新颖性：

(1) 在国家出现紧急状态或者非常情况时，为公共利益目的首次公开的；

（2）在中国政府主办或者承认的国际展览会上首次展出的；

（3）在规定的学术会议或者技术会议上首次发表的；

（4）他人未经申请人同意而泄露其内容的。

（三）不能成为专利权客体的对象

根据《专利法》的规定，科学发现、智力活动的规则和方法、疾病的诊断和治疗方法、动物和植物品种、原子核变换方法以及用原子核变换方法获得的物质、对平面印刷品的图案与色彩或者两者的结合作出的主要起标识作用的设计均不属于专利权的客体。但是，对动物和植物品种产品的生产方法，可以授予专利权。

此外，法律规定对违反法律、社会公德或者妨害公共利益的发明创造，以及违反法律、行政法规的规定获取或者利用遗传资源，并依赖该遗传资源完成的发明创造，不授予专利权。

（四）专利权的保护期限

1. 专利保护期限

发明专利权的期限为二十年，实用新型专利权的期限为十年，外观设计专利权的期限为十五年，均自申请日起计算。超出保护期，专利方案或设计即进入公有领域，公众均可以自由实施该专利或以该专利为基础研发新的技术方案。

就特殊情况，专利主管部门会对专利权期限给予一定补偿。自发明专利申请日起满四年，且自实质审查请求之日起满三年后授予发明专利权的，国务院专利行政部门应专利权人的请求，就发明专利在授权过程中非因申请人引起的不合理延迟给予专利权期限补偿。为补偿新药上市审评审批占用的时间，对在中国获得上市许可的新药相关发明专利，国务院专利行政部门应专利权人的请求给予专利权期限补偿。补偿期限不超过五年，新药批准上市后总有效专利权期限不超过十四年。

2. 期限届满前权利终止

专利权的维护需要缴纳年费，年费自被授予专利权的当年开始缴纳。未按规定缴纳年费会导致专利权在期限届满前终止。在保护期限届满前，专利权人书面声明放弃其专利权，也会产生专利权在期间届满前终止的效果。

3. 专利无效

自国务院专利行政部门公告授予专利权之日起，任何单位或者个人认为该专利权的授予不符合《专利法》有关规定的，可以请求宣告该专利权无效。由国务院专利行政部门对宣告专利权无效的请求进行审查并作出决定。对国务院专利行政部门宣告专利权无效或者维持专利权的决定不服的，当事人可以自收到通知之日起三个月内向人民法院起诉。

被宣告无效的专利权视为自始即不存在，但无效宣告决定原则上不具有追溯力。宣告专利权无效的决定，对在宣告专利权无效前人民法院作出并已执行的专利侵权的判决、调解书，已经履行或者强制执行的专利侵权纠纷处理决定，以及已经履行的专利实施许可合同和专利权转让合同，不具有追溯力。但是因专利权人的恶意给他人造成的损失，应当给予赔偿。不返还专利侵权赔偿金、专利使用费、专利权转让费，明显违反公平原则的，应当全部或者部分返还。

二、专利申请

（一）专利申请权

1. 专利申请权的概念

专利权不同于著作权，不是一经创造完成即自动产生的，专利权需要向主管部门提交申请，由国家授予，因此在未经授权前，发明人（设计人）享有的只是专利申请权。通常情况下，专利的发明人（设计人）享有专利申请权，申请被批准后，该发明人（设计人）即为专利权人。发明人或者设计人，是指对发明创造的实质性特点作出创造性贡献的人。在完成发明创造过程中，只负责组织工作的人、为物质技术条件的利用提供方便的人或者从事其他辅助工作的人，不是发明人或者设计人。

外国人或企业、组织也可以成为我国的专利申请人，并且我国作为《巴黎公约》成员方，有义务在《巴黎公约》成员方国民以及在《巴黎公约》成员方有经常居所或营业所的外国人、外国企业或其他组织在我国申请专利权时给予其国民相同的待遇。对除上述情形以外的外国人、外国企业或其他组织在我国申请专利权时，按照互惠原则办理。在程序上，如果在我国申请专利或者办理其他专利事务的外籍人士或企业、组织，在中国没有经常居所或者营业所的，应当委托依法设立的专利代理机构办理。

专利申请权以及专利权都允许转让，但中国单位或者个人向外国人、外国企业或者外国其他组织转让专利申请权或者专利权的，应当符合对外贸易和技术进出口管理的相关规定。

2. 专利申请权的归属

由于职务发明创造、合作发明创造等发明创造方式的存在，法律有必要就个别情形界定专利申请权和专利权的归属，或赋予当事人自行约定的权利。

（1）职务发明创造。

职务发明创造是指执行本单位的任务或者主要是利用本单位的物质技术条件所完成的发明创造。

“本单位”，包括临时工作单位。“执行本单位的任务”具体是指三种情况：一是在本职工作中作出的发明创造；二是履行本单位交付的本职工作之外的任务所作出的发明创造；三是退休、调离原单位后或者劳动、人事关系终止后1年内作出的，与其在原单位承担的本职工作或者原单位分配的任务有关的发明创造。“本单位的物质技术条件”，是指本单位的资金、设备、零部件、原材料或者不对外公开的技术信息和资料等。

职务发明创造申请专利的权利属于该单位，申请被批准后，该单位为专利权人。该单位可以依法处置其职务发明创造申请专利的权利和专利权，促进相关发明创造的实施和运用。

不是执行本单位的任务，也没有利用本单位的物质技术条件的发明创造属于非职务发明创造，申请专利的权利当然属于发明人或者设计人。对部分利用了本单位的物质技术条件所完成的发明创造，单位与发明人或者设计人可以协议约定专利申请权和专利权的归属。

（2）合作发明创造和委托发明创造。

合作发明创造是指两个以上单位或者个人合作完成的发明创造。

委托发明创造是指一个单位或者个人接受其他单位或者个人委托所完成的发明创造。

合作发明创造和委托发明创造的专利申请权与专利权归属以当事人的约定优先，没有约定的，申请专利的权利属于完成或者共同完成的单位或者个人。申请被批准后，申请的单位或者个人为专利权人。

专利申请权或专利权存在共有关系的。共有人之间需要处理好涉及专利实施、许可使用、转让等权利行使事宜。专利申请权或者专利权的共有人对权利的行使有约定的，从其约定。没有约定的，共有人可以单独实施或者以普通许可方式许可他人实施该专利；许可他人实施该专利的，收取的使用费应当在共有人之间分配。除了自行实施专利和对外普通许可的情形外，行使权利都应当取得全体共有人的同意。

（二）专利申请的原则

1. 书面申请原则

书面申请原则要求申请专利或办理其他专利事项应当以书面形式或者国务院专利行政部门规定的其他形式办理。提交的各种文件应当使用中文；国家有统一规定的科技术语的，应当采用规范词；外国人名、地名和科技术语没有统一中文译文的，应当注明原文。

申请发明或者实用新型专利的，应当提交请求书、说明书及其摘要和权利要求书等文件。请求书应当写明发明或者实用新型的名称，发明人的姓名，申请人姓名或者名称、地址，以及其他事项。说明书应当对发明或者实用新型作出清楚、完整的说明，以所属技术领域的技术人员能够实现为准；必要的时候，应当有附图。摘要应当简要说明发明或者实用新型的技术要点。权利要求书应当以说明书为依据，清楚、简要地限定要求专利保护的范围。依赖遗传资源完成的发明创造，申请人应当在专利申请文件中说明该遗传资源的直接来源和原始来源；申请人无法说明原始来源的，应当陈述理由。

申请外观设计专利的，应当提交请求书、该外观设计的图片或者照片以及对该外观设计的简要说明等文件。申请人提交的有关图片或者照片应当清楚地显示要求专利保护的产品的外观设计。

2. 申请在先原则

专利权的授予采取申请在先的原则而非发明在先原则，即两个以上的申请人分别就相同的发明创造申请专利的，专利权会授予最先申请的人。申请在先原则设置的目的是保护、鼓励尽早公开技术的人。基于该原则，申请日的确定显得尤为重要。根据《专利法》的规定，国务院专利行政部门收到专利申请文件之日为申请日。如果申请文件是邮寄的，以寄出的邮戳日为申请日。

如出现两个以上申请人同日申请的，由申请人协商解决。如果协商意见不一致或者一方拒绝协商的，则对任何一方都不授予专利权。

3. 优先权原则

由于专利权的地域性限制，发明人（设计人）在甲国申请专利后，还想在乙国获得专利保护就需要另行申请，而准备申请材料是需要时间的，如果此时另有他人在乙国就相同专利率先提出申请，根据申请在先原则，应宣告他人为专利权人。针对这一情况，法律规定给予了跨国申请人在专利申请上的优先权。申请人自发明或者实用新型在外国第一次提出专利申请之日起 12 个月内，或者自外观设计在外国第一次提出专利申请之日起 6 个月内，又在中国就相同主题提出专利申请的，依照该外国同中国签订的协议或者共同参加的国际条约，或者依照相互承认优先权的原则，可以享有优先权。

上述优先权的规定解决了跨国申请人面临的申请在先原则的困境，但又可能导致另一种对本国申请人不利的情况出现，使得本国人在本国提交专利申请的日期即便早于外国人的实际申请日期，外国人也可能因为享有外国优先权而在申请日上优先于本国人。为此，《专利法》也规定了本国优先权制度。申请人自发明或者实用新型在中国第一次提出专利申请之日起12个月内，或者自外观设计在中国第一次提出专利申请之日起6个月内，又向国务院专利行政部门就相同主题提出专利申请的，可以享有优先权。

4. 单一性原则

单一性原则可以简单理解为一发明一申请原则。一件发明或者实用新型专利申请应当限于一项发明或者实用新型。属于一个总的发明构思的两项以上的发明或者实用新型，可以作为一件申请提出。

一件外观设计专利申请应当限于一项外观设计。同一产品两项以上的相似外观设计，或者用于同一类别并且成套出售或者使用的产品的两项以上外观设计，可以作为一件申请提出。

（三）专利申请的审查

国务院专利行政部门收到发明或者实用新型专利申请的请求书、说明书（实用新型必须包括附图）和权利要求书，或者外观设计专利申请的请求书、外观设计的图片或照片和简要说明后，应当明确申请日、给予申请号，并通知申请人，之后进入审查阶段。

1. 对发明专利申请的审查

（1）初步审查。

初步审查即形式审查，目的在于查明该申请是否符合《专利法》关于形式要求的规定。经初步审查认为符合《专利法》要求的，自申请日起满18个月，即行公布。国务院专利行政部门可以根据申请人的请求早日公布其申请。初步审查主要审查以下内容：专利申请文件是否齐备；文件的格式是否正确；专利申请是否违反了国家法律、社会公德或者妨害公共利益；申请专利的发明创造是否属于不授予专利权的范围；申请人是外国人时，该外国人是否有资格提出专利申请，是否按规定委托了国务院专利行政部门指定的专利代理机构办理；申请人的申请是否明显不符合单一性原则；专利申请文件的修改是否超出了原说明书和权利要求书记载的范围等。

对存在缺陷或明显不符合《专利法》及其实施细则有关规定的申请，国务院专利行政部门应当将审查意见通知申请人，要求其在指定期限内陈述意见或者补正；申请人期满未答复的，其申请视为撤回。申请人陈述意见或者补正后，仍未消除缺陷的，应当予以驳回。发明专利申请符合初审要求的，初步审查阶段结束，进入授权程序。

（2）实质审查。

一般情况下，发明专利的实质审查由申请人启动。在申请公布之后，发明专利申请自申请日起3年内，国务院专利行政部门可以根据申请人随时提出的请求，对其申请进行实质审查；申请人无正当理由逾期不请求实质审查的，该申请即被视为撤回。特殊情况下，国务院专利行政部门认为必要的时候，可以自行对发明专利申请进行实质审查。

发明专利申请人请求实质审查的时候，应当提交在申请日前与其发明有关的参考资料。发明专利已经在外国提出过申请的，国务院专利行政部门可以要求申请人在指定期限内提交该国为审查其申请进行检索的资料或者审查结果的资料；无正当理由逾期不提交的，该申请即被视为撤回。

专利行政部门在进行实质审查时，按发明内容的类别，分别送有关的审查员办理，知识产权法律审查员通过文献检索，判断申请专利的发明是否具有新颖性，然后鉴定发明的创造性和实用性。主要审查以下内容：申请专利的发明是否符合发明定义的规定；是否具备新颖性、创造性和实用性的条件；是否违反国家法律、社会公德或者妨害公共利益，是否存在不可专利的情形；说明书是否对发明作出清楚、完整的说明，说明书和权利要求书的撰写是否符合要求，是否提供了发明所需要的附图；申请是否符合单一性原则；如果申请人对申请已经提出了修改或者分案申请，修改和分案申请的内容是否超出了原说明书和权利要求书记载的范围等。

经实质审查后，认为不符合专利规定的，应当通知申请人，要求其在指定的期限内陈述意见，或者对其申请进行修改；无正当理由逾期不答复的，该申请即被视为撤回。发明专利申请经申请人陈述意见或者进行修改后，仍不能消除缺陷的，应当予以驳回。

发明专利申请经实质审查没有发现驳回理由的，由国务院专利行政部门作出授予发明专利权的决定，发给发明专利证书，同时予以登记和公告。发明专利权自公告之日起生效。

2. 对实用新型和外观设计专利申请的审查

对实用新型和外观设计专利申请仅进行初步审查。经初步审查没有发现驳回理由的，由国务院专利行政部门作出授予实用新型专利权或者外观设计专利权的决定，发给相应的专利证书，同时予以登记和公告。实用新型专利权和外观设计专利权自公告之日起生效。

专利申请人对国务院专利行政部门驳回申请的决定不服的，可以自收到通知之日起3个月内向国务院专利行政部门请求复审。国务院专利行政部门复审后，作出决定，并通知专利申请人。

专利申请人对国务院专利行政部门的复审决定不服的，可以自收到通知之日起3个月内向人民法院起诉。

三、专利权的内容和保护范围

(一) 专利权的内容

发明和实用新型专利权被授予后，除《专利法》的权利限制性规定以外，任何单位或者个人未经专利权人许可，都不得实施其专利，包括不得为生产经营目的制造、使用、许诺销售、销售、进口其专利产品。对于方法专利，除了不得使用其专利方法外，还延伸至不得使用、许诺销售、销售、进口依照该专利方法直接获得的产品。

外观设计专利权被授予后，任何单位或者个人未经专利权人许可，都不得实施其专利，包括不得为生产经营目的制造、许诺销售、销售、进口其外观设计专利产品。

专利权的权利内容由法律直接规定，除了明确规定由专利权人控制的行为之外，未经许可对专利实施的其他利用行为不属于侵权行为。如就外观设计专利而言，由专利人控制的行为就不包括使用行为。假设消费者在装修的过程中，从市场上采购了侵害他人外观设计专利的套装门产品，并安装使用的行为是不构成专利侵权的。与外观设计专利不同，发明和实用新型的专利权人就可以控制对专利产品的使用行为。《专利法》上的使用指使专利产品的技术功能得到应用，不仅包括直接利用专利产品以获得其所能产生的效果，还包括利用专利产品作为零件、部件来生产产品等。

构成专利侵权的行为都需要以“生产经营为目的”。需注意将“以生产经营为目的”和“以营利为目的”区分开。以经营为目的并不以获利为前提，即使是单位的消费行为，也属于以经营为目的的行为。如果是公民的个人行为，譬如出自个人爱好实施有关专利的，则属于非经营目的。

（二）专利权的保护范围

1. 学会阅读权利要求书

一件专利的存在排除了他人未经许可实施同等技术方案的可能，与专利技术方案相同的技术方案及与专利技术方案等同的技术方案之和就是该专利的保护范围。

想要判断一件发明专利或实用新型专利记载的技术方案以及等同技术需要学会阅读权利要求书。权利要求书以说明书为依据，清楚、简要地限定要求专利保护的范围。故而，一个专利的保护范围由权利要求书划定，其在专利行政审批和侵权诉讼中是发明专利和实用新型专利的主要载体和比较对象，起到界定专利权边界的作用，其重要程度不言而喻。《专利法》明确规定，发明或者实用新型专利权的保护范围以其权利要求的内容为准。

解读权利要求，要根据权利要求的语义逐一拆分技术特征。技术特征是构成技术方案的基本要素。以机械领域的产品为例，技术特征可能包括部件、零件以及部件之间、零件之间或部件和零件之间的连接关系或位置关系。一个技术特征就是这样一个部件、零件或者关系的最小单位。对权利要求的语义可以运用说明书及附图、权利要求书中的相关权利要求、专利审查档案进行解释。说明书对权利要求用语有特别界定的，从其特别界定。以上述方法仍不能明确权利要求含义的，可以结合工具书、教科书等公知文献以及本领域普通技术人员的通常理解进行解释。

拓展知识

我们以一个具体的专利权利要求书为例，做简单了解。

专利号ZL201420522729.0、名称为“一种一体式自拍装置”实用新型专利，权利要求记载如下：

1. 一种一体式自拍装置，包括伸缩杆及用于夹持拍摄设备的夹持装置，所述夹持装置包括载物台及设于载物台上方的可拉伸夹紧机构，其特征在于：所述夹持装置一体式转动连接于所述伸缩杆的顶端。

2. 根据权利要求1所述的自拍装置，其特征在于：所述载物台上设有一缺口，所述夹紧机构设有一与所述缺口位置相对应的折弯部，所述伸缩杆折叠后可容置于所述缺口及折弯部……

一件专利的专利要求可以有若干项，但至少有一项独立权利要求，通常是序号为1的权利要求，由前序部分和特征部分组成。

前序部分用于写明要求保护的发明或者实用新型技术方案的主题名称，如“一种一体式自拍装置”，以及写明发明或者实用新型主题与最接近的现有技术共有必要技术特征（以下简称共有特征），“伸缩杆及用于夹持拍摄设备的夹持装置”就是自拍杆产品的共有特征。

特征部分一般会使用“其特征是……”类似的用语，很容易从权利要求中识别出来。特征部分需要写明发明或者实用新型区别于最接近的现有技术的技术特征（以下简称区别特征），如“夹持装置一体式转动连接于所述伸缩杆的顶端”。区别特征和前序部分的共有特征合在一起，限定发明或者实用新型要求保护的范围。

之后的若干项权利要求为从属权利要求，由引用部分和限定部分组成。

“根据权利要求1所述的自拍装置”即为引用部分，写明引用的权利要求的编号及其主题名称，明确后面限定部分限定的对象。

限定部分则进一步写明发明或者实用新型附加的技术特征。从“所述载物台上设有一缺口，所述夹紧机构设有一与所述缺口位置相对应的折弯部，所述伸缩杆折叠后可容置于所述缺口及折弯部”的表述中可知，这一从属权利要求是对夹持装置做进一步限定。从属权利要求是独立权利要求的下位权利要求，是对独立权利要求的优化或限定，本身必定落入独立权利保护范围之内。

权利要求书中，独立权利要求所限定的一项发明或者实用新型的保护范围是最宽的，而引用层次越多的从属权利要求的保护范围越窄。在这个例子中，权利要求1+2限定的范围一定比权利要求1限定的范围更窄。

2. 学会观察外观设计图片

外观设计专利权的保护范围以表示在图片或者照片中的该产品的外观设计为准，简要说明可以用于解释图片或者照片所表示的该产品的外观设计。由于可以相对直观地观察到外观设计专利的样貌，确定其保护范围的难度相对较小。需注意的是，观察外观设计时，既要注意设计特征，也要注意整体视觉效果。对于主要由技术功能决定的设计特征以及对整体视觉效果不产生影响的产品的材料、内部结构等特征则不用考虑。相反，对外观设计的整体视觉效果更具有影响的特征则要重点观察，例如产品正常使用时容易被直接观察到的部位相对于其他部位，外观设计区别于现有设计的设计特征相对于外观设计的其他设计特征，都是对整体视觉效果更具影响的特征。

四、专利侵权

（一）落入专利保护范围的判断

1. 发明、实用新型专利落入专利权保护范围的判断

对发明和实用新型专利而言，被诉侵权技术方案包含与权利要求记载的全部技术特征相同或者等同的技术特征的，即落入专利权的保护范围。被诉侵权技术方案的技术特征与权利要求记载的全部技术特征相比，缺少权利要求记载的一个以上的技术特征，或者有一个以上技术特征不相同也不等同的，则没有落入专利权的保护范围。

等同技术特征是指与所记载的技术特征以基本相同的手段，实现基本相同的功能，达到基本相同的效果，并且本领域普通技术人员在被诉侵权行为发生时无须经过创造性劳动就能够联想到的特征。因此，企业在设计产品时需注意，将他人专利技术做简单转化形成的技术方案，可能含有等同技术特征，仍落入专利权的保护范围。

2. 外观设计专利落入专利权保护范围的判断

对外观设计专利而言，在与外观设计专利产品相同或者相近种类产品上，采用与授权外观设计相同或者近似的外观设计的，即落入外观设计专利权的保护范围。

认定产品种类是否相同或者相近，产品的用途是主要依据。外观设计的简要说明、国际外观设计分类表、产品的功能以及产品销售、实际使用的情况等因素都是确定产品的用途时参考的材料。

判断外观设计是否相同或者近似，是从该外观设计专利产品的一般消费者的知识水平和认知能力出发，根据授权外观设计、被诉侵权设计的设计特征，以外观设计的整体视觉效果进行综合判断；但对于主要由技术功能决定的设计特征以及对整体视觉效果不产生影响的产品的材料、内部结构等特征，不予考虑。

（二）不视为侵权的行为

虽然某些行为已经落入了专利权人的控制范围，但由法律直接规定，在符合一定条件的情况下，不将该行为视为侵权行为。

《专利法》规定了以下不视为侵权的行为：

1. 权利用尽

权利用尽是指专利产品或者依照专利方法直接获得的产品，由专利权人或者经其许可的单位、个人售出后，使用、许诺销售、销售、进口该产品的。

2. 先用权

先用权是指在专利申请日前已经制造相同产品、使用相同方法或者已经作好制造、使用的必要准备，并且仅在原有范围内继续制造、使用的。

3. 临时过境

临时过境是指临时通过中国领陆、领水、领空的外国运输工具，依照其所属国同中国签订的协议或者共同参加的国际条约，或者依照互惠原则，为运输工具自身需要而在其装置和设备中使用有关专利的。

4. 科学实验

科学实验是指专为科学研究和实验而使用有关专利的。

5. 为行政审批而实施药品或医疗器械专利

为行政审批而实施药品或医疗器械专利是指为提供行政审批所需要的信息，制造、使用、进口专利药品或者专利医疗器械的，以及专门为其制造、进口专利药品或者专利医疗器械的。

以上行为不视为侵权行为，当然也不用承担侵权责任。

（三）现有技术

现有技术或现有设计是指在专利申请日前即在国内外为公众所知的技术或设计。如载于国内外的公开出版物（如教科书、期刊、专利文件等）或在国内外以使用的方式或者其他方式公开（如有公开销售记录）等。若被诉技术方案的全部技术特征，与一项现有技术方案中的相应技术特征相同或者无实质性差异的，则被诉侵权人实施的技术属于现有技术。若被诉侵权设计与一个现有设计相同或者无实质性差异的，则被诉侵权人实施的设计属于现有设计。

在判断被诉技术方案（或设计方案）是否落入专利权保护范围时，我们是将被诉侵权的技术方案（或设计方案）与专利技术方案（或设计方案）相比较。在现有技术抗辩中，是将被诉侵权的技术方案（或设计方案）与现有技术方案（或设计方案）相比较。其意义在于，如果被诉侵权技术方案使用的是现有技术，那么当然就不构成专利侵权。

（四）对部分侵权责任的免除

即便专利侵权成立，但根据法律规定，在符合一定条件的，可以免除侵权人的部分侵权责任。

其中，最常见的是合法来源抗辩。《专利法》规定，为生产经营目的使用、许诺销售或者销售不知道是未经专利权人许可而制造并售出的专利侵权产品，能证明该产品合法来源的，不承担赔偿责任。合法来源抗辩的成立需要符合主、客观两方面的要求。主观上要求销售者是善意的，不知道所销售的是侵权产品，尽到了合理的注意义务。如果明知销售的是侵权专利产品，或因类似行为被行政处罚或判决司法赔偿过，则不符合主观上善意的要求。客观上要求使用者、销售者能够提供交易凭证，如买卖合同、付款凭证、物流单据、货物清单等。侵权人常用的抗辩详见表 9-4。

表 9-4　侵权人常用的抗辩

针对权利基础的抗辩	不侵权抗辩	不视为侵权抗辩	不承担部分侵权责任抗辩
无效专利抗辩	不以生产经营为目的	权利用尽	无须承担赔偿责任抗辩
进入公有领域抗辩	不属于侵权行为	先用权	免除停止侵权责任的抗辩
失效专利抗辩	现有技术抗辩	临时过境	
		科研实验	
		为行政审批而实施药品或医疗器械专利	

导入案例分析提示

《专利法》第 77 条规定，为生产经营目的使用、许诺销售或者销售不知道是未经专利权人许可而制造并售出的专利侵权产品，能证明该产品合法来源的，不承担赔偿责任。乙公司通过合法的销售渠道、通常的买卖合同等正常商业方式取得产品，能够提供符合交易习惯的相关证据，其合法来源抗辩成立，乙公司不承担侵权责任。

第三节 商标权

导入案例

2022 年 3 月 9 日，乙公司经核准取得第 120466××号注册商标，该商标是一个竖排的白底蓝字、用楷体书写的“青花椒”文字。2022 年 9 月 7 日、2023 年 6 月 21 日，乙公司又分别取得第 173207××号商标（“青花椒”文字与图形的组合）、第 239865××号商标（“青花椒砂锅鱼”文字与图形组合）。以上三个商标所核定使用的商品/服务均为第 43 类，包括饭店、餐厅、咖啡馆、住所（旅馆、供膳寄宿处）、备办宴席等。商标均在有效期内。

某个体经营户王某在其经营的火锅店使用“王鱼匠青花椒鱼火锅”标识，相关文字与乙公司的注册商标同向排列，字体、字号和颜色相同，其中“王鱼匠”为王某自有注册商标。2024 年 9 月，王某被乙公司以“侵害商标权纠纷”为由诉至法院。

请分析：王某是否侵犯了乙公司的商标权？

一、商标概述

人们在日常生活中使用商标这一概念时所指代的客体范围并不完全统一。对应到法律概念，它可能仅指注册商标（在商品上使用时往往附有®标志），也就是《中华人民共和国商标法》（以下简称《商标法》）主要规范的客体。它也可能指代更广泛的商业标识(commercial indicator)，包括非注册商标、注册中的商标等。本节讨论的商标权从我国注册商标制度出发，着眼于注册商标的取得和保护。

（一）商标的概念

根据《TRIPs 协定》第 15 条第 1 款的规定，任何标记或标记的组合，只要能区分一企业和其他企业的货物或服务，就可构成一个商标。

《商标法》规定，任何能够将自然人、法人或者非法人组织的商品与他人的商品区别开的标志，包括文字、图形、字母、数字、三维标志、颜色组合和声音等，以及上述要素的组合，均可以作为商标申请注册。

可见，商标是商品或服务的提供者为了将自己的商品或服务与他人提供的同种或类似商品或服务相区别而使用的标记。

（二）商标的作用

1. 具有区别商品或服务来源的作用

从商标的概念不难看出，商标的识别作用，即作为区别不同商品或服务的来源的标识，是商标最重要、最本质的功能。

在商品经济发展的初期，即便经历了初级的社会分工，从事同类商品经营的商家也是有限的，此时商标还没有用武之地。在现代社会，生产同一商品的厂家、提供同一性能的服务商成百上千，识别商品或服务的来源就不像在传统社群中找出所要消费的商品那样容易。此时，商标可以起到帮助消费者达到识别的目的，引导消费者获得期待商品或服务的作用。

2. 可以促进经营者提高产品或服务的质量

现代社会中经营者为了提高产量、降低成本，可能大量采取“委托生产”“定牌加工”等方式，将生产流程分散于不同的经营主体之间。实际上由不同厂家出品，但使用同一商标的产品，是向消费者传递这样一个信息，使用该标记的产品都具有相同品质。当然，商标的质保功能对企业而言是一把双刃剑，某一家代加工企业的失误，都会对整个品牌造成打击。商标是商誉的载体，商品或服务的质量是商誉的来源。商标在引导消费者认牌消费的同时，又鞭策着经营者为维护自己的商誉而努力提高品质。

3. 有利于广告宣传、促进销售

一种商品要打开销路，为广大消费者所认识，最直接的途径就是将焦点集中在商标上进行广告宣传，使消费者以最快捷的方式认识商品。

4. 商标是无形资产的存储器

现代企业很早就意识到，除了生产材料等有形资产外，企业还需要悉心维护一个价值可能更高的资产——品牌价值。

以可靠的产品质量为基础，会使其商标声名远播，不断升值。在提升企业经济效益的同时，商标本身也成为企业的重大资产之一。

（三）商标的类型

我们可以根据不同的分类标准对商标进行分类，比如说仅从商标的形态就可以将其分为平面商标或立体商标、可视商标或不可视商标（如声音商标和在部分国家可以取得注册的气味商标）等。

《商标法》根据商标注册人身份和商标作用的不同将商标分为普通商标、集体商标和证明商标。

1. 普通商标

普通商标包括商品商标、服务商标，即普通经营者自行注册的商标。

2. 集体商标

集体商标是指以团体、协会或者其他组织名义注册，供该组织成员在商事活动中使用，以表明使用者在该组织中的成员资格的标志。

3. 证明商标

证明商标是指由对某种商品或者服务具有监督能力的组织所控制，而由该组织以外的单位或者个人使用于其商品或者服务，用以证明该商品或者服务的原产地、原料、制造方法、质量或者其他特定品质的标志。

二、商标的取得

虽然商品交易的历史悠久，但传统社会的法律技术尚未能创制一种证明和管理无形财产的方案，因此传统社会不具备孕育商标制度的土壤。

19 世纪形成的现代商标注册制度，对于克服法律在证明无体财产身份方面所面临的困难发挥了重要的作用，因为注册程序将产生一个“最有价值、不受时间限制的记录”，这对于解决如何确定权利主体以及权利的边界等难题都起到了重要的作用。

（一）商标注册的限制

并非所有可被感知的标志都能被注册为商标，《商标法》规定了被限制商标注册的部分标志。

1. 绝对不予注册事由

（1）缺乏显著性。

相关公众在看到该标志时未产生该标志是用于标识商品或服务的来源的反应，该标志就不能起到商标的识别功能，即为缺乏显著性。

《商标法》第 11 条规定，以下标志不得作为商标注册：1）仅有本商品的通用名称、图形、型号的；2）仅直接表示商品的质量、主要原料、功能、用途、重量、数量及其他特点的；3）其他缺乏显著特征的。如果这些标志经过使用取得显著特征，并便于识别，可以作为商标注册。

譬如“三七”作为一种药用植物，因其活血化瘀的功效，可以用于预防和治疗牙龈出血等症状。“三七”标志被使用在添加三七成分的牙膏商品上用于表明商品来源，本身的显著性不足，但经过足够长时间的宣传和使用，消费者接触该词汇时的反应不再是该词汇的第一含义——一种药用植物，而是一家口腔护理产品生产企业提供的牙膏商品时，该词汇就因使用而获得了显著性，具备了注册为商标的条件。

一些与商品自身形状、原材料、制造工艺等描述性文字有关的标识能够注册成为商标，都是经过了一段相当长时间的使用，获得了继得的显著性，这些注册行为从某种限度上来看是历史的产物。在广大经营者商标意识觉醒的当今，初创企业冒险使用不具显著性或显著性极低的通用标志、描述性标志极有可能错过企业品牌树立的关键阶段，为他人作嫁衣。

（2）基于商品性质或使商品具有实质性价值的三维标志。

《商标法》第 12 条规定，以三维标志申请注册商标的，仅由商品自身的性质产生的形状、为获得技术效果而需有的商品形状或者使商品具有实质性价值的形状，不得注册。

三维标识等形状仅由商品的自身性质产生，也是缺乏显著性的表现，消费者对商品的反应往往是其“第一含义”。如灯泡的形状就是基于商品的自身性质，消费者看到灯泡形状标识的第一反应就是灯泡或照明。

使商品获得技术效果或实质价值的形状，也不符合商标的识别性特征。《商标法》保护的是可以识别商品或服务来源的标志，不是特定的技术或设计方案，如果三维形状是为获得某一技术效果而需要有的形状，或者是为了使商品具有实质性价值（包括实用价值和美学价值），其意义则在于使商品具备特定的功能、市场竞争力或是对受众的吸引力，而不是为了区分商品来源，因此也不能作为商标注册。

（3）违反法律禁止性规定。

《商标法》第10条规定，特定标志不得作为商标使用，包括：

1）同中华人民共和国的国家名称、国旗、国徽、国歌、军旗、军徽、军歌、勋章等相同或者近似的，以及同中央国家机关的名称、标志、所在地特定地点的名称或者标志性建筑物的名称、图形相同的。

2）同外国的国家名称、国旗、国徽、军旗等相同或者近似的，但经该国政府同意的除外。

3）同政府间国际组织的名称、旗帜、徽记等相同或者近似的，但经该组织同意或者不易误导公众的除外。

4）与表明实施控制、予以保证的官方标志、检验印记相同或者近似的，但经授权的除外。

5）同“红十字”“红新月”的名称、标志相同或者近似的。

6）带有民族歧视性的。

7）带有欺骗性，容易使公众对商品的质量等特点或者产地产生误认的。

8）有害于社会主义道德风尚或者有其他不良影响的。

9）县级以上行政区划的地名或者公众知晓的外国地名，不得作为商标；但是，地名具有其他含义或者作为集体商标、证明商标组成部分的除外；已经注册的使用地名的商标也继续有效。

该规定排除了与特定官方标志相同或近似的标志，以及有民族歧视、欺骗公众或违背道德的标志的注册，从而保障特殊标志的庄严意义，保护消费者，维护社会主义道德风尚。

（4）恶意注册以及以不正当手段取得注册。

《商标法》第4条规定，自然人、法人或者非法人组织在生产经营活动中，对其商品或者服务需要取得商标专用权的，应当向商标局申请商标注册。不以使用为目的的恶意商标注册申请，应当予以驳回。

这是民法领域诚信原则在商标法中的体现，不以使用为目的，以及以虚构、隐瞒事实真相或者伪造相关文件等手段欺骗、蒙蔽商标局等方式取得商标注册，违背了诚信原则，不能获得商标注册。

（5）代理机构超越代理权限的注册。

《商标法》第19条第4款规定，商标代理机构除对其代理服务申请商标注册外，不得申请注册其他商标。

该规定重申了民法领域关于代理的规定。商标代理机构应当按照被代理人的委托办理商标注册申请或者其他商标事宜，不能超越代理权限申请商标注册。

申请商标存在绝对不予注册事由的后果包括，商标局在受理注册申请后会主动审查是否存在此类不予注册的情形。在商标被初步审定并公布后，任何人发现存在此类情形都可以向商标局提出异议。在商标被注册后，任何人发现存在此类情形也都可以向商标评审委员会请求宣告该注册商标无效；商标局也可自行宣告该注册商标无效。

2. 相对不予注册事由

（1）地理标志的使用。

地理标志是指标示某商品来源于某地区，该商品的特定质量、信誉或者其他特征，主要由该地区的自然因素或者人文因素所决定的标志。

《商标法》第 16 条规定，商标中有商品的地理标志，而该商品并非来源于该标志所标示的地区，误导公众的，不予注册并禁止使用；但是，已经善意取得注册的继续有效。

将含有地理标志的标识注册为商标，而该商品又并非来源于该标志所示区域的，不仅会引发消费者误认，还会影响真正来源于该区域同类商品提供者的正当利益，因此一般排除注册。

（2）关系人抢注商标。

《商标法》第 15 条规定，未经授权，代理人或者代表人以自己的名义将被代理人或者被代表人的商标进行注册，被代理人或者被代表人提出异议的，不予注册并禁止使用。

就同一种商品或者类似商品申请注册的商标与他人在先使用的未注册商标相同或者近似，申请人与该他人具有上述规定以外的合同、业务往来关系或者其他关系而明知该他人商标存在，该他人提出异议的，不予注册。

（3）抢注或模仿驰名商标。

《商标法》第 13 条第 2 款及第 3 款规定，就相同或者类似商品申请注册的商标是复制、摹仿或者翻译他人未在中国注册的驰名商标，容易导致混淆的，不予注册并禁止使用。

就不相同或者不相类似商品申请注册的商标是复制、摹仿或者翻译他人已经在中国注册的驰名商标，误导公众，致使该驰名商标注册人的利益可能受到损害的，不予注册并禁止使用。

（4）抢注商标和损害他人在先权利的。

《商标法》第 32 条规定，申请商标注册不得损害他人现有的在先权利，也不得以不正当手段抢先注册他人已经使用并有一定影响的商标。

不予注册的相对事由与绝对事由相比较，较少涉及公共利益，更多涉及民事主体之间的争议，故拟注册商标涉及相对不予注册事由的后果为：商标局在受理注册申请后，除了明显损害他人在先权益、误导公众的地理标志、在相同或类似商品上注册与他人已注册商标或已初步审定的商标相同或者近似的商标的情形外，一般较少主动审查是否存在此类不予注册的情形。在商标被初步审定并公告后，只能由在先权利人或利害关系人提出异议。在商标被注册后，也只有在先权利人或利害关系人可以向商标评审委员会请求宣告该注册商标无效，并且除了恶意注册他人驰名商标的情形之外，只能自商标注册之日起 5 年内提出上述请求；商标局也不能主动宣告该注册商标无效。

（二）商标注册

商标注册是一种法律程序。商品或服务的提供者欲取得注册商标时可以以申请人身份自行提出申请或委托商标代理机构提出申请，经商标局审查后予以初步审定公告，没有人提出异议或提出异议经裁定不成立的，该商标即注册生效，受法律保护，商标注册人享有该商标的专用权。

注册商标的有效期限为十年，自核准注册之日起计算。注册商标有效期满，需要继续使用的，可以申请商标续展注册，每次续展的有效期也是十年。

1. 商标取得和使用的基本原则

（1）地域性原则。

商标专用权具有地域性，只有通过一国的法定注册程序，经该国商标行政主管部门批准才能获得在该国领域内的注册商标专用权。某一商标即使已经在《巴黎公约》某一成员方获得了核准，该商标在其他成员方也不能自动取得注册，依然需要经过当地法定的商标注册程序。

（2）分类注册原则。

提供同一种商品或服务的企业众多，而同一企业又可能同时提供多种多样的商品或服务。为了便于消费者识别商品和服务的来源，便于商标的注册和管理，几乎所有采取商标注册制度的国家均规定，在同种商品（服务）或类似商品（服务）上不得使用相同或者近似商标。

申请商标注册应当按照商品分类表填报使用商标的商品类别和商品名称。注册商标也须标明其核准使用的商品（服务）类别和商品（服务）名称，且只能用于核定的使用范围之内。超出核定的使用范围的，应当另行提出注册申请。

商品分类表主要根据商品性能、用途、原料、生产工艺、服务性质等对商品和服务进行归类，以此为商标注册申请人申请商标注册和商标管理机关检索、审查、管理注册商标提供依据。各国原先自行制定商品分类表，但随着国际贸易的发展，各自制定且有所区别的商品分类表不能适应有关商标事务的国际交往。为了改变这种局面，《商标注册用商品和服务国际分类的尼斯协定》（简称《尼斯协定》）应运而生。我国自 1988 年 11 月 1 日起采用国际分类，并于 1994 年 8 月 9 日加入尼斯联盟。

（3）申请在先原则。

两个或者两个以上申请人，在同一种商品或者类似商品上，以相同或者近似的商标申请注册的，由商标局初步审定并公告申请在先的商标。商标注册的申请日期以商标局收到申请书件的日期为准。

对于两个或者两个以上申请人，在同一种商品或者类似商品上，以相同或者近似的商标在同一天申请注册的，根据使用在先原则进行判断。即对同一天申请的，商标局初步审定并公告使用在先的商标。需注意，《商标法》采取的是申请在先原则，使用在先原则只是在非常特殊的情况下适用。

（4）优先权和临时保护规定。

我国作为《巴黎公约》和《商标国际注册马德里协定》的成员，对于公约和协定中所规定的优先权的条款有义务执行。《商标法》第 25 条规定了商标注册的申请优先权、第 26 条规定了临时保护。

《商标法》第 25 条规定，商标注册申请人自其商标在外国第一次提出商标注册申请之日起六个月内，又在中国就相同商品以同一商标提出商标注册申请的，依照该外国同中国签订的协议或者共同参加的国际条约，或者按照相互承认优先权的原则，可以享有优先权。

该规定的适用需要申请人启动，申请人应当在提出商标注册申请的时候提出书面声明，并且在三个月内提交第一次提出的商标注册申请文件的副本；未提出书面声明或者逾期未提交商标注册申请文件副本的，视为未要求优先权。

《商标法》第 26 条规定，商标在中国政府主办的或者承认的国际展览会展出的商品上首次使用的，自该商品展出之日起六个月内，该商标的注册申请人可以享有优先权。申请人应当在提出商标注册申请的时候提出书面声明，并且在三个月内提交展出其商品的展览会名称、在展出商品上使用该商标的证据、展出日期等证明文件；未提出书面声明或者逾期未提交证明文件的，视为未要求优先权。

临时保护规定针对的是商标在国际展览会当中使用，临时保护规定的适用也需要申请人自行启动。同时需要注意：1）列入保护的范围只有中国政府主办的或者承认的国际展览会；2）保护对象为在上述国际展览会展出的商品上首次使用的商标，该商标在国际展览会召开之前应未使用过。

2. 商标注册流程

（1）查询。

商标查询是指商标注册申请人或其代理人在提出注册申请前，对其申请的商标是否与在先权利商标有相同或近似情形的查询工作。查询不是商标申请注册的必经程序，其结果也不具法律效力，不是商标局核准或驳回该申请的依据，仅为提前排除存在在先权利的可能，提高申请成功率，由申请人或代理人自行实施。

（2）递交材料。

申请商标注册，应当按照公布的商品和服务分类表填报，并提交《商标注册申请书》、商标图样、申请人身份证明文件。委托商标代理机构申请商标注册的，应当提交代理委托书。

申请注册集体商标、证明商标的，应当在申请书中予以声明，并提交主体资格证明文件和使用管理规则。

（3）审查。

商标审查分形式审查和实质审查。对申请注册的商标，商标局应当自收到商标注册申请文件之日起九个月内审查完毕。

形式审查主要是针对申请文件的审查，包括申请人是否具有资格、委托手续是否完备、申请书填写是否规范、商标图样的规格是否符合要求、证明文件是否完备等。申请手续不齐备或者未按规定填写申请书件的，予以退回，申请日期不予保留。

申请手续基本齐备或者申请书件基本符合规定，但是需要补正的，通知申请人予以补正。申请人在规定期限内补正并交回商标局的，保留申请日。

商标实质审查是商标注册主管机关对商标注册申请是否合乎《商标法》的规定所进行的检查、资料检索、分析对比、调查研究并决定给予初步审定或驳回申请等一系列活动。拒绝商标注册的事由以及权利冲突与否的审查均在此阶段进行。

（4）公告。

主管机关对符合《商标法》有关规定的申请，允许注册，并在商标公告中予以公告。对初步审定公告的商标，自公告之日起三个月内，在先权利人、利害关系人认为存在相对不予注册事由的，或者任何人认为存在绝对不予注册事由的，都可以向商标局提出异议。

自刊登初步审定公告之日起三个月没有人提出异议的，该商标予以注册，同时刊登注册公告。

（5）复审。

申请注册的商标未能通过商标局实质审查，商标局将出具驳回通知书。申请人对驳回理由不服，可在收到驳回通知书15日内向商标评审委员会递交《驳回商标复审申请书》，申请复审。商标评审委员会应当自收到申请之日起九个月内作出决定，并书面通知申请人。有特殊情况需要延长的，经国务院工商行政管理部门批准，可以延长三个月。当事人对商标评审委员会的决定不服的，可以自收到通知之日起三十日内向人民法院起诉。

三、商标侵权

（一）法律规定的商标侵权行为

《商标法》第57条规定了七类侵犯注册商标专用权的行为：

（1）未经商标注册人的许可，在同一种商品上使用与其注册商标相同的商标的行为。这是比较典型的直接侵权行为，也就是通常所说的“假冒”行为。

（2）未经商标注册人的许可，在同一种商品上使用与其注册商标近似的商标，或者在类似商品上使用与其注册商标相同或者近似的商标，容易导致混淆的行为。

注意与第一种侵权情形相比较，第二种侵权情形明确将使相关公众产生误认的混淆效果作为构成侵权的条件之一。那么第一种情形是否就不要求假冒行为足以导致混淆效果呢？显然不是。在同一种商品上使用相同商标的情形下，可以推定会导致混淆，因此不需要强调。混淆效果是判断商标侵权构成与否的关键所在，混淆意味着商标识别功能的丧失，冲击了整个商标管理制度，因此才有必要将上述行为规定为侵权行为。

（3）销售侵犯注册商标专用权的商品的行为。

该行为的实施者是商品的销售者。尽管近年来知识产权普法教育初见成效，但很多销售者尚未意识到销售侵权商品的行为同样损害了商标功能，构成直接侵权行为。

（4）伪造、擅自制造他人注册商标标识或者销售伪造、擅自制造的注册商标标识的行为。

所谓“伪造”，是指没有经过商标权利人许可，模仿其注册商标制作商标标识。所谓“擅自制造”，是指没有经过商标权利人许可，制作其注册商标标识。如承揽人在承揽制作他人注册商标标识时，在约定的印数之外，又私自加印的部分即属于擅自制造。

（5）未经商标注册人同意，更换其注册商标并将该更换商标的商品又投入市场的行为。

这类行为被称为“反向假冒”行为，即在销售活动中，消除商品上的他人商标，然后替换上自己的商标，冒充自己的商品进行销售。实施反向假冒，一般是由于他人的商品物美价廉，侵权人采取替换商标的方式利用他人商品谋取利益，无偿占有他人为创立商誉付出的辛苦劳动。反向假冒行为剥夺了原商标权人向公众展示其商标的权利，妨碍了原注册商标识别功能的发挥，导致相关公众对商品来源产生误认。反向假冒既侵犯了他人的商标权利，也侵犯了消费者的知情权。

(6) 故意为侵犯他人商标专用权行为提供便利条件，帮助他人实施侵犯商标专用权行为。

该行为属于间接侵权。为他人实施侵权行为提供实质帮助的，如仓储、运输、邮寄、隐匿等方面的条件，均构成对商标专用权的间接侵权。

(7) 给他人的注册商标专用权造成其他损害的行为。

这是一项兜底性规定，为尚未归类的损害商标功能的侵权行为预留解释空间。

根据《最高人民法院关于审理商标民事纠纷案件适用法律若干问题的解释》的规定，其他损害的行为包括：将与他人注册商标相同或者相近似的文字作为企业的字号在相同或者类似商品上突出使用，容易使相关公众产生误认的；复制、摹仿、翻译他人注册的驰名商标或其主要部分在不相同或者不相类似商品上作为商标使用，误导公众，致使该驰名商标注册人的利益可能受到损害的；将与他人注册商标相同或者相近似的文字注册为域名，并且通过该域名进行相关商品交易的电子商务，容易使相关公众产生误认的。

(二)《商标法》上的相同与相似

在商标注册程序中，商标局对于在相同或类似商品（服务）上注册相同或近似商标的申请，将会予以驳回。这是因为如果此类注册被批准，将导致相同或类似商品（服务）上存在两个相同或近似商标，使得消费者难以辨别，造成混淆。

与此相对应的，在相同或类似商品（服务）上使用相同或近似商标，可能造成混淆的，也会构成商标侵权。

无论是在商标注册程序中，还是在商标侵权纠纷的处理过程中，对何为相同、何为近似的判断都显得尤为重要。

1. 判断所选取的视角

相关公众视角是判断的出发点。对商品类别类似与否的判断应当依据相关公众对商品或者服务的一般认识综合判断。对商标相同或相似与否的判断也以相关公众的一般注意力为标准。

这里的相关公众是指，与商标所标识的某类商品或者服务有关的消费者和与前述商品或者服务的营销有密切关系的其他经营者。

2. 隔离比对法

隔离比对法，或称隔离观察比较，是判断过程中所使用的观察方法。以侵权纠纷的判断过程为例，指将诉请保护的注册商标与被诉侵权的商标放置于不同的地点、在不同的时间进行观察比对，而不是把该两个商标摆放在一起进行对比观察。

这是一种符合生活实践的比对方式，一般来说，消费者寻找自己所要的商品，往往是凭着以往头脑中对某种商品或者服务基于各种渠道的推介所遗留的商标记忆，在市场中寻找所感知的某种品牌的，而非手持该品牌的商标图样，以按图索骥的方式寻找商品或服务。因此在侵权判定中，也应采取相同的方式还原生活场景。

3. 相同商品（服务）和类似商品（服务）

判断商品（服务）是否相同，应依照商标的注册类别进行严格解释。如注册商标核准注册在第 33 类中白酒商品上，而被诉侵权商品为预调制鸡尾酒，那么被诉侵权商品与注册商标经核准使用的商品就不是相同商品。

判断商品是否类似，则需考察两者在功能、用途、生产部门、销售渠道、消费对象等方面是否相同，或者相关公众是否一般认为两者之间存在特定联系、容易造成混淆。

对类似服务的判断也是一样的，要考察服务的目的、内容、方式、对象等方面是否相同，或者相关公众是否一般认为两者之间存在特定联系、容易造成混淆。

比较特殊的是，某一商品和某一服务也有可能构成类似。一旦某一商品和某一服务在性质上的相关程度较高，在用途、用户、通常效果、销售渠道及销售习惯等方面存在较强的一致性，致使相关公众有可能认为生产某商品的厂商同时也提供相关的服务（或反之），也会导致混淆效果。如在特定情况下，消费者可能认为注册了服务商标的某美容院会通过公开市场渠道对外销售同品牌护肤产品。

4. 相同商标和近似商标

商标相同是指请求保护的注册商标与被诉侵权商标相比较在视觉上基本无差别。基本无差别是指，整体上应基本无差别，文字、图案、颜色、排列顺序、形状等各组成要素也基本一致。

商标近似是指请求保护的注册商标与被诉侵权商标相比较，所包含的文字的字形、读音、含义或者图形的构图及颜色，或者其各要素组合后的整体结构相似，或者其立体形状、颜色组合近似，易使相关公众对商品的来源产生误认或者认为两者在来源上有特定的联系。

显著性强、知名度高的商标给相关公众留下的印象会更为深刻，在其他因素相同的情况下，更容易造成混淆，因此在判断过程中需将商标的知名度纳入考量范围。

（三）不构成商标侵权的使用和可以免除部分侵权责任的情形

1. 正当使用

如果被诉侵权人对商标的使用属于描述性使用，而非识别性使用，该商标用于被诉侵权商品上起到了描述商品（服务）特征、说明商品（服务）用途的作用，则该使用行为具有正当性，不构成商标侵权。如药膏生产商在其生产的牙膏商品上标注“添加三七有效成分”字样，该描述文字不构成对“三七”注册商标的侵权。

援引正当使用抗辩的使用者，其使用意图应为善意。使用目的仅为描述自身产品的特性，使消费者充分了解商品，是对商品质量、原料、功能、来源等信息的真实描述，且该描述是消费者在购买前所必须获取的基本信息。使用者的具体使用方式也应不超出善意和必要的范围，在使用效果上不足以导致消费者产生混淆。

2. 使用在先

如果被诉侵权人对商标的善意、连续使用发生在注册商标申请日前，其在先使用行为也具有正当性，不构成商标侵权。使用在先抗辩本质上是在已注册商标和在先使用的未注册商标之间进行利益平衡。

首先，在先使用行为应具备合法性。对我国法律明确规定应当使用注册商标从事相关经营行为的，经营者必须使用注册商标，不能援引在先使用抗辩。

其次，在先使用的商标需达到一定影响力，即要求未注册商标经过行为人的使用，在一定范围的区域或行业内具有一定的影响力，被一定范围的消费者所认同。若系基于特别信任关系的代理人或者代表人，以及在同一地区的同行业竞争者的抢注行为发生的争议，则对在先使用商标的影响力可以放宽要求。

3. 权利冲突

常见的权利冲突可能存在于商标权和著作权之间、商标权和外观设计专利权之间、商标权和企业名称权之间。我国知识产权法律体系坚持贯彻诚实信用原则，保护公平竞争，因此在排除恶意取得的权利情况下，一般以保护在先权利为原则，同时兼顾众多社会利益，是否会构成商标侵权需要结合使用背景、权利冲突类型、使用方式等众多因素判断。需提示企业经营者的是，在经营活动中尽量不要将作品、外观设计的样式直接作为商标来使用，即便这些作品或外观设计是源于自主创作、自主设计的。在知识产权领域，每一种权利都有其独特的功能，受到专门法的保护。为避免权利冲突，企业经营者应积极将欲作为商业标志使用的标识申请商标注册。

4. 三年不使用抗辩

三年不使用抗辩是商标侵权人免除侵权赔偿责任的抗辩。《商标法》第 64 条第 1 款规定，注册商标专用权人请求赔偿，被控侵权人以注册商标专用权人未使用注册商标提出抗辩的，人民法院可以要求注册商标专用权人提供此前三年内实际使用该注册商标的证据。注册商标专用权人不能证明此前三年内实际使用过该注册商标，也不能证明因侵权行为受到其他损失的，被控侵权人不承担赔偿责任。

5. 合法来源抗辩

《商标法》的合法来源抗辩是侵权商品销售者在符合法律规定的情况下可以援引的不承担部分侵权责任抗辩。前文介绍过，销售侵犯注册商标专用权的商品的行为是对商标权的直接侵权行为。《商标法》第 64 条第 2 款规定，销售不知道是侵犯注册商标专用权的商品，能证明该商品是自己合法取得并说明提供者的，不承担赔偿责任。

此抗辩要求销售者主观上无过错，即不知道或不应当知道所销售的商品侵犯注册商标专用权。销售者能够提供进货商品的发票、付款凭证以及其他证据，从而证明该商品是通过合法途径取得的；同时能够说明进货商品的提供者的姓名或者名称、住所以及其他线索，并且能够查证属实。

导入案例分析提示

王某在店招中使用“青花椒”字样，是对特色菜品中含有青花椒调味料的客观描述，并非商标性使用。

青花椒是一种植物果实制成的调味品，在川渝地区种植历史悠久，作为川菜调味料广为人知。“王鱼匠青花椒鱼火锅”，虽然含有的“青花椒”标识与涉案商标中含有的“青花椒”文字以及叫法相同，但其在“青花椒”字样前面附加了自己的注册商标“王鱼匠”标识，后面带有“鱼火锅”三个字，没有单独或突出使用“青花椒”。“青花椒”作为鱼火锅的重要调味料，使用在“鱼火锅”之前，完整而清晰地向公众表达了其向消费者提供的招牌菜是青花椒鱼火锅，该标识中包含的“青花椒”是对其提供的特色菜品中含有青花椒调味料的客观描述，并非商标性使用，由于没有起到用于识别商品或服务的提供者的作用，不会导致相关公众产生误认和混淆，因此不构成侵权。

职业技能训练

1. 请分析作品的独创性要求。
2. 请分析作者和著作权归属。
3. 请列举著作权和邻接权的权利内容及各自的保护期限。
4. 请试着总结不同专利类型的实质授权条件。
5. 请分析专利申请的原则。
6. 请试着列举专利侵权案件中的常见抗辩事由及其成立条件。
7. 请试着列举我国商标注册制度中的绝对不予注册事由。
8. 请分析商标相似的判断标准。
9. 请试着列举《商标法》规定的商标侵权行为。
10. 请运用所学知识分析以下案例。

案例一：

“中国城市百福系列作品”由张某创作完成，于2021年12月23日通过网络发表。此后，张某对部分作品进行了修改。

2022年4月13日，张某出具《著作权许可授权书》，将其创作的“中国城市百福系列作品”在中国境内的信息网络传播权授予甲公司，包括以网络使用为目的的作品销售、转授权或禁止他人在信息网络传播范围内使用授权作品。授权许可方式为独占性专有许可，甲公司基于独占性专有许可获得的著作权权利，有权以自己的名义针对授权许可签署之后或授权许可签署之前已发生并持续至授权许可签署之后的侵犯授权作品著作权的行为采取法律措施维权，并有权获得赔偿。授权期限为2年。

2023年5月8日，甲公司浏览乙公司运营的微信公众号“乙彩视界”运营信息及网页内容，浏览到该公众号发布的《大开眼界，各省市设计的“福”字》文章，该文使用了34幅百福作品。经比对，以上百福作品与张某创作的“中国城市百福系列作品”中对应名称作品完全一致。

请小组讨论，根据所学知识试分析以下问题并说明理由：

（1）乙公司的发布相关文章的行为是否构成侵权？

（2）乙公司的行为侵害了权利人的何种权利？应承担何种责任？

【分析提示】乙公司未经著作权人许可，在其运营的微信公众号上使用涉案作品，构成侵权，侵犯了权利人对涉案作品所享有的信息网络传播权，应承担停止侵权、赔偿损失的责任。

案例二：

甲公司成立于2016年1月，系“×茶”商标的专用权人，该品牌经过长期使用及广泛宣传，在业内具有较高的知名度。2018年10月7日，甲公司经国家知识产权局核准注册“芝芝芒芒”商标，核定使用服务为第32类无酒精饮料、奶茶（非奶为主）、植物饮料等。注册有效期自2018年10月7日至2028年10月6日止。

王某于2021年9月17日成立个体工商户，经营餐饮服务。2022年1月1日，甲公司申请公证机关进行了保全公证。公证书记载以下内容：甲公司的代理人在王某经营的店铺购买了一杯以“芝芝芒芒”命名的奶茶，获得的结账单上标注品名“芝芝芒芒”。在王某经营的店铺的饮料单及所购奶茶的杯贴上均印有“芝芝芒芒”字样。

甲公司遂向法院提起诉讼，要求王某停止商标侵权行为并赔偿其损失。

请小组讨论，根据所学知识试分析以下问题并说明理由：

（1）“芝芝芒芒”是否具有显著性，可否注册为商标？

（2）在被诉侵权饮品的名称、结账小票、奶茶杯贴上使用“芝芝芒芒”是否是商标性使用行为？

（3）本案应如何处理？

【分析提示】“芝芝芒芒”并非直接表示商品的主要原料，且为创造词汇，具备固有显著性。被诉侵权饮品将“芝芝芒芒”用于商品名称、广告宣传及商品交易文书等商业活动，起到了吸引消费者注意、区分商品来源的作用，属于商标的使用。被诉侵权饮品在相同商品上使用与他人注册商标相同的标志，容易导致相关公众产生混淆，构成对他人商标专用权的侵犯，依法应当承担停止侵权行为、赔偿损失的法律责任。

创业实体法律纠纷解决 第十章

学习目标

知识目标

1. 了解民商事法律纠纷解决的方式。
2. 了解仲裁和民事诉讼的适用范围。
3. 掌握通过仲裁和诉讼方式解决民商事法律纠纷的基本流程。

能力目标

1. 能够根据民商事法律纠纷的具体情况，运用所学法律知识选择适当的纠纷解决途径。
2. 具备参与民商事法律纠纷解决程序的基本能力。
3. 能够撰写仲裁申请书、民事起诉状等法律文书。

素养目标

1. 树立法律信仰和法律意识，能在合法权益受到侵害时，通过合法手段维护自身权利。
2. 培养参与多元纠纷解决机制的能力，构建全民共建共治的社会治理格局。

在我国，解决民商事纠纷的途径主要包括和解（或者协商）、调解、仲裁和诉讼。

和解，即当事人自行协商解决，是当事人成本和社会成本最低的争议解决方式。当事人是民商事纠纷的主体，他们既享有处分争议事项的权利，也对争议事实有着最直观的把握。通过和解的方式解决双方争议，不仅效率高、成本低，同时也往往更符合当事人的预期，并为双方当事人嗣后的合作留有余地。

调解是指纠纷双方之外的第三者依据一定的社会规范，在纠纷双方之间沟通信息，从而促成纠纷双方最终达成纠纷解决的合议。现阶段，人民调解委员会承担了大量的民间调解工作，其受理范围包括自然人之间、自然人与法人或非法人组织之间涉及民事权利义务争议的各种纠纷。

仲裁①和民事诉讼都属于民事程序的范畴，在解决纠纷的范围上有相同之处，在具体纠纷解决的制度和程序上也存在彼此之间的借鉴，如两者在回避制度、证据规则、开庭审理程序上具有高度的相似性。

第一节　仲裁

导入案例

2022 年 11 月 8 日，甲公司与乙公司签订合作合同，约定共同合作开发商业广场项目。在合同履行过程中，双方产生争议且和解无果。2023 年 11 月 25 日，乙公司依据合作合同第 12 条“对本合同各条款的执行与解释所引起的争执，合作双方应尽量通过友好协商解决，如争议调解不成，可提交当地仲裁机构仲裁或辖区人民法院诉讼”的约定，向所在地×市仲裁委员会申请仲裁。2023 年 12 月 1 日，甲公司收到×市仲裁委员会受理通知及相关材料，选定仲裁员李某，并对×市仲裁委员会受理本案及仲裁庭组成均没有提出异议。双方参加了仲裁审理活动。2024 年 2 月 3 日，仲裁委员会作出裁决书。现，甲公司以仲裁协议无效为由，将双方合同争议诉至法院，要求人民法院审理裁判。

请分析：该案件中的仲裁协议是否无效？

一、仲裁概述

（一）仲裁的概念

仲裁是指由当事人根据他们之间订立的仲裁协议，自愿将约定的仲裁事项提交由仲裁

① 本章中以“仲裁”二字指代的制度是指由仲裁法调整的商事仲裁制度，主要用于解决平等主体的自然人、法人和非法人组织之间发生的合同纠纷和其他财产权益纠纷。

员组成的仲裁机构进行裁判，并受该裁判约束的一种制度。仲裁活动和诉讼活动一样，处理的是当事人的实体权益，是解决民商事争议的方式之一。

仲裁具有以下几个区别于其他纠纷解决机制的特点：

1. 当事人的自愿性和灵活性

当事人在自愿的基础上达成仲裁协议是仲裁程序启动的前提。仲裁以当事人的意思自治为基础，仲裁协议的订立、仲裁机构的选定、仲裁员的指定、仲裁程序的确定、提交仲裁的争议事项范围、仲裁适用的法律等问题均优先由当事人自行决定，体现了充分的自愿性和灵活性。

2. 裁决机构的中立性

审理争议的第三方系根据《中华人民共和国仲裁法》（以下简称《仲裁法》）建立的独立仲裁机构，即仲裁委员会。仲裁机构独立于行政机构，仲裁机构之间也不存在隶属关系。

3. 裁决结果的拘束力

仲裁机构按照法定程序对仲裁事项独立作出的裁决（调解）对争议各方均有拘束力。

4. 裁决过程的专业性和保密性

由于争议双方可以指定来自各行各业的专家作为审理案件的仲裁员，在涉及金融、财会等专业问题的事实判断上具有优势。

仲裁以案件不公开审理、裁决为惯例，这既有利于保护当事人的商业秘密和经营秘密，也有利于当事人在小范围内解决争议。

（二）仲裁的适用范围

仲裁的法律基础是争议双方当事人对自己实体权利的处分权和仲裁机构根据法律规定对一定范围的争议拥有的裁决权，该“一定范围的争议”由《仲裁法》规定。《仲裁法》通过规定积极适用范围和消极适用范围，从正、反两面框定了仲裁的适用范围。

1. 仲裁的积极适用范围

（1）纠纷的双方是平等主体。

在仲裁活动中，双方当事人的法律地位必须是平等的，彼此之间不存在隶属、从属或管理关系，否则仲裁的自由基础无法体现。

（2）仲裁事项是当事人有权处分的实体权利。

在仲裁活动中，当事人对自己的民事实体权利，如物权、债权、知识产权等，在法律规定的范围内有完全支配的自由，否则，对其申请仲裁的事项，仲裁委员会无权进行裁决。

（3）仲裁事项是涉及财产权益的争议。

从我国法律有关规定来看，仲裁主要适用于合同纠纷，也包括非合同的涉及财产权益的民事纠纷，这也是与国际仲裁制度接轨的。

2. 仲裁的消极适用范围

《仲裁法》规定，下列纠纷不能仲裁：婚姻、收养、监护、扶养、继承纠纷和依法应当由行政机关处理的行政争议。即排除了平等主体之间基于身份关系产生的纠纷和国家行政机关之间，或者国家行政机关与企事业单位、社会团体以及公民之间因行政管理而发生的争议。

（三）仲裁的基本原则

仲裁的基本原则是仲裁制度赖以建立的基础，是贯穿于全部仲裁活动的法律原则。

1. 自愿仲裁原则

自愿仲裁原则是仲裁法最基本的原则，也是“当事人意思自治原则”在仲裁领域的集中体现。仲裁机构只能受理由仲裁协议的当事人提交的，在仲裁协议中约定的，依法律规定可仲裁的民商事争议。没有仲裁协议，当事人就不能将争议提交任何一个仲裁机构解决。

2. 或裁或审原则

或裁或审原则是指争议发生之前或之后，当事人有权选择解决争议的途径。当事人达成仲裁协议的，应当向仲裁机构申请仲裁，而不应向法院起诉；同时人民法院应尊重当事人选择的解决争议方式，不受理有仲裁协议的起诉。对于没有仲裁协议的争议，当事人既可以于争议发生后签订仲裁协议从而选择仲裁解决，也可以直接向人民法院提起诉讼。

3. 公平、合理、合法的仲裁原则

公平、合理、合法的仲裁原则要求仲裁庭的仲裁活动要符合法律规定，在查清事实的基础上，根据法律的相关规定来确认各方当事人的权利、义务和责任。仲裁庭必须保持中立，平等对待双方当事人，公平、合理地作出裁决。

4. 仲裁独立原则

仲裁的独立是指从仲裁机构的设置到仲裁处理纠纷的整个过程，都依法具有独立性。仲裁活动依法独立进行，不受行政机关、社会团体和个人的干涉。

此外，部分学者认为一裁终局也是仲裁的基本原则之一，其他学者则将一裁终局视为仲裁的基本制度。

一裁终局是指仲裁机构对当事人提交的仲裁事项作出的裁决具有终局的法律效力，双方当事人不得要求原仲裁机关或其他仲裁机关再次仲裁或向法院起诉，以及向其他机关提出变更仲裁裁决的请求。

如果仲裁裁决被人民法院依法裁定撤销或者不予执行的，当事人就该纠纷可以根据双方重新达成的仲裁协议申请仲裁，也可以向人民法院起诉。

二、仲裁机构

（一）仲裁委员会的设立及其条件

1. 仲裁委员会

各国关于仲裁机构的称谓不一，在我国，仲裁机构称为仲裁委员会。仲裁委员会是指依法成立，有权根据仲裁协议受理一定范围的民事争议，进行法院外裁决的机构。

在《仲裁法》颁布以前，我国设有经济合同、技术合同等各类仲裁委员会，各仲裁委员会基本上是按照行政区划逐级设立的。在《仲裁法》的草拟过程中，对仲裁机构的设立规定曾引发激烈的讨论并形成多种方案。最终经过全国人大常委会讨论协调，决定由设区的市的人民政府组织有关部门和商会统一组建仲裁委员会，不按行政区划层层设立。仲裁不实行级别管辖和地域管辖，而是实行协议管辖，当事人可以跨地域申请仲裁。

2. 仲裁委员会的设立条件

（1）有自己的名称、住所和依照《仲裁法》制定的章程。

（2）有必要的财产。

（3）有该委员会的组成人员，即由主任一人、副主任二至四人和委员七至十一人组成仲裁委员会，并以委员会的形式对仲裁机构实施组织、领导和管理。

（4）有聘任的仲裁员。

（二）中国仲裁协会

中国仲裁协会是仲裁机构为共同发展和维护仲裁事业而组成的自我管理、自我教育和自我服务的社会团体法人。

仲裁协会的主要职能是依法制定仲裁规则、协会章程，并依据协会章程对会员（即各仲裁委员会）和仲裁员的违纪行为进行监督，组织会员培训，提高仲裁员素质，以及开展对外交流等。

三、仲裁协议

（一）仲裁协议的概念和特征

1. 仲裁协议的概念

仲裁协议是双方当事人自愿将彼此之间发生的争议提交某一仲裁机构并按其仲裁规则仲裁解决的一种书面意思表示，该书面意思表示是仲裁机构受理仲裁案件的法律依据。

2. 仲裁协议的特征

（1）协议订立的主体要求。仲裁协议只能由具有利害关系的合同双方当事人或者其他财产权益争议的双方当事人订立。

（2）协议订立的自愿原则。订立仲裁协议的双方当事人必须自愿将他们之间的争议提交仲裁解决。

（3）协议订立的时间要求。仲裁协议的形成既可以在纠纷发生前，也可以在纠纷发生后。

（4）协议的要式性。仲裁协议的形式和内容都必须符合法律规定。仲裁协议在形式上必须采用书面形式，包括合同中订立的仲裁条款和以合同书、信件和数据电文（包括电报、电传、传真、电子数据交换和电子邮件）等形式达成的请求仲裁的协议。协议的内容也应当符合法律的要求，不得违反法律或者社会公共利益，不得以胁迫或者欺诈的手段迫使对方作出违背自己真实意思的表示。

（5）协议的约束力。仲裁协议具有广泛的约束力，既约束着双方当事人，也约束着法院和仲裁庭。

（二）仲裁协议的内容和效力

1. 仲裁协议的内容

仲裁协议应包含以下内容：

（1）请求仲裁的意思表示。即自愿将争议提交仲裁解决的意思表示。

（2）仲裁事项。仲裁事项的表述应明确、具体，如果当事人只概括约定仲裁事项为合同争议的，那么基于合同成立、效力、变更、转让、履行、违约责任、解释、解除等产生的全部纠纷都可以认定为仲裁事项。

（3）选定的仲裁委员会。仲裁委员会的表述应准确使用全称，如仲裁协议约定的仲裁机构名称虽不准确，但能够确定具体的仲裁机构的，应当认定选定了仲裁机构；如仲裁协议仅约定纠纷适用的仲裁规则的，视为未约定仲裁机构，但当事人达成补充协议或者按照约定的仲裁规则能够确定仲裁机构的除外。

拓展知识

下列仲裁协议的示范格式供学习时参考。

1. 在合同中关于争议解决的方法条款中约定仲裁方式的示范

当事人自行起草合同时，若双方愿意以仲裁方式解决合同可能发生的纠纷，应在合同中写明下列条款：

“凡因本合同引起的或与本合同有关的任何争议，均应提交××仲裁委员会按照该会仲裁规则进行仲裁。仲裁裁决是终局的，对双方当事人均有约束力。”

2. 单独签订仲裁协议的示范

仲裁协议书

甲方：××公司

地址：　省　市　区　路　号

法定代表人：　　　　　职务：

乙方：××公司

地址：　省　市　区　路　号

法定代表人：　　　　　职务：

依照《中华人民共和国仲裁法》规定，当事人双方经协商，自愿就签订于　　年　月　日的《××合同》（合同编号：××）达成仲裁协议如下：

如果双方在履行上述合同过程中发生纠纷，经协商解决不成的，双方一致同意对因执行该合同或与该合同有关的全部争议（包括但不限于合同效力、履行、变更及解除），提交××仲裁委员会依据《中华人民共和国仲裁法》及该会仲裁规则对争议事项作出裁断，其仲裁裁决对双方均有拘束力。

本协议一式两份，甲、乙双方各执一份。

本协议自双方签字之日起生效。

甲方：（盖章）　　　　　　　　　　乙方：（盖章）

法定代表人：　　　　　　　　　　　法定代表人：

年 月 日　　　　　　　　　　　　　年 月 日

3. 签订补充仲裁协议的示范

原签订的合同已经发生了纠纷，但双方在合同中未约定纠纷的解决方式，若双方愿意以仲裁方式解决纠纷，可按下列表述签订补充仲裁协议：

仲裁协议书

依照《中华人民共和国仲裁法》规定，经当事人双方协商一致，自愿将签订于　年　月　日的《××合同》（合同编号：××）所涉及的一切纠纷，提交××仲裁委员会仲裁，并适用该会仲裁规则对争议事项作出裁断。仲裁委员会的裁决是终局的，对双方都有约束力。

甲方：（盖章）　　　　　　　　　　乙方：（盖章）

法定代表人：　　　　　　　　　　　法定代表人：

年 月 日　　　　　　　　　　　　　年 月 日

2. 仲裁协议的效力及无效情形

仲裁协议具有独立的效力，合同的变更、解除、终止或者无效，不影响仲裁协议的效力，但如果仲裁协议本身缺乏一定的形式或实质构成要件，可能会导致所订立的仲裁协议无效。由《仲裁法》第 17 条、第 18 条和相关司法解释规定的无效情形如下：

（1）约定的仲裁事项超出法律规定的仲裁范围。

（2）无民事行为能力人或者限制民事行为能力人订立的仲裁协议。

（3）一方采取胁迫手段，迫使对方订立仲裁协议。

（4）仲裁协议对仲裁事项或者仲裁委员会没有约定或者约定不明确的，当事人可以补充协议；达不成补充协议的，仲裁协议无效。

（5）仲裁协议约定两个以上仲裁机构的，当事人可以协议选择其中的一个仲裁机构申请仲裁；当事人不能就仲裁机构选择达成一致的，仲裁协议无效。

（6）仲裁协议约定由某地的仲裁机构仲裁且该地仅有一个仲裁机构的，该仲裁机构视为约定的仲裁机构。该地有两个以上仲裁机构的，当事人可以协议选择其中的一个仲裁机构申请仲裁；当事人不能就仲裁机构选择达成一致的，仲裁协议无效。

（7）当事人约定争议可以向仲裁机构申请仲裁也可以向人民法院起诉的，仲裁协议无效；但一方向仲裁机构申请仲裁，另一方未在仲裁庭首次开庭前提出异议的除外。

3. 对仲裁协议的异议

若当事人对仲裁协议的效力有异议，既可以请求仲裁委员会作出决定，也可以请求人民法院作出裁定。当一方请求仲裁委员会作出决定，而另一方请求人民法院作出裁定的，由人民法院裁定。需注意的是上述异议应当在仲裁庭首次开庭前提出。当事人在仲裁庭首次开庭前没有对仲裁协议的效力提出异议，而后向人民法院申请确认仲裁协议无效的，以及仲裁机构对仲裁协议的效力作出决定后，当事人向人民法院申请确认仲裁协议效力或者申请撤销仲裁机构的决定的，人民法院均不受理。

若当事人向人民法院申请确认仲裁协议效力，管辖权归属于仲裁协议约定的仲裁机构所在地的中级人民法院。仲裁协议约定的仲裁机构不明确的，由仲裁协议签订地或者被申请人住所地的中级人民法院管辖。

四、仲裁程序

（一）初步审查和准备工作

仲裁程序由当事人向仲裁委员会提交书面材料、申请仲裁而启动。

1. 仲裁的申请

申请仲裁时须提交的材料包括仲裁协议（附单独的仲裁协议或包含有仲裁条款的合同）、仲裁申请书及副本、证据材料（附证据目录或清单）、当事人的身份证明材料（附身份证复印件或营业执照复印件或其他证明文件）等。其中仲裁申请书应当载明下列事项：当事人的自然人情况或法人、非法人组织的基本信息；仲裁请求和所根据的事实和理由；证据和证据来源、证人姓名和住所等。

2. 初步审查

仲裁委员会收到仲裁申请书之日起五日内进行初步审查，作出是否受理的决定并通知当事人；对认为不符合受理条件的，仲裁委员会应以书面形式通知当事人并说明理由。

3. 受理和送达

仲裁委员会受理仲裁申请后，将在仲裁规则规定的期限内将仲裁规则和仲裁员名册送达申请人，并将仲裁申请书副本和仲裁规则、仲裁员名册送达被申请人。

被申请人收到仲裁申请书副本后，应当在仲裁规则规定的期限内向仲裁委员会提交答辩书。被申请人未提交答辩书的，不影响仲裁程序的进行。

（二）仲裁庭的组成和回避

当事人应在仲裁规则规定的期限内约定仲裁庭的组成方式、选定仲裁员。

1. 仲裁庭的组成

仲裁庭既可以由三名仲裁员组成，也可以由一名仲裁员组成。由三名仲裁员组成的，设首席仲裁员。当事人约定由三名仲裁员组成仲裁庭的，应当各自选定或者各自委托仲裁委员会主任指定一名仲裁员，第三名仲裁员由当事人共同选定或者共同委托仲裁委员会主任指定，该第三名仲裁员是首席仲裁员。

当事人约定由一名仲裁员成立仲裁庭的，应当由当事人共同选定或者共同委托仲裁委员会主任指定仲裁员。当事人没有在仲裁规则规定的期限内约定仲裁庭的组成方式或者选定仲裁员的，由仲裁委员会主任指定。

2. 仲裁员的回避

仲裁员有下列情形之一的，必须回避，当事人也有权提出回避申请：

（1）是本案当事人或者当事人、代理人的近亲属；

（2）与本案有利害关系；

（3）与本案当事人、代理人有其他关系，可能影响公正仲裁的；

（4）私自会见当事人、代理人，或者接受当事人、代理人的请客送礼的。

当事人提出回避申请，应当说明理由，在首次开庭前提出。回避事由在首次开庭后知道的，可以在最后一次开庭终结前提出。

（三）审理和裁决

1. 审理方式

仲裁原则上开庭审理、不公开进行仲裁，当事人也可以协议变更以上审理方式。当事人协议不开庭的，仲裁庭可以根据仲裁申请书、答辩书以及其他材料作出裁决；除了涉及国家秘密的案件外，当事人也可以协议公开进行仲裁。

2. 证据出示和辩论

当事人应当对自己的主张提供证据；仲裁庭认为有必要收集的证据，可以自行收集。证据应当在开庭时出示，当事人可以质证。当事人在仲裁过程中有权进行辩论和陈述最后意见。

3. 和解和调解

当事人申请仲裁后，可以自行和解。达成和解协议的，可以请求仲裁庭根据和解协议作出裁决书，也可以撤回仲裁申请。当事人达成和解协议，撤回仲裁申请后又反悔的，可以根据仲裁协议申请仲裁。

仲裁庭在作出裁决前，可以先行调解。当事人自愿调解的，仲裁庭应当调解。调解不成的，应当及时作出裁决。

4. 裁决

仲裁裁决按照多数仲裁员的意见作出。纠纷中一部分事实已经清楚，可以就该部分先行裁决。

裁决书自作出之日起发生法律效力。

（四）申请撤销仲裁裁决

1. 申请的提出

当事人申请撤销裁决的，应当自收到裁决书之日起六个月内向仲裁委员会所在地的中级人民法院提出。

2. 存在可以重新仲裁情形的处理

人民法院受理撤销裁决的申请后，经审查存在裁决所根据的证据是伪造的，或对方当事人隐瞒了足以影响公正裁决的证据的情形，认为可以由仲裁庭重新仲裁的，通知仲裁庭在一定期限内重新仲裁，并裁定中止撤销程序。

仲裁庭在人民法院指定的期限内开始重新仲裁的，人民法院应当裁定终结撤销程序；未开始重新仲裁的，人民法院应当裁定恢复撤销程序。

3. 撤销事由

当事人提出证据证明裁决有下列情形之一，人民法院经组成合议庭审查核实的，应当撤销裁决：(1) 没有仲裁协议的；(2) 裁决的事项不属于仲裁协议的范围或者仲裁委员会无权仲裁的；(3) 仲裁庭的组成或者仲裁的程序违反法定程序的；(4) 裁决所根据的证据是伪造的；(5) 对方当事人隐瞒了足以影响公正裁决的证据的；(6) 仲裁员在仲裁该案时有索贿受贿、徇私舞弊、枉法裁决行为的；(7) 人民法院认定该裁决违背社会公共利益的。

当事人以仲裁裁决事项超出仲裁协议范围为由申请撤销仲裁裁决，经审查属实的，人民法院应当撤销仲裁裁决中的超裁部分，但超裁部分与其他裁决事项不可分的，人民法院应当撤销仲裁裁决。

(五) 仲裁裁决的执行

1. 申请执行

当事人应当履行仲裁裁决。一方当事人不履行的，另一方当事人可以依照《民事诉讼法》的有关规定向被申请人住所地或者财产所在地的中级人民法院申请执行。

2. 仲裁裁决的不予执行

被申请人提出证据证明仲裁裁决有下列情形之一的，经人民法院组成合议庭审查核实，裁定不予执行：(1) 当事人在合同中没有订有仲裁条款或者事后没有达成书面仲裁协议的；(2) 裁决的事项不属于仲裁协议的范围或者仲裁机构无权仲裁的；(3) 仲裁庭的组成或者仲裁的程序违反法定程序的；(4) 裁决所根据的证据是伪造的；(5) 对方当事人向仲裁机构隐瞒了足以影响公正裁决的证据的；(6) 仲裁员在仲裁该案时有贪污受贿、徇私舞弊、枉法裁决行为的；(7) 人民法院认定执行该裁决违背社会公共利益的。

不予执行裁定书应当送达双方当事人和仲裁机构。仲裁裁决被人民法院裁定不予执行的，当事人可以根据双方达成的书面仲裁协议重新申请仲裁，也可以向人民法院起诉。

导入案例分析提示

《最高人民法院关于适用〈中华人民共和国仲裁法〉若干问题的解释》第 7 条规定："当事人约定争议可以向仲裁机构申请仲裁也可以向人民法院起诉的，仲裁协议无效。但一方向仲裁机构申请仲裁，另一方未在仲裁法第二十条第二款规定期间内提出异议的除外。"《仲裁法》第 20 条第 2 款规定："当事人对仲裁协议的效力有异议，应当在仲裁庭首次开庭前提出。"涉案合作合同第 12 条约定："对本合同各条款的执行与解释所引起的争执，合作双方应尽量通过友好协商解决，如争议调解不成，可提交当地仲裁机构仲裁或辖区人民法院诉讼。"乙公司依据该约定申请仲裁，甲公司收到仲裁委员会受理通知及相关材料后，未对以仲裁方式解决纠纷以及仲裁机构和仲裁庭组成提出异议，全程参与仲裁活动，直至仲裁委员会作出裁决书，则应视为双方就通过仲裁方式解决争议达成了合意，涉案合作合同第 12 条关于仲裁协议的约定对双方具有法律约束力，双方就涉案合作合同产生的纠纷均应通过仲裁的方式解决，不能向人民法院提起诉讼。一方当事人就同一合同有关争议又向人民法院起诉的，人民法院不予受理；已经受理的，应裁定驳回起诉。

第二节 民事诉讼

导入案例

原告李某诉称，2024 年 7 月 6 日，其在被告福建某生物科技有限公司开设的淘宝店铺内购买了 10 盒忆甘茶。原告收货后，发现被告未取得食品生产许可证，且涉案产品含有鸡骨草等不能添加到普通食品中的物质。原告认为涉案产品存在食品安全隐患，故提起诉讼。法院在审理过程中发现，原告订单收货地址为上海市黄浦区某处，原告户籍地址在湖南省，原告确认的法律文书送达地址位于上海市浦东新区，且原告同期在该市其他法院也有多起网络购物合同纠纷的诉讼。经法院询问原告自认订单收货地址系虚构。

请分析：该案件应由哪一法院管辖？（管辖连接点提示：原告设置的收货地址、原告确认的法律文书送达地址、原告户籍所在地、被告住所地）

一、民事诉讼概述

在社会经济生活和民事交往中，人们难免会产生这样或那样的纠纷。在法律的视角下，绝大多数纠纷都可以归于法律上的权利、义务之争，为了通过法定程序解决权利、义务的争议，诉讼制度应运而生。

（一）民事诉讼的概念

民事诉讼是指人民法院在当事人和其他诉讼参与人的参加下，依法审理和解决民事案件的活动，以及基于这些活动所产生诉讼关系的总和。

为了服务民事诉讼活动，调整因民事诉讼活动形成的社会关系，由国家制定和认可的，规范法院、当事人、其他诉讼参与人进行诉讼活动的、以诉讼权利和诉讼义务为内容的法律规范的总和就形成了民事诉讼法。

《民事诉讼法》是中国特色社会主义法律体系中一部重要的法律，也是当事人、诉讼代理人以及其他诉讼参与人进行各种民事诉讼活动，人民法院审理民事案件所依据的主要程序法律。同时宪法、其他实体法、程序法、司法解释中有关民事诉讼的规定，以及最高人民法院发布的指导民事诉讼的规定和答复等也对民事诉讼活动起着拘束作用。

（二）民事诉讼的基本原则

1. 当事人诉讼地位平等原则

民事诉讼当事人有平等的诉讼权利。人民法院审理民事案件，应当保障和便利当事人行使诉讼权利，对当事人在适用法律上一律平等。

2. 同等原则和对等原则

外国人、无国籍人、外国企业和组织在人民法院起诉、应诉，具有与中华人民共和国公民、法人和非法人组织同等的诉讼权利义务。

外国法院对中华人民共和国公民、法人和非法人组织民事诉讼权利加以限制的，中华人民共和国人民法院对该国公民、企业和组织的民事诉讼权利，实行对等原则。

3. 自愿合法调解原则

人民法院审理民事案件，应当根据自愿和合法的原则进行调解，调解不成的，应当及时判决。调解贯穿于民事诉讼的全过程，在第一审程序、第二审程序以及审判监督程序中，人民法院均可以进行调解。

4. 辩论原则

辩论原则是指诉讼当事人就有争议的事项，在人民法院的主持下陈述自己的主张和意见，互相进行反驳和答辩，以维护自己的合法权益。人民法院审理民事案件时，当事人有权进行辩论。在诉讼活动中，当事人进行辩论，既可以采用口头形式，也可以采用书面形式。

5. 诚信原则

民事诉讼应当遵循诚信原则。诚信原则是指人民法院在审理民事案件时和当事人及其他诉讼参与人在进行民事诉讼活动时，应当公正、善意、诚实、严守信用。

6. 处分原则

当事人有权在法律规定的范围内处分自己的民事权利和诉讼权利。当事人处分权行使的范围包括对程序利益的处分和实体利益的处分。在程序方面，当事人对诉讼的进行和终结有决定权。在实体方面，当事人的请求及请求基础在事实上决定了审理的对象和范围。

7. 检察监督原则

人民检察院有权对民事诉讼实行法律监督。根据检察监督原则的要求，人民检察院实行监督的内容主要有两方面：一是监督审判人员贪赃枉法、徇私舞弊等违法行为；二是对人民法院作出的生效判决、裁定是否正确合法进行监督。

8. 支持起诉原则

机关、社会团体、企业事业单位对损害国家、集体或者个人民事权益的行为，可以支持受损害的单位或者个人向人民法院起诉。

（三）民事诉讼的基本制度

1. 合议制度

合议制与独任制是人民法院审理民事案件的两种审判组织形式。其中合议制是一项基本的审判制度，适用于各级人民法院审理所有民事案件。

合议制度是指由三名以上的审判人员组成审判集体，代表人民法院行使审判权，对案件进行审理并作出裁判的制度。

第一审人民法院可以根据案件的具体情况，选择适用不同组织形式的合议庭，可以是三人以上单数的审判员组成的合议庭，也可以是三人以上单数的审判员和人民陪审员共同组成的合议庭。

第二审民事案件，则必须由审判员组成合议庭。

再审案件，原来是第一审的，按照第一审程序另行组成合议庭；原来是第二审的或者是上级人民法院提审的，按照第二审程序另行组成合议庭；原合议庭成员均不得参加再审合议庭。

独任制仅适用于基层人民法院审理简单的民事案件和按照特别程序审理的非讼案件。中级人民法院对第一审适用简易程序审结或者不服裁定提起上诉的第二审民事案件，事实清楚、权利义务关系明确的，经双方当事人同意后，可以由审判员一人独任审理。

2. 回避制度

（1）回避制度的概念。

回避制度是指为了保证案件的公正审判，要求与案件有一定利害关系的审判人员或者其他有关人员，不得参与该案诉讼活动的审判制度。

回避制度的出现遵循了“任何人不得为自己的法官”的理念。案件审理涉及法官的私利或关系人时，就很难确保法官不掺杂个人因素，司法的公正、公平就受影响。实行回避制度一方面提高了裁判结果的可接受性，减少当事人对诉讼结果的质疑；另一方面也避免审判人员陷入“大义灭亲”的尴尬境地。

（2）回避的类型。

回避的类型包括申请回避和自行回避。

申请回避是指当事人认为审判人员与本案有利害关系或者有其他关系可能影响公正审判，有权申请审判人员回避。

自行回避是指当审判人员认为自己与本案有利害关系或者其他关系时，应当申请回避。

（3）回避对象。

除了审判人员外，回避制度还适用于法官助理、书记员、司法技术人员、翻译人员、鉴定人和勘验人等。

（4）回避适用的情形。

适用回避的情形包括：1）回避对象是本案当事人或者当事人、诉讼代理人近亲属；2）回避对象与本案有利害关系；3）回避对象与本案当事人、诉讼代理人有其他关系，可能影响对案件的公正审理；4）回避对象接受当事人、诉讼代理人请客送礼，或者违反规定会见当事人、诉讼代理人。

（5）回避提出的时间。

当事人的回避申请应当说明理由，在案件开始审理时提出；但回避事由在案件开始审理后才知道的，也可以在法庭辩论终结前提出。被申请回避的人员在人民法院作出是否回避的决定前，应当暂停参与本案的工作，但案件需要采取紧急措施的除外。

（6）对回避申请的处理。

法院对当事人提出的回避申请，应当在申请提出的三日内，以口头或者书面形式作出决定。申请人对决定不服的，可以在接到决定时申请复议一次。复议期间，被申请回避的人员停止参与本案的工作。人民法院对复议申请应当在三日内作出复议决定，并通知复议申请人。

院长担任审判长或独任审判员时的回避，由审判委员会决定。审判人员的回避，由院长决定；其他人员的回避，由审判长或独任审判员决定。

3. 公开审判制度

（1）公开审判的概念。

公开审判是我国宪法确认的一项原则，是指人民法院在诉讼案件的审理和宣布判决时，除了法律规定的特殊情形外，一律公开进行。该制度与秘密审判相对，是司法民主化、现代化的表现。我国民事审判以公开为原则，不公开为例外。

公开的内容，包括案件审理过程的公开和审判结果的公开，而合议庭评议的过程、审判委员会讨论的情况一律不公开，相关材料在归档时订于副卷，不予外借复印。

（2）公开审判的例外。

对于第一审案件，除下列案件外，应当依法一律公开审理：

1）涉及国家秘密的案件；2）涉及个人隐私的案件；3）经当事人申请，人民法院决定不公开审理的涉及商业秘密的案件；4）经当事人申请，人民法院决定不公开审理的离婚案件；5）法律另有规定的其他不公开审理的案件。

对于不公开审理的案件，应当当庭宣布不公开审理的理由。

第二审人民法院对没有提出新的事实、证据或者理由，人民法院认为不需要开庭审理的案件，可能不会采取开庭的形式，而是通过合议庭阅卷结合听取当事人、诉讼代理人意见的方式进行审理，但书面审理只是审理方式的变化，二审的审理过程和裁判结果也在司法公开的范围。

4. 两审终审制度

两审终审制度是指案件经过第一审、第二审两级人民法院的审判，就宣告终结的制度。

具体而言，案件经过第一审人民法院审理后作出判决、裁定；若当事人不服，在法定的上诉期内有权依法向上一级人民法院提起上诉。第二审人民法院经过审理作出的判决、裁定，即发生法律效力，成为终审判决、裁定，当事人必须执行，不得再次提起上诉。

我国法院结构包括基层人民法院、中级人民法院、高级人民法院和最高人民法院四个等级。其中，四级人民法院均可审理一审案件，中级人民法院以上（含中级人民法院）的三级法院均可审理二审案件。

当然两审终审制度并不要求每一个案件都必须经过两级人民法院审理才能终结，若当事人对一审裁判在法定期间未提起上诉的，一审裁判即发生法律效力。

二、管辖

管辖规定解决的是各级人民法院以及同级人民法院审理第一审民事案件的权限和分工问题。

其中级别管辖规则解决的是案件的纵向分配，以地域管辖为主的管辖规则解决的是案件的横向分配问题。确定一个案件的管辖要分两步走，先确定该案件由哪一级法院管辖，是基层人民法院、中级人民法院、高级人民法院还是最高人民法院，其次才是确定同一级法院中的哪一个或哪几个对该案件有管辖权。管辖规则的内容虽多，但原则上都是为了方便当事人诉讼、便于案件审理和执行以及均衡各级法院的工作量。

（一）级别管辖

级别管辖是按照一定的标准划分各级法院之间民事案件的分工和权限。案件的起诉和受理不能违反级别管辖的规定。

1. 基层人民法院管辖的第一审民事案件

《民事诉讼法》规定，除另有规定外，基层人民法院管辖第一审民事案件。

一般情况下，绝大多数的第一审民事案件都会下沉到基层人民法院审理，由基层人民法院管辖。

2. 中级人民法院管辖的第一审民事案件

中级人民法院管辖辖区内重大涉外案件、在本辖区有重大影响的案件以及最高人民法院确定由中级人民法院管辖的案件。

最高人民法院确定由中级人民法院管辖的案件具体包括海事海商案件、知识产权案件、涉金融案件、涉仲裁案件等。

海事案件，由海事法院审理，海事法院是专门中级人民法院。

知识产权案件部分由中级人民法院管辖，部分由基层人民法院管辖。具体而言：专利纠纷案件，由各省、自治区、直辖市人民政府所在地的中级人民法院和最高人民法院指定的中级人民法院管辖。著作权民事纠纷案件，由中级以上人民法院管辖；但各高级人民法院根据本辖区的实际情况，可以确定若干基层人民法院管辖第一审著作权民事纠纷案件。商标民事纠纷第一审案件，由中级以上人民法院管辖；各高级人民法院也可以根据本辖区的实际情况，经最高人民法院批准，在较大城市确定1～2个基层人民法院受理第一审商标民事纠纷案件。但涉及驰名商标认定的民事纠纷案件，由省、自治区人民政府所在地的市、计划单列市中级人民法院以及直辖市辖区内的中级人民法院管辖，其他中级人民法院管辖此类民事纠纷案件，需报经最高人民法院批准。涉及域名的侵权纠纷案件，由侵权行为地或者被告住所地的中级人民法院管辖。

虚假陈述证券民事赔偿案件，由省、直辖市、自治区人民政府所在的市、计划单列市和经济特区中级人民法院管辖。

对于仲裁协议的效力有异议请求法院作出裁决的，由中级人民法院管辖。申请撤销仲裁裁决的，由仲裁委员会所在地的中级人民法院管辖。

3. 高级人民法院和最高人民法院管辖的第一审民事案件

高级人民法院管辖在本辖区有重大影响的第一审民事案件。最高人民法院管辖在全国有重大影响的案件以及认为应当由最高人民法院审理的案件。

根据我国的审判层级，越上层的审判机关审理第一审民事案件的数量越少，其职能定位主要是对审判工作的指导、监督以及司法政策研究。

（二）地域管辖

地域管辖是从横向划分同级法院之间的案件受理权限和分工。地域管辖是在级别管辖的基础上进行划分，必须在确定了级别管辖之后，再通过地域管辖来进一步落实具体受诉法院。

地域管辖规则在总体上可以分为一般地域管辖和特殊地域管辖。一般地域管辖是仅以当事人住所地与法院辖区的关系来确定管辖法院。特殊地域管辖是综合了当事人住所地、诉讼标的所在地或者引起民事法律关系发生、变更、消灭的法律事实所在地与法院辖区的关系确定的管辖。

上述当事人住所地、诉讼标的所在地或者引起民事法律关系发生、变更、消灭的法律事实所在地就是管辖连接点。管辖连接点必须是真实的，如果当事人通过制造管辖连接点以达到随意或恶意的选择管辖法院的目的，违反了民事诉讼的诚信原则，不会得到人民法院的支持。

1. 一般地域管辖

地域管辖的一般原则为“原告就被告”，即案件中被告住所地符合级别管辖规定的人民法院对案件具有管辖权。同一诉讼的几个被告住所地、经常居住地在两个以上人民法院辖区的，上述人民法院都有管辖权。

（1）被告为自然人时被告住所地的确定。

对自然人提起的民事诉讼，由被告住所地人民法院管辖；被告住所地与经常居住地不一致的，由经常居住地人民法院管辖。

自然人的住所地是指自然人的户籍所在地。自然人的经常居住地是指自然人离开住所地至起诉时已连续居住一年以上的地方，但自然人住院就医的地方除外。

当事人的户籍迁出后尚未落户，有经常居住地的，由该地人民法院管辖；没有经常居住地的，由其原户籍所在地人民法院管辖。

（2）被告为法人或非法人组织时被告住所地的确定。

对法人或非法人组织提起的民事诉讼，由被告住所地人民法院管辖。

法人或非法人组织的住所地是指法人或非法人组织的主要办事机构所在地。法人或非法人组织的主要办事机构所在地不能确定的，法人或非法人组织的注册地或者登记地为住所地。

对没有办事机构的个人合伙、合伙型联营体提起的诉讼，由被告注册登记地人民法院管辖。没有注册登记，几个被告又不在同一辖区的，被告住所地的人民法院都有管辖权。

（3）“原告就被告”的例外。

对不在中华人民共和国领域内居住的人提起的有关身份关系的诉讼、对下落不明或者宣告失踪的人提起的有关身份关系的诉讼、对被采取强制性教育措施的人提起的诉讼，以及被告被注销户籍的，由原告住所地人民法院管辖，原告住所地与经常居住地不一致的，由原告经常居住地人民法院管辖。

若双方当事人都被监禁或者被采取强制性教育措施的，由被告原住所地人民法院管辖。被告被监禁或者被采取强制性教育措施一年以上的，由被告被监禁地或者被采取强制性教育措施地人民法院管辖。

原告、被告均被注销户籍的，由被告居住地人民法院管辖。

2. 特殊地域管辖

在特殊地域管辖的情形下，管辖连接点不止一处，导致此类案件基本上都存在共同管辖的情况。即两个或两个以上的人民法院都对案件具有管辖权，原告可以选择向任何一个有管辖权的法院起诉。

（1）合同纠纷。

一般合同纠纷，由被告住所地或者合同履行地人民法院管辖。

合同约定履行地点的，以约定的履行地点为合同履行地。合同对履行地点没有约定或者约定不明确，争议标的为给付货币的，接收货币一方所在地为合同履行地；交付不动产的，不动产所在地为合同履行地；其他标的，履行义务一方所在地为合同履行地。即时结清的合同，交易行为地为合同履行地。合同没有实际履行，且当事人双方住所地都不在合同约定的履行地的，由被告住所地人民法院管辖。

（2）侵权纠纷。

一般侵权纠纷，由侵权行为地或者被告住所地人民法院管辖。侵权行为地，包括侵权行为实施地、侵权结果发生地。

（3）特别规定。

对法律有具体管辖规定的部分典型合同、特殊侵权、公司纠纷等，择要作列表展示，详见表 10－1。

表 10－1　常见民事纠纷管辖连接点

<table>
<tr><th colspan="2">纠纷类型</th><th colspan="2">管辖连接点</th></tr>
<tr><td rowspan="8">合同类</td><td>保险合同纠纷</td><td colspan="2">被告住所地、保险标的物所在地</td></tr>
<tr><td>财产保险合同，保险标的物是运输工具或者运输中的货物</td><td colspan="2">运输工具登记注册地、运输目的地、保险事故发生地</td></tr>
<tr><td>票据纠纷</td><td colspan="2">票据支付地、被告住所地</td></tr>
<tr><td>财产租赁合同、融资租赁合同纠纷</td><td colspan="2">租赁物使用地*</td></tr>
<tr><td rowspan="2">以信息网络方式订立的买卖合同纠纷</td><td>通过信息网络交付标的的</td><td>买受人住所地*</td></tr>
<tr><td>通过其他方式交付标的的</td><td>收货地*</td></tr>
<tr><td>铁路、公路、水上、航空运输和联合运输合同纠纷</td><td colspan="2">运输始发地、目的地、被告住所地</td></tr>
<tr><td colspan="3" style="display:none"></td></tr>
<tr><td rowspan="7">侵权类</td><td>铁路、公路、水上和航空事故请求损害赔偿</td><td colspan="2">事故发生地，车辆、船舶最先到达地，航空器最先降落地，被告住所地</td></tr>
<tr><td>信息网络侵权行为</td><td colspan="2">侵权行为地、被告住所地</td></tr>
<tr><td>因产品、服务质量不合格造成他人财产、人身损害提起的诉讼</td><td colspan="2">产品制造地、产品销售地、服务提供地、侵权行为地、被告住所地</td></tr>
<tr><td>侵害专利权行为</td><td colspan="2">侵权行为地、被告住所地</td></tr>
<tr><td>侵害商标权行为</td><td colspan="2">侵权行为的实施地、侵权商品的储藏地或者查封扣押地、被告住所地</td></tr>
<tr><td>侵害著作权行为</td><td colspan="2">侵权行为的实施地、侵权复制品储藏地或者查封扣押地、被告住所地</td></tr>
<tr><td>涉及计算机域名的侵权行为</td><td colspan="2">侵权行为地、被告住所地（对难以确定侵权行为地和被告住所地的，原告发现该域名的计算机终端等设备所在地可以视为侵权行为地）</td></tr>
</table>

续表

纠纷类型		管辖连接点
海事类	船舶碰撞或者其他海事损害事故请求损害赔偿	碰撞发生地、碰撞船舶最先到达地、加害船舶被扣留地、被告住所地
	海难救助费用	救助地、被救助船舶最先到达地
	共同海损	船舶最先到达地、共同海损理算地、航程终止地
公司类	公司设立、确认股东资格、分配利润、解散等纠纷	公司住所地
	股东名册记载、请求变更公司登记、股东知情权、公司决议、公司合并、公司分立、公司减资、公司增资等纠纷	公司住所地

注：* 视为合同履行地。

（三）专属管辖

专属管辖是指某些民事案件依照法律规定必须由特定的人民法院管辖，且不能通过当事人协议变更管辖，地域管辖规定也不再适用。

因不动产纠纷提起的诉讼，由不动产所在地人民法院管辖。不动产纠纷是指因不动产的权利确认、分割、相邻关系等引起的物权纠纷。农村土地承包经营合同纠纷、房屋租赁合同纠纷、建设工程施工合同纠纷、政策性房屋买卖合同纠纷，按照不动产纠纷确定管辖。不动产已登记的，以不动产登记簿记载的所在地为不动产所在地；不动产未登记的，以不动产实际所在地为不动产所在地。

因港口作业中发生纠纷提起的诉讼，由港口所在地人民法院管辖。

因继承遗产纠纷提起的诉讼，由被继承人死亡时住所地或者主要遗产所在地人民法院管辖。

（四）协议管辖

协议管辖是指当事人可就财产类第一审民事案件，在争议发生前或发生后，通过协议，选择在某一人民法院进行诉讼而形成的管辖。

协议管辖在适用过程中需要遵循以下具体规定：

（1）仅合同或者其他财产权益纠纷的当事人可以协议管辖，涉及人身关系的纠纷不适用协议管辖，但某些身份关系解除后的纯财产争议可以适用协议管辖。

（2）管辖协议需采用书面形式。

（3）管辖协议的内容必须明确，能够确定具体的管辖法院。

（4）协议选择范围限于被告住所地、合同履行地、合同签订地、原告住所地、标的物所在地人民法院管辖，且不得违反诉讼法对级别管辖和专属管辖的规定。

（5）管辖协议形成的时间至少在诉讼前，当事人可以在主合同中订立协议管辖条款，也可以在诉讼前以书面形式订立独立的选择管辖的协议。

（五）裁定管辖

裁定管辖是指由人民法院以裁定的方式确定案件的管辖法院，包括移送管辖、指定管辖、管辖权转移。

1. 移送管辖

移送管辖是指人民法院发现受理的案件不属于本院管辖的，应当移送有管辖权的人民法院，受移送的人民法院应当受理。此时，如受移送的人民法院认为受移送的案件依照规定不属于本院管辖的，则应当报请上级人民法院指定管辖，不得再自行移送。

2. 指定管辖

指定管辖是指上级人民法院在法律规定的情形下，指定由某个下级人民法院对某个具体案件予以管辖。

指定管辖适用于三种情况：一是受移送的法院认为自己没有管辖权的；二是有管辖权的法院因特殊原因不能行使管辖权的；三是存在管辖权争议且不能协商解决的。在上述情形下，相关法院可以报请上级人民法院指定管辖，对报请上级人民法院指定管辖的案件，应当中止审理。

3. 管辖权转移

管辖权转移是指经上级人民法院的决定或同意，将案件的管辖权由上级人民法院转移给下级人民法院，或者由下级人民法院转移给上级人民法院。

上级人民法院有权审理下级人民法院管辖的第一审民事案件。下级人民法院对自己所管辖的第一审民事案件，认为需要由上级人民法院审理的，可以报请上级人民法院同意后，转移给上级人民法院审理。

上级人民法院确有必要将本院管辖的第一审民事案件交下级人民法院审理的，应当报请其上级人民法院批准。

（六）管辖权异议

管辖权异议是指人民法院受理案件后，当事人依法向受诉法院提出的该人民法院对案件无管辖权的主张和意见。这是当事人的一项诉讼权利。受诉人民法院收到当事人提出的管辖权异议后，对当事人提出的相关事实和理由进行审查，必要时会听取双方当事人的意见。

当事人提出管辖权异议需要注意以下几点：一是提出管辖权异议的主体只能是该案的被告，原告和第三人无权提出。二是当事人对管辖权有异议的，应当在提交答辩状期间提出。当事人未提出异议并应诉答辩或提出反诉的，视为受诉人民法院有管辖权，但违背级别管辖和专属管辖的除外。三是当事人提出管辖权异议，一般以书面方式提出。

对当事人提出的管辖权异议，经审查成立的，受诉法院作出裁定将案件移送有管辖权的人民法院处理；异议不成立的，裁定驳回。当事人对裁定不服的，可以在裁定书送达之日起十日内向上一级人民法院提出上诉。当事人未提出上诉或者上诉被驳回的，案件诉讼程序继续进行，当事人对管辖权问题申诉的，不影响受诉法院对该案件的审理。

三、民事诉讼程序

（一）第一审程序

目前，《民事诉讼法》规定的第一审程序包括普通程序、简易程序（包括简易程序中的小额诉讼程序）。普通程序是人民法院审理第一审民事诉讼案件时通常所适用的诉讼程序。除了简单的民事诉讼案件适用简易程序进行审理外，其他的民事诉讼案件都应按照普通程序进行审理。

1. 起诉和受理

（1）起诉。

民事诉讼中的起诉是指自然人、法人和非法人组织在其民事权益受到侵害或与他人发生争议时，向人民法院提起诉讼，要求法院通过审判予以司法保护的行为。

提起民事诉讼必须符合一定条件：

1）原告是与本案有直接利害关系的自然人、法人和非法人组织。

2）有明确的被告。原告提供被告的姓名或者名称、住所等信息应具体明确，足以使被告与他人相区别。起诉状列写被告信息不足以认定明确的被告的，经人民法院告知原告补正，原告未补正或补正后仍不能确定明确的被告的，将被裁定不予受理。

3）有具体的诉讼请求和事实、理由。

4）属于人民法院受理民事诉讼的范围和受诉人民法院管辖。

起诉应当向人民法院递交书面的起诉状，并按照被告人数提交副本。书写起诉状确有困难的，可以口头起诉，由人民法院记入笔录，并告知对方当事人。

起诉状应当写明下列内容：

1）原告的基本信息或自然情况、联系方式；

2）被告的基本信息或自然情况、联系方式；

3）诉讼请求和所根据的事实与理由；

4）证据和证据来源、证人姓名和住所等信息；

5）受诉法院名称、起诉日期、起诉人签名或盖章。

（2）受理。

人民法院采取的是立案登记制，而非立案审查制，极大地保障当事人依照法律规定享有的起诉权利。

但并非所有的起诉都会被受理，人民法院对起诉进行审查后，根据不同的情况，作出不同的处理决定：

1）对符合起诉条件的案件，应当作出受理的裁定，登记立案。

2）对需要补充必要相关材料的案件，人民法院应当及时告知当事人，在补齐相关材料后决定是否受理。

3）对不符合起诉条件的案件，人民法院将在七日内作出不予受理裁定书，对该裁定书当事人可以提起上诉。

2. 审理前的准备

审理前的准备是《民事诉讼法》确定的必经程序，做好审理前的准备工作，对于保证审判工作的顺利进行，以及正确、及时地解决民事纠纷，具有十分重要的意义。

审理前的准备主要包括相关材料的送达、当事人权利义务的告知、处理管辖权异议和追加必要共同诉讼当事人等工作。

送达材料通常包括起诉状副本、答辩状副本、证据副本、开庭通知、合议庭组成通知或传票、权利义务告知书、举证通知以及举证须知等。被告应当在收到起诉状副本之日起十五日内提交答辩状。答辩状应载明被告公民的自然信息或被告法人的基本信息及法定代表人基本信息、答辩观点和意见。被告不提交答辩状的，不影响人民法院审理，被告可以在开庭时陈述答辩意见。

对于必须共同进行诉讼的当事人没有参加诉讼的，当事人可以申请追加，人民法院经审查自行发现的，应当通知其参加诉讼。人民法院对当事人提出的追加申请，经审查申请理由不成立的，裁定驳回；申请理由成立的，书面通知被追加的当事人参加诉讼。

3. 开庭审理

（1）庭前准备。

人民法院审理民事案件，应当在开庭三日前通知当事人以及其他诉讼参与人到庭，对公开审理的案件进行公告。开庭审理前，书记员应当查明当事人及其他诉讼参与人是否到庭，然后宣布法庭纪律。正式开庭时，由审判长或者独任审判员核对当事人，宣布案由，宣布审判人员、法官助理及书记员等的名单，并告知当事人有关的诉讼权利义务，询问当事人是否提出回避申请。

拓展知识

当事人未到庭参加诉讼的处理：

开庭日，双方当事人均应到庭参加诉讼，或委托代理人参加诉讼。

原告经传票传唤，无正当理由拒不到庭的，或者未经法庭许可中途退庭的，可以按撤诉处理；被告反诉的，可以缺席判决。

被告经传票传唤，无正当理由拒不到庭的，或者未经法庭许可中途退庭的，可以缺席判决。

宣判前，原告申请撤诉的，是否准许，由人民法院裁定。人民法院裁定不准许撤诉的，原告经传票传唤，无正当理由拒不到庭的，可以缺席判决。

（2）法庭调查。

法庭调查是指在法庭上对案件事实和证据进行审查的活动，是案件实体审理的中心环节。

法庭调查的顺序：当事人陈述→告知证人的权利义务，证人作证，宣读未到庭的证人证言→出示书证、物证、视听资料和电子数据→宣读鉴定意见→宣读勘验笔录。

（3）法庭辩论。

法庭辩论是指在诉讼活动中，诉辩双方就争议的相关事实和法律适用等进行辩论的活动。法庭辩论是在法庭调查的基础上开展的。

法庭辩论的顺序：原告及其诉讼代理人发言→被告及其诉讼代理人答辩→第三人及其诉讼代理人发言或者答辩→互相辩论。

法庭辩论终结，由审判长按照原告、被告、第三人的先后顺序征询各方最后意见。但是，在法庭辩论终结后，法院作出判决前，对于能够调解的，根据当事人自愿的原则，在事实清楚的基础上，分清是非，进行调解。调解不成的，应当及时判决。

调解达成协议，人民法院应当制作调解书。调解书经双方当事人签收后，即具有法律效力。当事人各方同意在调解协议上签名或者盖章后即发生法律效力的，经人民法院审查确认后，应当记入笔录或者将调解协议附卷，并由当事人、审判人员、书记员签名或者盖章后即具有法律效力。当事人请求制作调解书的，人民法院审查确认后可以制作调解书送交当事人。当事人拒收调解书的，不影响调解协议的效力。

（4）评议与宣判。

法庭辩论结束后，调解不成的，合议庭应当休庭，并进行评议。合议庭应根据审理的情况，确定争议的法律关系和争议焦点，认定案件的事实，正确适用法律，对案件作出最后的处理决定。合议庭有不同意见时，实行少数服从多数的原则，但少数意见要如实记入合议笔录。评议结束后，应制作判决书，并当庭或择期向当事人宣判。

4. 简易程序

基层人民法院和它派出的法庭对事实清楚、权利义务关系明确、争议不大的简单的民事案件，或者当事人双方约定适用简易程序的案件，可以适用简易程序审理。在简易程序中，原告可以口头起诉，法院可以简便方式传唤当事人和证人、送达诉讼文书、审理案件，由审判员一人独任审理。

基层人民法院和它派出的法庭审理事实清楚、权利义务关系明确、争议不大的简单金钱给付民事案件，标的额为各省、自治区、直辖市上年度就业人员年平均工资50%以下的，或者标的额超过各省、自治区、直辖市上年度就业人员年平均工资50%但在二倍以下且当事人约定适用小额诉讼程序的，适用小额诉讼的程序审理，实行一审终审。

人民法院在审理过程中，发现案件不宜适用简易程序的，裁定转为普通程序。人民法院在审理过程中，发现案件不宜适用小额诉讼的程序的，应当适用简易程序的其他规定审理或者裁定转为普通程序。

5. 诉讼中止和诉讼终结

（1）诉讼中止。

诉讼中止是指在诉讼进行过程中，因发生某种法定中止诉讼的原因，诉讼无法继续进行或不宜进行，因而法院裁定暂时停止诉讼程序的制度。

根据《民事诉讼法》的规定，出现下列情形之一的，诉讼程序应当中止：1）一方当事人死亡，需要等待继承人表明是否参加诉讼的；2）一方当事人丧失诉讼行为能力，尚未确定法定代理人的；3）作为一方当事人的法人或者其他组织终止，尚未确定权利义务承受人的；4）一方当事人因不可抗拒的事由，不能参加诉讼的；5）本案必须以另一案的审理结果为依据，而另一案尚未审结的；6）其他应当中止诉讼的情形。

诉讼中止只是诉讼程序的暂停，中止诉讼的原因消除后，恢复诉讼。

（2）诉讼终结。

诉讼终结是指在诉讼进行中，由于某种法定事由的出现，使诉讼继续进行已无必要或者成为不可能时，由人民法院裁定结束诉讼程序的制度。

根据《民事诉讼法》的规定，出现下列情形之一的，终结诉讼：1）原告死亡，没有继承人，或者继承人放弃诉讼权利的；2）被告死亡，没有遗产，也没有应当承担义务的人的；3）离婚案件一方当事人死亡的；4）追索赡养费、扶养费、抚养费以及解除收养关系案件的一方当事人死亡的。

诉讼终结是一种结案方式，案件就此终结。

（二）第二审程序

1. 上诉

除小额诉讼外，我国民事诉讼采取两审终审制，第二审人民法院经审理作出的判决、裁定，是终审的判决、裁定。第二审程序是由于当事人的上诉而引起的，当事人不服地方人民法院第一审判决的，有权在判决书送达之日起十五日内向上一级人民法院提起上诉；当事人不服地方人民法院第一审裁定的，有权在裁定书送达之日起十日内向上一级人民法院提起上诉。

上诉应当递交上诉状。上诉状的内容应当包括：当事人的姓名、法人的名称及法定代表人的姓名或者其他组织的名称及主要负责人的姓名；原审人民法院名称、案件的编号和案由；上诉的请求和理由。上诉状通过原审人民法院提出，并按照对方当事人或者代表人的人数提出副本。

2. 二审审理

（1）二审的审理范围。

第二审人民法院对上诉请求的有关事实和适用法律进行审查。第二审是要解决一审已经审理但仍存在争议的问题，是以当事人的上诉请求为其审理范围的。

（2）二审的审理方式。

第二审人民法院对上诉案件组成合议庭进行审理，原则上应采取开庭审理的方式，仅在法定情况下才能不开庭审理，即经过阅卷、调查和询问当事人，对没有提出新的事实、证据或者理由，合议庭认为不需要开庭审理的，可以不开庭审理。

（3）二审的裁判。

针对一审裁判的不同情况，二审法院对上诉案件要作出不同的裁判：

1）原判决、裁定认定事实清楚，适用法律正确的，以判决、裁定方式驳回上诉，维持原判决、裁定。

2）原判决、裁定认定事实错误或者适用法律错误的，以判决、裁定方式依法改判、撤销或者变更。

3）原判决认定基本事实不清的，裁定撤销原判决，发回原审人民法院重审，或者查清事实后改判。

4）原判决遗漏当事人或者违法缺席判决等严重违反法定程序的，裁定撤销原判决，发回原审人民法院重审。

原审人民法院对发回重审的案件作出判决后，当事人提起上诉的，第二审人民法院不得再次发回重审。

（三）再审程序

再审程序是指人民法院对判决、裁定已经发生法律效力但确有错误的案件，进行再次审理的程序。再审程序是一个独立的审判程序，但不是民事诉讼的必经程序。

1. 再审程序的启动条件

再审不是民事诉讼的必经程序，启动再审需要符合以下条件之一：（1）有新的证据，足以推翻原判决、裁定的；（2）原判决、裁定认定的基本事实缺乏证据证明的；（3）原判决、裁定认定事实的主要证据是伪造的；（4）原判决、裁定认定事实的主要证据未经质证的；（5）对审理案件需要的主要证据，当事人因客观原因不能自行收集，书面申请人民法院调查收集，人民法院未调查收集的；（6）原判决、裁定适用法律确有错误的；（7）审判组织的组成不合法或者依法应当回避的审判人员没有回避的；（8）无诉讼行为能力人未经法定代理人代为诉讼或者应当参加诉讼的当事人，因不能归责于本人或者其诉讼代理人的事由，未参加诉讼的；（9）违反法律规定，剥夺当事人辩论权利的；（10）未经传票传唤，缺席判决的；（11）原判决、裁定遗漏或者超出诉讼请求的；（12）据以作出原判决、裁定的法律文书被撤销或者变更的；（13）审判人员审理该案件时有贪污受贿、徇私舞弊、枉法裁判行为的。

2. 再审程序的启动方式

再审程序的启动，主要有三种方式：

（1）人民法院决定再审。

各级人民法院院长对本院已经发生法律效力的判决、裁定、调解书，发现确有错误，认为需要再审的，应当提交审判委员会讨论决定。最高人民法院对地方各级人民法院已经发生法律效力的判决、裁定、调解书，上级人民法院对下级人民法院已经发生法律效力的判决、裁定、调解书，发现确有错误的，有权提审或者指令下级人民法院再审。

（2）当事人申请再审。

当事人对已经发生法律效力的判决、裁定，认为有错误的，可以向上一级人民法院申请再审。当事人一方人数众多或者当事人双方为公民的案件，也可以向原审人民法院申请再审。当事人申请再审的，不停止判决、裁定的执行。

（3）人民检察院检察监督引起再审。

最高人民检察院对各级人民法院已经发生法律效力的判决、裁定，上级人民检察院对下级人民法院已经发生法律效力的判决、裁定，发现符合再审事由之一的，或者发现调解书损害国家利益、社会公共利益的，应当提出抗诉。地方各级人民检察院对同级人民法院已经发生法律效力的判决、裁定，发现上述情形的，可以向同级人民法院提出检察建议，并报上级人民检察院备案；也可以提请上级人民检察院向同级人民法院提出抗诉。

3. 再审适用的程序

再审的案件适用的程序由发生法律效力的文书决定。发生法律效力的判决、裁定是由第一审人民法院作出的，按照第一审程序审理，所作的判决、裁定，当事人可以上诉；发生法律效力的判决、裁定是由第二审人民法院作出的，按照第二审程序审理，所作的判决、裁定，是发生法律效力的判决、裁定；上级人民法院按照审判监督程序提审的，按照第二审程序审理，所作的判决、裁定是发生法律效力的判决、裁定。

（四）执行程序

执行程序是指人民法院负责执行工作的人员，根据申请人提交或审判员移送的发生法律效力的判决书、裁定书、调解书以及其他具有民事执行效力的法律文书，按照法定程序使其得以实现的活动。

执行程序是保障审判结果得以实现的有力手段，具有以下的特点：第一，执行活动只能由人民法院进行，是人民法院行使司法执行权的活动；第二，执行活动必须以生效的法律文书为依据，执行的目的是使这些执行依据得以实现；第三，执行活动具有强制性，当履行义务人不能自觉履行时，就需要通过人民法院的强制措施保障实施；第四，执行活动必须依照法定程序进行，遵照相关的程序和制度。

1. 执行依据

执行程序是实现具有执行力的法律文书的程序，作为执行依据的法律文书包括：生效的民事判决书、裁定书、调解书；具有财产内容的生效的刑事附带民事判决书或裁定书；仲裁机关发生法律效力的，依法由法院执行的裁决书、调解书；公证机关制作的依法赋予强制执行效力的债权文书；人民法院制作的承认和执行的外国法院判决的裁定书等。

2. 执行管辖

执行管辖权一般归属于该案的第一审人民法院，其他管辖连接点还包括被执行财产所在地和被执行人住所地。执行管辖的具体规定详见表 10－2。

表 10－2　执行管辖

执行依据类型	管辖法院
发生法律效力的民事判决、裁定，以及刑事判决、裁定中的财产部分	第一审人民法院或者与第一审人民法院同级的被执行的财产所在地人民法院
发生法律效力的实现担保物权裁定、确认调解协议裁定、支付令	作出裁定、支付令的人民法院或者与其同级的被执行财产所在地的人民法院
认定财产无主的判决	由作出判决的人民法院将无主财产收归国家或者集体所有
法律规定由人民法院执行的其他法律文书	被执行人住所地或者被执行的财产所在地人民法院

两个以上人民法院都有管辖权的执行案件，由先立案的人民法院执行。人民法院在立案前发现其他有管辖权的人民法院已经立案的，不得重复立案。立案后发现其他有管辖权的人民法院已经立案的，应当撤销案件；已经采取执行措施的，应当将控制的财产交先立案的执行法院处理。

当事人对管辖权有异议的，应当自收到执行通知书之日起十日内提出。经审查，异议成立的，撤销执行案件，并告知当事人向有管辖权的人民法院申请执行。异议不成立的，裁定驳回。当事人对裁定不服的，可以向上一级人民法院申请复议。管辖权异议审查和复议期间，不停止执行。

3. 执行程序的启动

《民事诉讼法》247 条规定，发生法律效力的民事判决、裁定，当事人必须履行。一方拒绝履行的，对方当事人可以向人民法院申请执行，也可以由审判员移送执行员执行。

调解书和其他应当由人民法院执行的法律文书，当事人必须履行。一方拒绝履行的，对方当事人可以向人民法院申请执行。

因此，启动执行的方式主要有两种：一是权利人申请执行；二是审判人员移送执行。其中，权利人申请执行是执行程序启动的基本方式。

权利人应当在执行时效期间内向人民法院申请强制执行。申请执行的期间为二年。申请执行时效的中止、中断，适用法律有关诉讼时效中止、中断的规定。

4. 执行措施

人民法院执行的具体措施有：（1）要求被申请执行人报告财产。（2）查询、冻结、划拨被申请执行人的存款。（3）扣留、提取被申请执行人的收入。（4）查封、扣押、拍卖、变卖被申请执行人的财产。（5）搜查被申请执行人隐匿的财产。（6）强制交付财物或票证。（7）强制迁出房屋或土地。（8）证照转移。在执行中，需要办理有关财产权证照转移手续的，人民法院可以向有关单位发出协助执行通知书，有关单位必须办理。（9）对行为的强制执行等。对判决、裁定和其他法律文书指定的行为，被执行人未按执行通知履行的，人民法院可以强制执行或者委托有关单位或者其他人完成，费用由被执行人承担。

导入案例分析提示

网络购物合同的收货地应当理解为与当事人居住、工作、生活等有密切联系的地址。虚构收货地址、制造虚假管辖连接点并提起诉讼，既违背了民事诉讼应当遵循的诚实信用与平等原则，又干扰了民事诉讼活动的正常进行。本案应由被告住所地基层法院管辖。

职业技能训练

1. 请分析当事人在订立合同的过程中应当如何拟定仲裁条款。
2. 请分析仲裁协议无效的原因。
3. 请试着列举我国民事诉讼的基本原则及其内涵。
4. 请简述地域管辖的相关规定。
5. 请简述起诉的条件。
6. 请简述第一审程序的开庭审理流程。
7. 请运用所学知识分析以下案例。

案例一：

2023 年 1 月 10 日，C 市甲物业管理有限公司与业主杨某签订《物业服务合同》。其中第 34 条约定："本合同在履行中所发生的一切争议，双方应协商解决，协商不成的，双方同意由 C 市仲裁委员会仲裁。"2024 年 4 月 1 日，甲物业公司依据《物业服务合同》向 C

市仲裁委员会申请仲裁，主张杨某购买涉案商铺后作为该商铺物业管理费和日常物业专项维修资金的支付义务人，一直未向甲物业公司支付任何费用，故请求：杨某向其支付2022年11月1日（涉案商铺交付日）—2024年3月31日的物业服务管理费、专项维修资金人民币40 606.04元及滞纳金。仲裁庭经审理，裁决支持甲物业公司的上述请求。现杨某向人民法院申请撤销该仲裁裁决。

请小组讨论，根据所学知识试分析以下问题并说明理由：

该仲裁委员会作出的仲裁裁决应否被撤销？

【分析提示】涉案《物业服务合同》约定就合同履行中产生的纠纷，双方同意由C市仲裁委员会仲裁。根据该约定，C市仲裁委员会对该合同履行期间内产生的纠纷具有管辖权。《物业服务合同》签订于2023年1月10日，而C市仲裁委员会对2022年11月1日—2024年3月31日的物业服务管理费、滞纳金、专项维修资金等事项进行裁决，超出了仲裁条款约定的范围，且超裁部分与其他裁决事项不可分，本案仲裁裁决应予撤销。

案例二：

被申请人刘某乙与申请再审人刘某甲系合伙关系。2022年，二人共同出资在M市F区某街道设立咖啡餐吧一间（工商执照为个体经营户），并共同经营。2023年，刘某甲与刘某乙发生矛盾，于同年10月脱离经营并诉至F区人民法院，要求解除合伙关系并退还投资款项。2023年11月2日，F区人民法院主持双方当事人调解，在调解过程中，双方当事人自愿达成调解协议，并一致同意调解协议的内容自双方在调解协议笔录上签名或按印后即具有法律效力。2023年11月3日，刘某甲向F区人民法院表示反悔，要求重新开庭审理本案，F区人民法院未予许可，并根据调解协议制发民事调解书，送达当事人。刘某甲对生效调解书内容不服，向M市中级人民法院提起再审申请。

请小组讨论，根据所学知识试分析以下问题并说明理由：

（1）该案件中的调解协议是否生效？

（2）该案件是否符合再审条件？

【分析提示】人民法院主持调解过程中，当事人各方同意在调解协议上签名或盖章后调解协议即生效的，调解协议经人民法院审查确认后，调解协议生效。当事人事后对调解协议内容反悔，以未在调解书上签字为由，主张所签调解协议未生效向人民法院申请再审的，人民法院应驳回其再审申请。

参考文献

［1］王琳．劳动合同法［M］．北京：中国人民大学出版社，2018.

［2］崔建远．合同法［M］．7版．北京：法律出版社，2021.

［3］最高人民法院民事审判第二庭，研究室．最高人民法院民法典合同编通则司法解释理解与适用［M］．北京：人民法院出版社，2023.

［4］曾咏梅．创业法律实务［M］．武汉：武汉大学出版社，2022.

［5］王福友．经济法［M］．7版．北京：高等教育出版社，2021.

［6］林一英．公司法新旧对照与条文解读［M］．北京：法律出版社，2023.

［7］张俊浩．民法学原理［M］．北京：中国政法大学出版社，2000.

［8］王迁．知识产权法教程［M］．北京：中国人民大学出版社，2021.

［9］孔祥俊．商标和不正当竞争法原理和判例［M］．北京：法律出版社，2009.

［10］杨巧．知识产权法学［M］．北京：中国政法大学出版社，2016.

［11］吴汉东．知识产权基本问题研究［M］．北京：中国人民大学出版社，2009.

［12］梁慧星．裁判的方法［M］．北京：法律出版社，2021.

［13］申长雨．迈向知识产权强国之路：知识产权强国建设基本问题研究［M］．北京：知识产权出版社，2016.

［14］姚鹤徽．商标法基本问题研究［M］．北京：知识产权出版社，2015.

［15］张鹏．知识产权基本法基本问题研究：知识产权法典化的序章［M］．北京：知识产权出版社，2019.

［16］张卫平．民事诉讼法［M］．北京：法律出版社，2023.